2017年度福建省社会科学规划一般项目
"特洛伊木马：刑事诉讼中的品格"（FJ2017B005）最终成果

特洛伊木马
刑事诉讼的品格要素导览

陆而启

——著

厦门大学出版社　国家一级出版社
XIAMEN UNIVERSITY PRESS　全国百佳图书出版单位

图书在版编目（CIP）数据

特洛伊木马：刑事诉讼的品格要素导览 / 陆而启著
. -- 厦门：厦门大学出版社，2023.10
ISBN 978-7-5615-8846-8

Ⅰ.①特… Ⅱ.①陆… Ⅲ.①刑事诉讼-证据-研究
Ⅳ.①D915.313.04

中国版本图书馆CIP数据核字(2022)第214431号

出 版 人	郑文礼
责任编辑	甘世恒
美术编辑	蒋卓群
技术编辑	许克华

出版发行　厦门大学出版社

社　　址	厦门市软件园二期望海路39号
邮政编码	361008
总　　机	0592-2181111　0592-2181406(传真)
营销中心	0592-2184458　0592-2181365
网　　址	http://www.xmupress.com
邮　　箱	xmup@xmupress.com
印　　刷	厦门市金凯龙包装科技有限公司

开本	720 mm×1 020 mm　1/16
印张	11
字数	205千字
版次	2023年10月第1版
印次	2023年10月第1次印刷
定价	50.00元

本书如有印装质量问题请直接寄承印厂调换

厦门大学出版社
微信二维码

厦门大学出版社
微博二维码

我先前总以为人是有罪，所以枪毙或坐监的。现在才知道其中的许多，是先因为被人认为"可恶"，这才终于犯了罪。

——《可恶罪》一九二七年①

最可怕的原告与证人，是每个人自己心中的良心。

——波力比阿《名言大观》②

---

① 鲁迅：《而已集》，北新书局1933年第5版，第110页。
② 唐河、崔向荣：《人类智慧宝库：西方智慧卷》，改革出版社1992年版，第669页。

序　言

2022年6月中旬，陆而启老师在临出发去西藏阿里地区学习考察卫生、教育情况之前，将书稿《特洛伊木马：从人身攻击到品格比拼》提交给我评阅。正如他初拟的书名所示，作者看到"人身攻击"作为一种经验现象从日常生活渗透到刑事诉讼之中，并且在某些情况下或者某种程度上还成为刑事诉讼之中定罪量刑或者判断证据的一个重要因素。由此作者认为更好的办法不是对此视而不见，而是把人身攻击之中可能蕴含的"品格"因素作为证据审视其针对不同证明对象所具有的不同证据功能，并且深入分析品格推论之内在的证明逻辑。现在应编辑之邀，将副标题修改为"刑事诉讼的品格要素导览"以明确其学科属性。

作为中组部第九批援藏干部人才的一员，陆而启在西藏民族大学法学院工作的一年半期间潜心对"品格证据"这个课题进行了认真的修订完善，整个书稿伴随着其援藏工作，在2022年6月工作接近尾声时已经初步完成。记得2022年春节期间他将该书部分章节的前期文稿发给我看，我感觉文稿内容比较新颖，并且能够自圆其说。从成稿来看，整篇书稿具有较强的创新性，较为突出地体现了他对"双焦镜头"等研究方法的成熟运用，也提出了一些有关证据种类、证明对象的重要理论模型。

该书除了"认真对待品格"的导论和后记之外，正文部分分为八章，第一章"从人身攻击出发"由稀松平常的具体实例提出了刑事诉讼法中如何对待品格的重要理论问题，而第八章"结语：向品格比拼行进"以一种近乎口语化的概括，将品格由证据问题拓展到法律职业伦理道德实践之中，而联结导论和结语的部分则涉及程序法、组织法、证据法等不同法律规范，历史学、心理学、伦理学、逻辑学等不同学科知识，因此对这个小问题的驾驭和展开也颇显作者的理论功底。

第一章首先介绍了以组织法和程序法为双焦镜头的研究方法，然后突出分析"八大司法迷信"和"十三个刑事司法潜规则"之中的品格要素，将立论从常识上升到理论问题，进而概述了整个文稿的核心论点：品格比拼及其论证框架。第二章明确了品格作为辅助证据和实质证据这两种证据功能分别聚焦于证据真实的品格保证和诉讼本质的道德评价。第三章分别从程序法和组织法对相关的品格规范进行了理论上的解读。第四章从宏观的历史层面，将品格推论放诸制度演进的框架中进行分析，揭示了品格与刑事诉讼之间的内在关联。

如果前面章节是由外而内的观察，第五、六、七章则是由内而外地阐发了品格证据种类、品格证据规则和品格推论逻辑。第五章以品格证据的三种类型浅入，带出品格证据的推理偏见和道德偏见命题，并将之再次纳入规则治理的路径之中。第六章独创性地以证人身份和被告人身份关系为视角，分析了品格因为倾向性或者可靠性而成为证明对象的原理，把品格证据规则放置到程序语境之中进行了比较恰当的分析。第七章将品格推论纳入逻辑学的视野中以演绎推理和类推推理，重新阐释以品格证据进行推论的成败，有利于进一步深化对诉讼程序的理解。

第八章结语论述了作者所提出的品格比拼的核心观点，介绍了品格证据规则对证明价值上的权衡比较原则，然后引介了英国学者雷德梅恩建立在客观统计数据之上的被告人自身有无前科及前科的性质和数量对定罪的比较倾向，以此作为品格比拼的一个典型例证。最后作者解析了员额制改革、人民陪审员制度改革、律师参与刑事诉讼制度、非法证据排除制度等其中的品格要素，而这些要素在刑事诉讼活动中互动发展为多元主体的品格比拼，除了事关定罪量刑，更是事关程序正义的精神内核。

当然，作者的论述以小见大，还有很多论题未能充分展开，令人遗憾。但是总体而言，该书提出了很多具有创见性的理论命题，凝练出品格证据等相关法律规则背后的精神机理。

最后，我想说，作为援藏干部，陆而启在西藏民族大学尤其是在法学院的工作兢兢业业、认真负责；在主动融入校、院的各项工作安排之时，他个人也得到了历练，增长了才干，可以说，这份援藏经历是其受益一生的宝贵财富。目前其个人的援藏工作告一段落，希望他能继续关注西藏民族大学及法学院的发展，有机会还能参与到西藏民族大学法学院的人才培养和学科建设等工作之中。祝友谊地久天长。

西藏民族大学法学院院长　侯　明

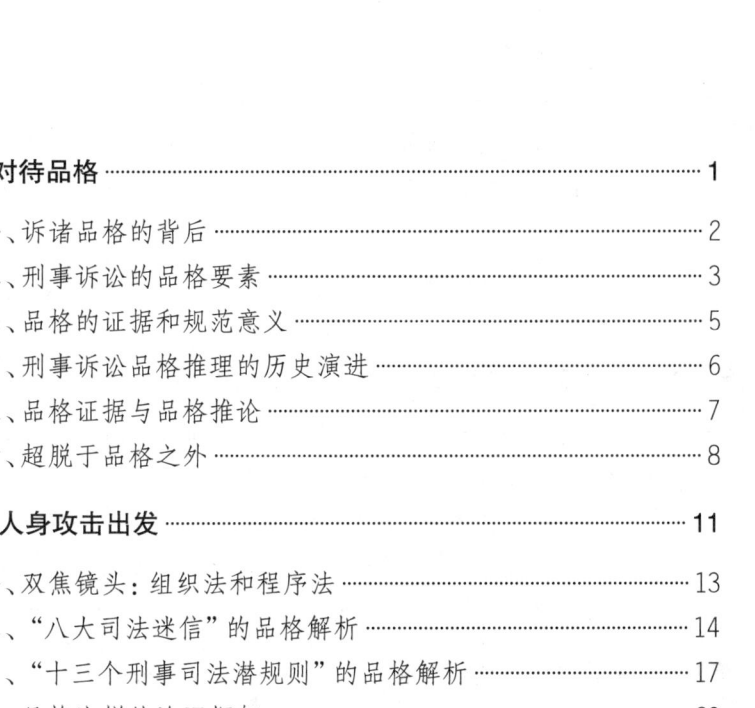

目录

导论：认真对待品格 ··· 1
    一、诉诸品格的背后 ··· 2
    二、刑事诉讼的品格要素 ····································· 3
    三、品格的证据和规范意义 ··································· 5
    四、刑事诉讼品格推理的历史演进 ······························ 6
    五、品格证据与品格推论 ····································· 7
    六、超脱于品格之外 ··· 8

第一章　从人身攻击出发 ·· 11
    一、双焦镜头：组织法和程序法 ································ 13
    二、"八大司法迷信"的品格解析 ······························ 14
    三、"十三个刑事司法潜规则"的品格解析 ······················ 17
    四、品格比拼的论证框架 ····································· 20

第二章　诉讼主题的品格内涵 ···································· 27
    一、证据真实的品格保证：辅助证据 ··························· 29
    二、诉讼本质的人格评价：实质证据 ··························· 32

第三章　法律规范的品格解读 ···································· 38
    一、程序法上的人格尊严 ····································· 38
    二、组织法上的职业伦理 ····································· 51

第四章 品格推论的制度递演 —— 61

一、古典雅典法庭中的品格证据：发现真相与实现法治 —— 62
二、神裁与共誓涤罪："众口铄金"的品格去罪 —— 72
三、纠问式诉讼："刑讯"下洗不清的罪证 —— 73
四、陪审团审判：遵循"名声"到排除"传闻" —— 78
五、近现代诉讼制度：法律原则的制度化及其变革 —— 81
六、我国当代诉讼制度改革：形成中的品格证据规则 —— 88

第五章 品格证据的偏见命题 —— 100

一、引言 —— 100
二、名声、性情和特定事件 —— 102
三、品格排除规则及其例外 —— 105
四、品格证据的推理偏见 —— 107
五、品格证据的道德偏见 —— 109
六、推理偏见的规则治理 —— 112
七、道德偏见的规则治理 —— 114
八、结语 —— 116

第六章 品格证据的证明对象 —— 118

一、引言：倾向性和可信性的分野 —— 119
二、非证人被告：品格作为实质证据 —— 121
三、非被告证人：品格作为补助证据 —— 124
四、作证被告人：倾向性和可靠性之间的融合 —— 129
五、结语 —— 136

第七章 品格推论的证明逻辑 —— 138

一、从普遍到具体之演绎推理：非充分前提品格的识别 —— 140
二、从特殊到特殊之类推推理：不完全归纳推理 —— 143

第八章 结语：向品格比拼行进 —— 147

一、品格证据规则的权衡比较 —— 147
二、诉讼内外的品格比拼：前科用以证明犯罪的比较倾向 —— 152
三、各诉讼参与主体之间的品格比拼 —— 155

后记 —— 161

导论　认真对待品格

不知从何时起，品格证据的相关问题一直对笔者有着强烈的吸引力。笔者曾在数次申报课题和项目中以此为选题，并且一开始对与品格证据相关的法律规则并不关心，而更关注的是在刑事诉讼中与品格相关的推论，甚至觉得对违法犯罪事件进行品格上归因才显得妥帖。举例而言，曾经的聂树斌案十年申诉、艰难再审，有学者对此提出有罪、无罪"四六开"的概念分析。其实在聂树斌与王书金孰是真凶的问题上，或许仅仅凭品格就能推断出聂树斌不是真凶，纵使不能一定确定王书金是真凶。聂树斌曲折的平反过程，已经将问题的焦点从事实真相转移到办案人员的良知上，由此，可以说办案人员和当事人之间也存在着一种"品格比拼"了。本课题主要得到福建省法学会年度重点项目和福建省社会科学规划一般项目等资助。呈现在这里的成果主要是在福建省社会科学规划一般项目"特洛伊木马：刑事诉讼中的品格"最终成果的基础上修改而成，参加课题的主要成员还有厦门市翔安区人民检察院员额检察官苏素专、周灵敏及九牧王股份有限公司厦门分公司法务高级主办谢君兰等。本课题通过考察刑事审判模式的演进，既看到了品格推论在诉讼程序之中作为弹劾证据和实质证据之功能定位，又看到了刑事诉讼在尊重人格尊严和塑造职业伦理方面有不断完善的必要。归结为一句话，定罪量刑的决策事件可能转化为各种品格比拼：被告人个体的良好品格和不良品格的对比，有前科的被告人与普通人的比较倾向，被告人与被害人、证人，或者证人与证人，以及被告人与侦查、起诉和审判者等不同主体之间的人格比拼。记得 2012 年我申报出国访学的项目就是以此为题，现在看来也经历如同特洛伊战争般长达 10 年之久的对峙。当然，或许正因为对这个课题的久久为功和迟迟不出手，曾经被激情支撑的观点也在日常生活之中慢慢沉淀，经过反复淘洗的观点或者偶有闪光之处，又或许计划从来没有赶得上变化，当初的很多理论设想或许更多地停留在预期之中，因此导论也如同特洛伊木马一样，首先要把其中盘根错节的新概念、新思路凝练出来，并且意图超出本书的文本范围，即战利品的功用，展示当初进行论证课题时的天马行空的想象，让心灵重回古希腊神话的战场，体味其中的冲动与煎熬、勇敢和思谋。如果本书所提出的问题还一直没有得到解决，并不因为这是文科书籍的通病而产生的自我宽慰，而是因为这里的原生态的问题是激发笔者（希望还有他人）后续进行持续思考的源泉，甚至酝酿着下一次出其不意的进攻。

一、诉诸品格的背后

记得在笔者作为工作人员参与的一次人大监督案件讨论之中，某中级人民法院副院长说罪犯（因为被定罪了）的家属品格极其恶劣，在罪犯当初被拘留的时候，意图通过看守所的医生在饮料瓶里传递纸条，出尔反尔，因此应该不能根据罪犯家属提交的各种证据和解释说明来提起再审及改判无罪，因为这个罪犯家属所说的话根本不能信。当时该副院长说出这样的话，我们参会的工作人员都觉得很诧异，会后我们几个会务人员（法学科班出身）甚至议论认为该副院长简直就是"法盲"，这分明犯了人身攻击的逻辑谬误。我们一般的直觉都认为，不能够以一个人（不管是当事人还是证人）的品格好坏来推断案件事实，要看证据和法律。可见，在中国的诉讼之中讨论国家专门机关的工作人员及诉讼参与人的品格常常被认为是偏离了法律专业问题，而没有体现出讨论者的专业法律素养，属于搞人身攻击。不过，如果这个问题并不是就此盖棺论定的，可以再多想一下：人身攻击就一定是错误的吗？对一个已经明知是满口谎言的证人，我们到底有何办法来检验该证人的证言之可信性呢？我们很想知道这个人是否一贯如此，很显然这就是诉诸品格。上面提及的事例分明体现了两个问题：一是口非心是，有实无名。法律专家们没有一个人愿意承认是根据一个人的品格对一个人是否犯罪或者一个证人提供的证言是否可靠而作出判断，但是，其实我们对一个人品格所持有的好坏立场为我们如何判断案件涂抹上了深层的底色。二是手足无措，无的放矢。可以说，"毁人不倦"的品格推论可能会让司法理论和实务者"无形中招"，被告人极尽所能的所谓围绕事实和法律的辩护，却不能击中事实裁决者逻辑理路。品格推论不动声色给人定了罪，让辩护方所有的攻防可能失焦，进退无据。

因此，现在看来，在诉讼之中搞"人身攻击"有其内在道理并且体现出两种原理：

第一，品格推论的设证性。品格推论有两种典型类型，一是以被告人品格好坏来断定其有无犯罪，二是以证人是否具有诚实品格来断定其证言的真假。这两种推论具有特洛伊木马一般的"真假两面性"，在输送真相的过程之中可能夹杂着自我矛盾的偏见成分，或者其输送的"真相"最终被证明是假象。品格推论要和相关证据结合起来并且呈现给对方看，并观察其反应才能显示出推论的强度，因此就形成了一种确认和反驳机制。

第二，品格推论的双刃剑属性。以品格来评判别人的时候，评判者自己也会被评判。例如，各种言词证据，除了通过有可能存在的外在实物证据进行判断之外，由于裁决者无法亲历过去的事件，只能寄望于作证人的诚实品格来保障证言的可信性。作证人的品格可能由作证人自己保证，也可能是由其他人再提供证言来支持或者攻击；取证人尤其是警察也反身性地要置自己的品格于评价之中。事实裁决者品格推论也并不是不要专业法律素养，一方面在事先要合格胜任，有一定独立人格，另一方面在事后要勇于担责。

二、刑事诉讼的品格要素

诉诸品格理论与实践的悖反，不是对此视而不见，而是要求庭审之中控辩双方能够围绕证据进行交叉质询，法律理论和实务专家要把根据品格推论犯罪或者判断证人可信性和证言可靠性拿到台面上。通过反思身边的案例和解析刑事诉讼的潜规则中的品格要素，我们可能确立刑事诉讼品格要素尤其是品格比拼的具象认识。概言之，蕴含于刑事诉讼本质中的品格要素主要体现为：一方面，审判就是审判被告人的品格，甚而犯罪行为已退居其次。品格证据的作用表现在对将来的预测和对过去事实的确认上，而以人来确定行为，甚至以人来承担责任，这与刑罚从行为的报应到人格的矫正和教育也有某种暗合之处。另一方面，裁判者的正义感和判别是非的能力其实不是对事实的客观认定，而更突出了品格因素构成了其判断识别活动的底色。

如果将诉讼参与主体从被告人和裁判者扩展至刑事诉讼的多元主体，可以说，刑事诉讼本质上就是一个多元主体品格上的相互比拼。国家专门机关的强制性是刑事诉讼的一个典型特征，让被控告人直接面对握有强权的国家，作为国家代表的公安司法人员可能对"坏人"不会心慈手软。律师为"坏人"辩护也让律师背负了原罪一般。在我国由于通常自以为是的警察而导致"检警摩擦"、由于无罪判决之艰难而表现出的"检法冲突"及由于司法的政治附属性（司法地方化和司法行政化）而出现的正常的"诉讼冲突"情形，在律师作用强化时逐渐转变为一种审辩冲突，律师为当事人尽力"维权"碰撞上了政府的强力"维稳"，律师的意见表达受挫，说理遇上裁判的无理，其实说到底还是"公私冲突"，从而可能使得战火从法庭之内延烧到法庭之外，某些律师把正常的诉讼行为转为行为艺术的另类表达。当代英美法系国家一方面"矫枉"历史上对品格证据的不加限制而逐渐发展出品格证据规则，另一方面对品格证据的禁止规则"过正"而设置了很多例外；在我国刑事诉讼中的品格证据属于一种往往被视为隐秘信息而不可拿到台面上但是支配事实裁决者心证的潜规则。不论是所谓的实质化庭审或者认罪认罚从宽案件的程序，都可以将品格证据裹挟于证言陈述、书证等一股脑儿进入法庭，而品格又常常不被作为争议问题进而控辩双方无法对此进行深入辨析或者有效对抗，法官有可能仅凭自己的对证人品格及当事人品格之观感或者认知的一时冲动而做出事实判断。当然，从一种权利和权力因素之品格比拼的角度而言，英美国家的法律职业伦理更注重人权保障的趋势也逐渐在我国得以强调，程序正义的理念逐步深入人心。

从理论意义而言，品格证据规则涉及证据能力与证明力，认知偏见和道德偏见，事实裁决者依法判断和自由裁量，设证推理，数据统计（概率）等一系列理论问题。（1）从行为到人再到行为的推论。品格证据的作用表现在对将来的预测和对过去事实的确认上，而以人来确定行为，甚至确定刑事责任人，暗含了刑罚从行为的报应到人格的矫正和教育。（2）从实践到理论再到规则。品格推论及对其辩驳具有一定的证据功能，可以为案件裁决提供客观的证据基础。

从实践意义而言，品格证据的自然法则被凝练为道德伦理、法律规则，对刑事诉讼立法活动和程序运行起着潜移默化的影响。因此本书意图为：（1）描述品格推论之古今现象。人们凭借好人坏人的自然区分在刑事侦查、强制措施执行、定罪量刑、刑事执行和犯罪预防等方面显示出品格的不言自明的积极作用。以品格来推论案件事实既现实存在又可能蕴含偏见，因此要对品格推论"去伪存真"。（2）阐明品格证据规则原则与例外之内在机理。基于名声、倾向、特定行为等品格的复合性和可变性，品格的倾向性和道德意蕴及品格对事实争点的证明关系，为避免偏见误导，证据规则主要指其排除之意，而基于权利理论和人之常情，品格又例外可采为证据，交叉询问为证据攻防提供了绝佳的检验工具。

三、品格的证据和规范意义

从制度而言，在罗马法刑事审判中论证的全部内容都围绕着被告人的道德品格问题，早期的英国法刑事审判也不受限制地诉诸品性证据，近现代英美国家确立了限制其采纳又适度允许的品格证据规则的制定法。对品格证据的研究比较重要的有达马斯卡的诉讼文化研究、兰博约的审判历史分析、沃尔顿的逻辑哲学研究及英美证据法学者对《美国联邦证据规则》和《2003年刑事审判法》的相关内容的解释性研究。我国刑事诉讼在确定刑事侦查方向、量刑、前科调查、未成年人社会调查等制度均可觅品格证据之踪迹。进而，刑事审判对人的一种道德品格断定，并不一定就是搞人身攻击，另外，证据的真实性也必然要靠提供证据之人的品格进行保证。本课题摒弃所谓引进品格证据规则的法律移植取向，而是紧扣中外品格推论的共同机理，并且在制度和实践之上提出品格比拼的理论命题。

本书认为品格与诉讼制度存在着深刻关联，以辅助证据和实质证据的双重功能为经，深刻描述了品格与诉讼制度的内在关联。（1）从辅助功能而言，证据的真实性也必然要靠提供证据之人的品格进行保证。在辅助功能上，迎难而上，视角从言之可信转到人之可信上，将作证者和取证者的品格作为言词证据鉴真的最后保障，通过控辩双方的交叉询问来达到品格弹劾和正誉及第三方察言观色之目的。（2）从实质功能而言，刑事审判本身就是对人的一种道德品格断定，这种断定可能受着一贯的品格的支撑，正是由于多元主体参与到刑事诉讼之中，因此，一个定罪量刑的决策事件可能转化为被告人个体的良好品格和不良品格的对比，或者不同主体之间的相互的人格比拼。在实质功能上，权衡利弊，注意到审判的道德评价作用（"有罪即坏人"）和以品格推论案件事实的偏见效应（"坏人即有罪"），把公正审判建立在被告人自主认罪、律师有效帮助之上，形成一个证人、被害人、陪审员等多元主体之间的品格比拼。

本书认为刑事诉讼活动要尊重人格尊严和强化裁判者品格塑造，以诉讼程序和审判组织的双焦镜头为纬，这不仅仅将"品格"看作是一种证据，更将"品格"看作是左右刑事诉讼的核心要素。（1）在程序法上，基于一种人格尊严的要求，"把人当人看"，更突出控辩对等的普遍原则及强调人人平等的具体制度；贯彻无罪推定原则，强调控辩双方的平等武装、平等机会和获得平等对待，以及具有不同社会地位和个体特征的犯罪嫌疑人、被告人能够受到实质上的平等对待。（2）在组织法上，又基于一种职业伦理的要求，"不要论断人"，要求司法从业人员爱人如己，推己及人。但是法官是入世的，法官的裁判反映特定社会的普遍认识更符合现实；同样，排除对案件事实的特殊预期和个人利益，让法官处于无知之幕下，其在法律缝隙处的自主裁量更有利于公正裁决案件。司法官的职业素养不仅仅体现在其具有丰富的学识，还需要具备高尚的道德品格，遵循一些共通的职业行为准则。

四、刑事诉讼品格推理的历史演进

本书考察了审判者、控告者、被告人参与到审判之中的背后根据是什么，程序之中各方如何行为及应被如何对待的问题，而这些又到底是如何与品格相关联的。笔者以为，刑事审判虽然因为犯罪而起，但是品格问题出没其间，甚至成为支配程序运行和分配各参与人地位和行动的内在因素。因为犯罪行为或许起于名声问题，审判本身自带羞辱的成分，并且定罪和惩罚被认为是确认坏人的过程；当然，又因为品格因素可能违背事实，扭曲人们的判断和理智，所以，刑事程序既要正视品格的双刃剑效应，祛除品格所带来的弊端和偏见，又要提升裁决者的道德品质和专业素养，还被告人以真相、清白和尊严。总之，鸟瞰品格和诉讼关系的历史，将视野推向品格证据规则产生之前，可见品格与诉讼之间千丝万缕的联系。

透过考察刑事审判模式的历史演进，既看到了品格推论在诉讼程序之中的核心地位，又看到了因为在品格塑造和人格尊严之上诉讼程序又需要不断完善的必要。不论是英美法系的对质询问模式（传闻证据规则）还是大陆法系的直接言词原则，诉讼程序均采口头审理，要求法官亲历、被告人在场、证人出庭，由此会存在着几个层次的"面对面"：职业法官和陪审员面对面，法官与被告人面对面，控辩双方面对面，被告人与被害人面对面，当事人与证人面对面。在庭审之中控辩双方所展现的"气势"和营造的"气场"或者投法官之所好，以及法官的察言观色"主要是看气质"，这内里都是在"听其言、观其行"基础上而进行的品格推断。正是由于庭审之中的证据呈现主要是通过证人出庭的方式来展现，而证人品格是证人证言可信性的最终保证。传闻排除规则或许蕴含了对当事人品格推论的排除，但是，在证人出庭之后却将对被告人的品格推论转向了针对证人的品格推论。如果说审判初始的动因是"审"被告人，而在证人出庭后，审判的焦点则转化为"审"证人了。

我国当下的以审判为中心的诉讼制度改革、认罪认罚从宽处理程序试点等程序改革和司法责任制、法官员额制改革、人民陪审员制度改革试点等司法体制改革也突出了对不同诉讼参与主体品格要素可能对定罪量刑等司法决策带来的影响。

五、品格证据与品格推论

在刑事诉讼法中品格表现为社会名声与个人意见，以特定方式行事的个人性格特点，以及特殊事实与先前定罪等三种形式。品格在价值上有良好品格和不良品格之分；从所属诉讼之主体而言，可分为被告人、被害人和证人的品格证据；各种形式的品格判断有易受操控性，而不同主体基于立场和情景的不同可能给出不同的推论品格或者品格推论。

品格这个特洛伊木马作为行为倾向性的内在品质契合了其对事实判断更有可能或者不可能成立的倾向性，排除品格证据可能不在于其不相关性，而更在于其偏见性。推理偏见和道德偏见有可能并存、结合或者融合而难以区分，其中，推理偏见基于"坏人可能犯罪"涉及事实调查者给予不良品格证据太多的重视，尤其是夸大了不良品格证据与被指控犯罪的相关性而在事实判断上发生逻辑谬误；道德偏见则可能基于"坏人就该受罚"由被告人过去的犯罪记录而对其不满并因此在未能排除合理怀疑地证明他有罪的时候而给他定罪，直接凭情感输入对其不良品格的惩罚后果。

当然，品格作为人与案件事实的中介，品格证据可能指向不同的争点，对于定罪事实和品格作为犯罪构成要素争点，品格证据属于实质证据；此外，品格用于证明证据可信性事实则属于辅助证据。

从品格到案件事实的证明力即使细若游丝，也不能否认可能存在品格对证明被告按照品格行事之倾向性。

第一，从作为品格证据的名声和意见推导出当下的犯罪就是采取了这种演绎形式，有关品格的前提本身是一种不完全归纳的产物，当然，品格证据还需要其他证据的配合才能真正完成演绎推理。设立品格证据的一般排除规则的理论基础是输入有证据资格的信息更为重要，不过若品格成为争点时要允许对方的交叉询问，避免单向的信息输入。对可能输入不当信息的弥补措施则是允许法官指示排除，给恣意的陪审团讨论加上法律的限制。

第二，从前科及类似特定行为推论定罪在形式上表现为类推推理，其实兼采了从特定行为到倾向性的归纳推理及从倾向性到定罪的演绎推理；正因为品格推论依赖于个案权衡，对类推推理的审查判断者提出了一些经验要求，要把已知案例与待决案例的相关或者不相关的因素相比较，以决定新的案例与之前情况是否相符还是有所区别。

六、超脱于品格之外

本书采用了法学（程序法、组织法、证据法）、历史学、心理学、逻辑学等方法从诉讼制度演进、社会价值导向和证据制度内涵等层面指出刑事诉讼与品格问题的相互交织，品格具有辅助证据和实质证据双重功能，品格推论具有双刃剑作用，程序法和组织法中含有丰富的品格要素，进而由"比较倾向"引申出"品格比拼"的概念，典型的有围绕被告人与相对方的品格比拼，交叉询问证人之中的品格比拼，就前科而言被告人与普通人的品格比较，从更广泛的层面来说，将法官、陪审员及侦查、起诉等主体拉入品格比拼的舞台。

本书将品格从证据问题上升到刑事诉讼的核心问题，紧扣品格证据之相关性和偏见性的核心问题，以实质证据和弹劾证据的功能为经，以诉讼程序和审判组织的双焦镜头的结构为纬，深刻描述了品格与诉讼制度的内在关联，正由于品格与诉讼制度的深刻关联，有关品格的问题既有现象描述又有一定的价值引导意义。

（1）为司法改革和诉讼制度改革提供新的思考路径：将被视为人身攻击的品格问题，融会贯通到刑事诉讼的程序法和组织法领域，从而可以透过品格对当下的以审判为中心的诉讼制度改革、认罪认罚从宽处理程序试点等程序改革和司法责任制、法官员额制改革、人民陪审员制度改革试点等体制改革进行了耳目一新的解读。

（2）以品格证据排除规则（原则）或者容许规则（例外）等制度平台化解品格推论自由裁量的难题：正是由于品格证据"两面性"的特征而产生双刃剑的难题，为了摆脱品格证据证明价值上的偏见难题，可以设想通过一种刚性的程序制度来化解自由裁量的难题，将在实质功能上不同诉讼主体之间的品格比拼和在辅助功能上对作证者和取证者的可信性之交叉询问摆到台面上，将裁决者的内心挣扎转化为一种庭审仪式。

（3）审前程序的诉讼化：我们要以另一种眼光来看待"侦查中心主

义",即通过对侦查程序进行一定程度的诉讼化改造来打好审判的地基,为审判提供合格的证据资料。一方面强化律师的参与和引入第三方(最好是法官)的裁判,让侦查讯问有保全证据的功用;另一方面把警察的权力分别置于律师权利和法官权力的双重制约之下,意图将违法行为消除在萌芽状态。当然,这种诉讼化改造并不会对侦查活动造成损害。因为这些参与主体本身是法律职业人员,他们之间的对话能确保其在法定限度内进行法律话语的沟通。

(4)刑事诉讼律师化:作为一种最终的司法化理想,其得以形成可能主要不仅仅在于自说自话的司法机关的中立、自娱自乐的司法机关的分权,而在于异质的律师参与这样一个真正的"第三者插足"。律师在控辩之间架设了一个抵御公力报应、强权暴力的缓冲带,律师又在被告人与被害人、社会公众之间设置了一个预防因为辩解而激发复仇心理的隔离带。

(5)被告人获得平等武装:一个被怀疑和被束缚的人如何能够对抗站在"正义面"的国家呢?他要有武器,法律武器——辩护人的帮助,事实武器——作为证人(被告人最了解自己是否涉案犯罪)、对质证人(攻击不利于己的证人的可信性或者其提供的证词)、获得证人(申请或者强制有利于己的证人出庭作证)。

(6)从"言"之可靠性回溯"人"之可靠性:以作证者和取证者的品格作为言词证据鉴真的最终手段。尽管证言的可靠性本身好像是一个由作证者的观察、认知、记忆能力支持和表述真诚态度支持的证明力问题,然而,取证人的笔录制作及有关是否非法取证等证据能力的纠纷让侦查取证人员出庭几乎是一个大势所趋。恰恰是对审判前讯问或者询问所得的笔录过于关注,而不是作证者出庭直接作证,对证据真实性的保障更加倚重于取证人出庭。由此可见,作证者和取证者对证言真实性的二元保证可能随案件情势而滑动。

这种理论命题的创新扎根于现有的理论积累和制度内涵,从良好品格和不良品格、证据能力和证明力、辅助性和实质性的证明关系、法官司法审查和自由裁量、司法偏见及其预防等不同角度多个层次探析了品格证据制度的理论基础,并从行为-行为人、人类法律实践-历史规律、审判理念-制度、定罪和惩罚等角度深入阐述了审判过程中的品格推论和品格证据规则问题。可以说,这种理论流动于制度之间,又超脱于制度之外,当然正如人身攻击首先是一种司法实践问题,但是笔者在本书之中却故意避开而没有过多渲染具体案例和相关统计数据，并不因为具体案例必然牵涉到对特定人物的人身攻击，而因为笔者想在未来有更可靠的理论铺垫和更明确的制度基础时再行展开案例分析。意在让法官潜意识的推理过程以客观数据呈现的统计，如果要解决其对具体诉讼主体的疏离问题，还是要建立在个案梳理之上。

第一章　从人身攻击出发

记得在一次当地政法委组织的、意图促使检察院或者法院提起再审的人大监督案件讨论之中，笔者听到出席讨论会的某中级人民法院的副院长说：罪犯（因为被定罪了）家属品格极其恶劣，在罪犯当初被拘留的时候，意图通过看守所的医生在饮料瓶里传递纸条，出尔反尔，这个家属所说的话不能信，也因此这个案件不能通过罪犯家属的证明而提起再审及改判无罪。当然，乍一听到这样的言语，笔者着实非常震惊。以至于当时作为某机关工作人员的笔者，与同事私下讨论认为法院的副院长简直就是"法盲"（这也是人身攻击，下面笔者自打脸了），以一个人的品格（道德素养、法律素养等）好坏来推断案件结论就落入了逻辑谬误之中。在刑事诉讼过程中，我们"法律人"臧否其中的当事人或者证人"可恶""狡猾"，也只是在私下与同事交心不设防的时候说说，但是明面上还是满口以"证据相互印证，确凿、充分，足以认定"，或者"法律适用准确"之类的正、反语词来给案件定性，因此笔者当时想，纵然法院实在难以对抗人大的"监督"，但是还可以办案历史条件局限和办案当时普遍的法治意识程度较低，诸如此类来"搪塞"，何必要搞人身攻击呢？

正是因为在法律论证之中把人身攻击拿到台面上被视为禁区，所以这带来两个问题：一是事实裁决者潜意识地或者能够有意遮掩他对案件或者证据的判断受到或许由控辩双方所言传，或者从审查证据的字里行间所阅知，或者对其直面的取证主体或者作证主体所观察体悟到的品格证据信息的影响甚至是决定性的影响。作为专门机关工作人员的法律从业者，通常不会明确承认是根据一个人的品格对该人是否犯罪或者该证人提供的证言是否可靠而做出判断；当然，刑事辩护律师有时极尽所能、不择手段地为当事人脱罪，初犯、偶犯，认罪态度好等带有品格因素的说法张口就来。但是，其实其对一个人品格好坏的内心判断，真真切切地影响着其对案件事实的判断。二是辩护方极尽所能地围绕事实和法律的辩护通常难以对抗侦、控、审对于仅仅因为被起诉尤其是还有前科的被控告人的偏见。由于司法裁决者暗度陈仓的品格推论，它既"来无影"，不是来自相关品格争议之一方的主张；又"了无痕"，裁决者通过察言观色形成的感觉进行判断并未在裁决之中说理，而受裁决影响的利害关系方，则既无从进攻，也无法防御。

此后在高校从事法律教学工作多年，笔者开始反思自己所持的绝对的、僵化的认识，甚至在课堂讨论时多次又为该副院长"辩护"，因为，证人的品格通常可能会对其提供证言的可信性有影响。更进一步考察，可以说，审判一词自古以来就带有一定的神圣色彩，并且要给人做一个定论，而刑事审判所处理的犯罪问题，其中含有对被指控者的道德品格断定，这种断定除了以所指控的行为本身为据之外，有时甚至必然要从被指控者的一贯品格来寻求支撑。所谓的犯罪行为需要证据支持，而品格可能成为一种支持犯罪行为的证据。进一步看，证据有真有假，其真实性除了通过外在的不同证据之间相互印证来判断之外，证据提供者的品格是证据真实性的最终保证。另外，在诉讼之中必须面对诉讼参与人乃至国家专门机关工作人员的品格问题，这种利用品格进行推论的方式被认为是人身攻击，然而这却可能是法律论证的必然宿命。虽然如何让品格推论的逻辑有法律规则可循是问题的一个重要方面，但是，其前提恰恰反映了刑事诉讼本身蕴含的品格推论本质。

单就法律解释而言，以前的立法解释常常是一种官方垄断式的解释，现在随着学者对话语权的掌握，一些法律法条的注释转化为了学者的释评，并且要注意的是，这种释评方式其实是延续了立法修改的"专家建议稿"或者"模范法典"的派头，也就是说，释评者按照法律的"规律"给自己的观点套上一个立法的"模具"，并且按照这个模具去生产所谓的"法学真知"，当然立法者很显然不可能按照学者的"个人意志"去办理，因此，在新法诞生之后，学者可能会认为立法还不够"模范"，又或者新的学者加入了这个立法批判的大军。这不免让人怀疑，我们能搞出一个毫无缺点的法律吗？这显然是个不可能的任务。[①] 既然已经不可能了，再埋首于做这样的层层假设和理想构建还有意义吗？有人可能会认为，学者的天职就是批判，就是要有批判性思维。笔者也从来不否认理想的重要，但是，过于仰望星空或者在他者的世界里遨游，可能已经不会脚踏实地，甚至已然无法进行本土化的努力了。因此本课题研究的刑事诉讼中的品格并不是要搬套英美法系国家的品格证据规则（排除规则及其例外）来改造我国的刑事诉讼制度，而是从组织法和程序法探寻刑事诉讼道德评价的本质内涵和诉讼真实的权利制约，从静态的制度到深入考察其中的各参与人及国家专门机关之间的互动；更多的是揭示刑事诉讼运行的道理，并不一定就提出所谓的制度完善。伊曼纽尔·康德曾言："人性这根曲木，决然制造不出任何笔

---

① 何永军、沈学光：《立法完美主义的危害及其克服》，载《四川警察学院学报》2022 年第 3 期。

直的东西。"① 高尚品格的锻造首先需要认识到人性中的天然缺陷，然后要与自己天性中的局限性进行抗争，这蕴含了规范意味。把人当人看，摆脱一种物化的逻辑。耶鲁大学法学教授安东尼·T. 克龙曼说过，所谓品格，就是"由各种性情（包括习惯性情感与欲望）构成的稳定整体"。② 本书除了在规范层面上讨论品格证据之外，还在一种较宽泛的意义上甚至就是在"人"本身上使用品格一词。

一、双焦镜头：组织法和程序法

意图切入到组织法和程序法，得先从宏观层面了解何谓组织和程序。学者季卫东引述了科斯有关减少交易成本的两条主要思路：第一是组织，实际上也包括其他各种有目的之组织，涉及功能分化、合理化、科层化；第二是司法规则。他非常重视诉讼程序和法官在审理案件时的利益衡量和概念计算；③ 并进一步推论，为达到优化资源配置，与市场经济相适应的法治理论，在所有权保障和契约自由外，还要关注组织结构与司法规则。组织结构主要涉及国家权力的存在方式与社会的存在方式及整合机制两个侧面；司法规则主要是以法治限制权力及支撑权力的制度设计，关键在于审判的独立和公正。因而司法改革应该成为国家治理体系现代化和法治秩序构建的最佳切入点。④ 概而言之，组织结构侧重公平均衡的权力要素配置，其中可见专业素养的门槛和职业伦理的要求，而程序规则侧重自主的权利参与和公正的司法决策，其中存在着同一参与主体先后的、不同参与主体之间的品格比较和裁决者与被裁决者的品格比拼。

正义是古往今来人类孜孜以求的永恒命题，而正义又如同普罗透斯的脸变幻不定。如何让正义看得见呢？以不定型的传统自然法理论为基础的自然正义有双重要求：（1）任何人不得做自己案件的法官，需要形成三方组合，典型如回避制度；（2）应当听取双方当事人的意见，意图兼听则明，典型如辩护制度。正当程序超越和发展了自然正义，体现在各国的宪法、国际人权法等之中，内容大体可分为两个方面：司法组织，独立和不偏袒的法庭；司法程序，公正和公开的审判。⑤ 学者熊秋红分析认为，各

---

① ［美］戴维·布鲁克斯：《品格之路》，胡小锐译，中信出版集团2016年版，第13页。
② ［美］戴维·布鲁克斯：《品格之路》，胡小锐译，中信出版集团2016年版，第70页。
③ 参见［美］罗纳德·哈里·科斯：《企业、市场与法律》，盛洪、陈郁译校，格致出版社、上海三联书店、上海人民出版社2009年版，第2章、第3章、第6章和第7章。季卫东：《司法体制改革的关键》，载《东方法学》2014年第5期。
④ 季卫东：《司法体制改革的关键》，载《东方法学》2014年第5期。
⑤ 熊秋红：《解读公正审判权：从刑事司法角度的考察》，载《法学研究》2001年第6期。

人所感觉到的公正并不相同,公正审判又有某种恒定的内涵,要求审判者秉持客观和不偏袒的态度。① 她指出,《公民权利和政治权利国际公约》第 14 条为受刑事指控者获得公正审判设计了两方面的保障:组织性保障和程序性保障。组织性保障主要包括对司法机构和司法人员的要求,保障司法机构整体独立和司法人员个体独立,法官的委任及晋升应注重法官的职业经验和内在条件,以及刑事诉讼中的检察官和律师也应具有独立性和高素质;从程序性保障看,公约确立了程序公开与程序公正两项原则。程序公开包括动态的审理公开和静态的判决公开。② 由此可见,组织法和程序法此两种规范是刑事诉讼活动的比较普适的分析工具,③ 目前对诉讼制度的分析到底是要进行一种规范的分析还是进行一种政治、经济和社会的分析,可能已经进入了公婆都有理的阶段。但是,如果不能立足于规范进行法律解释,那么诉讼制度的法律空间就被还原为无法无天的丛林争斗和政治角力。刑事诉讼中的组织法和程序法虽然各有自己的规律,但是两者又是互动的。例如,组织法区分了外行和职业人员并进一步在职业人士之间形成分化、分工和分层,而程序法则将职业人士的权力和职责与诉讼参与人的权利和义务动态地展示出来。品格连接了程序法(品格对比,诬告反坐)和组织法(品格比拼,"五过之疵"、"其罪惟均"④ 和 "失刑则刑、失死则死"⑤),连接了过去经验与当下决策。

二、"八大司法迷信"的品格解析

美国俄亥俄州前检察总长吉姆·佩特罗先生和她的夫人南希·佩特罗女士(Jim Petro and Nancy Petro)合著了《冤案何以发生:导致冤假错案的八大司法迷信》。作者在任时接受俄亥俄州洗冤工程主任马克·戈德森(Mark Godsey)委托兼任克拉伦斯·埃尔金斯(Clarence Elkins)案洗冤工

---

① 熊秋红:《解读公正审判权:从刑事司法角度的考察》,载《法学研究》2001 年第 6 期。
② 熊秋红:《解读公正审判权:从刑事司法角度的考察》,载《法学研究》2001 年第 6 期。
③ 林钰雄:《检察官论》,法律出版社 2008 年版,第一部分导论,检察官在诉讼法上之任务与义务,检察官在组织法上之上命与下从。
④ 《尚书·吕刑》:两造具备,师听五辞;五辞简孚,正于五刑。五刑不简,正于五罚;五罚不服,正于五过。五过之疵:惟官、惟反、惟内、惟货、惟来。其罪惟均,其审克之!让法官就其罪могут承担与罪犯相同的惩罚。受贿案审理者受贿倒是屡见不鲜,但是办案人员自身成为犯罪者与公众的信赖和期待不符,而令人难以置信。更值得注意的是,办案者在办理别人的案件过程中把自己办进了案件,成为被办理者,要求办案者要时时绷紧坚守程序公正这根弦。还有比较反讽的是,监察巡视组组长被监察调查。
⑤ 《史记·循吏列传》第五十九《李离传》(汉)司马迁撰:《史记(第十册)》,中华书局 1982 年第 2 版,第 3103 页。

程无辜者的代理人。埃尔金斯被指控犯有谋杀和强奸罪而被判处终身监禁,但是戈德森和作者在论述埃尔金斯无辜时首先就从品格开始,点明他是一名没有任何犯罪记录的居家男人。作者剖析美国通过DNA技术洗冤的案件,认为导致刑事冤案的因素通常可归为六种:虚假供述、采信告密者的陈述、劣质的辩护、不可靠的科学、政府的不当行为和目击者错误的证词。[①] 如果说这些还是一些制度问题,那么导致冤假错案的根源还在于理念,即所谓的八大司法迷信。这个迷信对于不明真相的民众而言,主要是对美国刑事司法制度的一些错误信仰,可能形成冤假错案的洗冤过程艰难漫长和具有偶然性的外在支持,但是,司法从业人员因为亲身经历案件推进和决策过程,除了固守自己的逻辑和经验而盲目自信之外可能会出于立场原因对冤错案件视而不见。因此迷信既可能是(受)故意误导也可能是无心之失。这是一种事后诸葛亮的视角,但是,在刑事诉讼过程之中身处迷局的司法办案人员可能一不小心就成为冤案制造机。冤案制造和冤案难翻相互强化需要识破潜在支配决策的迷局,办案人员要保持谦抑,申冤人员要击中要害。在该书中,吉姆·佩特罗通过描写真实案例和呈现一些不完全的统计数据来佐证其所声称的这八大司法迷信:[②]

迷信一:"监狱里的每个囚犯都会声称自己无罪。"美国的自由主义思想或许鼓励对抗,但是,吉姆·佩特罗通过采访长期与监狱囚犯打交道的专业人士发现,大多数囚犯都还是认罪伏法的。由于美国以认罪为前提的辩诉交易处理了大量案件,因此真正声称无罪的案件可能真的要慎重对待。

迷信二:"我们的司法体制很少冤枉好人。"这个量的判断一般需要统计数据的支撑,或许美国刑事冤假错案绝对数量巨大,但是错案对其当事人来说是百分之百的不幸。

迷信三:"有罪的人才会认罪。"这是侦查人员所持的功利主义信条,因为犯罪往往面临惩罚后果,基于趋利避害的本能,无罪之人不会盲目认罪,并且有罪之人也不会轻易认罪。但是,实践之中常常出现无辜者认罪的情形,典型原因就是,侦查人员采用了刑讯逼供、暴力取证等违法侦查行为,或者威胁诱供、政策攻心保持心理高压的态势,此外也有无辜者冒名顶替,或者被侦查者掩饰其他罪行、有难言之隐等原因。

---

① [美]吉姆·佩特罗、[美]南希·佩特罗:《冤案何以发生:导致冤假错案的八大司法迷信》,苑宁宁、陈效等译,北京大学出版社2012年版,前言第2-3页。
② 以下各"迷信"引述主要参见[美]吉姆·佩特罗、[美]南希·佩特罗:《冤案何以发生:导致冤假错案的八大司法迷信》,苑宁宁、陈效等译,北京大学出版社2012年版,第四编破除八大司法迷信。

迷信四："发生冤案是由于合理的人为过失。"从某种意义上讲，任何司法制度都不能绝对避免冤案，司法人员所坚信的"人为过失"或者偏差并不是造成冤案的唯一原因，并且，民众对错案之恶的"零容忍"可能要求司法人员检讨制度之弊，还要内求其良心安宁。

迷信五："目击证人是最好的证据。"诚实证人也可能作伪证，甚至不是故意说谎，而更多的是受制于证人的感知、记忆、表达等因素影响，还可能受取证环境和取证者暗示性影响，所以单凭着目击证人言之凿凿的证词定案往往蕴藏着巨大的错案风险。

迷信六："错误的有罪判决会在上诉程序中得到纠正。"尽管司法纠错机制经过反复运行和修改完善，并不能承载民众的信赖。错案纠正有思维定式的影响及案件久远证据灭失等原因造成困难，成功洗冤的案件少之又少，比如，能依靠幸存的 DNA 证据这样的铁证只有很小比例的案件。

迷信七："质疑一个有罪判决将会伤害受害者。"吉姆·佩特罗提到美国部分检察官以此为阻止案件听证或重审的理由之一，这种糊弄被害人应付交差的做法既可能让真正的犯罪人逍遥法外，没有为受害者讨回公道，也可能冤枉无辜，造就了新的受害者。

迷信八："如果司法体制存在问题，体制内的职业人士将会改善它们。"让制度净化自身或者通过体制内的人来优化体制，虽然有内在优势，但是可能缺乏比较视角，并且容易形成体制内职业人员惰性和僵化。

总结如上八个迷信，其内容分别聚焦于四方主体，一是被定罪和被追诉的人。作者给出迷信一的真实情况，其推论还是由品格出发，即"被冤枉的无辜者中有相当大的一部分之前没有任何犯罪记录"。这可以说被定罪之人先后的品格一致性对比及被定罪人与任何普通人甚或是真凶的品格比较；对于迷信三的真实情况则是从执法者的守法状态出发，"众所周知的讯问技巧可以导致虚假供述。采用米兰达规则、执行合法的讯问程序和对讯问进行录音录像有助于提高供述的真实性，减少审判及上诉过程中的翻供现象"。遗憾的是，那些讯问技巧可能是"洗脑、心理战术、虚假承诺、骗局、谎言、虐待"。这形成了供述人和取供人之间的品格比拼。

二是办案机关和办案人员。迷信二、六包含着对司法体制和上诉程序的"迷之自信"，真实情况是客观的制度并不可靠，通过再审和上诉纠错异常艰难。迷信四则将错案责任推脱给"人为错误"，疏忽大意、愚笨、懒散、麻木不仁、自负或傲慢及其他人性弱点导致了刑事冤错案的发生，甚至无人为此承担责任，但是，冤错案件中经常存在的权力滥用、欺诈和不当战术则会破坏程序公正。这从根本上也牵涉到了被冤枉的无辜者的制度抗争，其求真信念和办案人员的良知竞争，以及不同办案机关和人员的权力竞争和制衡。

三是目击证人和受害者。对于迷信五、七的真实情况，目击证人本身并不是错误的根源，被害人也不是案件纠错的阻碍，他们或许是被办案人员诱导、暗示或者利用。这也包含了两层的品格比拼，一层是被控告、定罪者与目击证人和受害者之间的品格比拼，二层是申诉者和辩护方与取证人、办案人之间的品格比拼。

四是公众。迷信八针对司法体制的完善，真实情况是普通民众处于改变司法体制的最佳位置。此即诉诸公众良知和信任。

三、"十三个刑事司法潜规则"的品格解析

美国哈佛前教授、著名刑辩律师艾伦·德肖维茨（Alan Morton Dershowitz）1982年在其《最好的辩护》一书中，提炼出美国大部分刑事诉讼参与者都了解未见诸文字却主导实践的关于司法游戏运行的十三个关键规则。如果所谓的八大迷信是冤案纠错的拦路虎，而这十三个刑事司法潜规则则是各类错案的孵化机。[①]

笔者从这些很多人耳熟能详的内容着手，剖析出刑事司法过程之中的潜在的品格推论，找寻潜规则后的潜规则，就是要让我们窥见品格要素是

---

① ［美］艾伦·德肖维茨：《最好的辩护》，唐交东译，法律出版社2014年版，导言第7-8页。该版本对1994年版导言第11-12页相应翻译内容作了部分字词修改。这些潜规则列举如下：

第一条：事实上，几乎所有的刑事被告都是有罪的。

第二条：所有的刑事被告辩护律师、检察官和法官都知道和相信第一条规则。

第三条：用违反宪法的手段去认定有罪的被告，比在宪法允许范围内通过审判认定要容易；在某种情况下，不违反法律就根本无法认定有罪的被告。

第四条：为了能将有罪被告治罪，许多警察都谎称没有违反宪法。

第五条：所有的检察官、法官和被告辩护律师都清楚第四条规则。

第六条：很多检察官在警察被问到是否用违反宪法的手段去认定有罪的被告时，都暗示默许他们去撒谎。

第七条：所有的法官都清楚第六条。

第八条：大部分一审法官都明知警察在撒谎还装作相信他们的证词。

第九条：所有的上诉法院法官都知道第八条规则，但许多人都装作相信那些装作相信警察的一审法官。

第十条：即使被告申诉他们的宪法权利受到了侵犯完全属实，大部分法官也会对此置若罔闻。

第十一条：如果法官和检察官认为被告在被控犯罪（或与此密切相关的犯罪）中是无辜的，他们不会故意将该被告治罪。

第十二条：第十一条对地下黑社会犯罪组织成员、贩毒者、职业杀手或潜在的告密者不适用。

第十三条：没有一个人当真想要正义。

另一译本参见［美］亚伦·德萧维奇：《最好的辩护》，李贞莹、郭静美译，南海出版公司2002年版，第14-15页。又可参见其自我引述，［美］艾伦·德肖维茨：《致年轻律师的信（典藏版）》，单波译，法律出版社2009年版，第79-80页。

一个重要的分析工具。具体来看,上述潜规则的主要内容有四个方面的品格推论机制:

一是被告有罪和经验确信。第一条讨论的是一个"事实"和实体问题,正所谓无风不起浪。结合第二条来看,所有的诉讼参与者基本上在心里将被告和罪犯画了等号。

二是静默蓝墙和伪证帮凶。从第三条到第十条说明了在美国将被告定罪面临着很大的宪法和法律障碍,在面临人权保障和惩罚犯罪的两难选择时,一旦运用了违反宪法的手段则警察之间遵循内规共谋伪证掩盖事实和掩护同行筑起了静默的蓝墙(blue wall of silence),开启了警察谎言的生成和维护链条。警察是说谎的老手,而检察官、一审法官、上诉法院法官则成了"伪证的帮凶"。[①] 可见品格问题已经反转为评价侦诉审一条龙执法者的程序正义的核心命题,例如,德肖维茨认为一个法官起码应该具备无私奉献、勤奋工作、诚实而富有同情心的品质。他曾碰到以真挚坦诚之心对待法律,以敏感同情之心关怀人们的宪法权利的两个法官,但他发现许多法官在法袍之下掩盖的是腐败无能、偏听偏信、慵懒卑劣的灵魂,再加上普遍的愚蠢。[②] 而第十条更是显示被告意图攻击执法者侵权和违宪,因为存在着公私之间的品格比拼而寻求程序救济更显艰难。

三是无辜被告和定罪偏见。第十一条至少还说明了法官和检察官良知未泯,也意味着只有彻底改变他们对第一条规则的信仰,确信被告无辜才可能不冤枉被告或者才能够纠正错案。当然第十二条正说明了被告自己的不良品格带来了定罪偏见。

四是重利轻义和坏人假设。第十三条是没有一个当真想要正义。正因为正义让位于利益,美国刑事诉讼对立双方所有当事人,如刑事被告、被告辩护律师、检察官、警察和法官都在拼命争夺个人和自身职业上的利益得失。[③] 一方面法律从业者挂着正义的"羊头"卖着利益的"狗肉";很(不)巧的是另一方面,正是因为给有罪之人定罪障碍重重,使不少罪犯逃脱惩罚,也少有无辜被告被认定有罪。不过,通过规避或者违反正当程序而让罪犯"罪有应得"并不值得提倡,因为美国刑事司法制度依赖的是所有当事人普遍的不诚实态度,歧视穷人、未受教育的人和少数族裔。证人在法庭上"所述句句属实",其实是受着询问者严格控制,毫不夸张地

---

① [美]亚伦·德肖维茨:《合理的怀疑:从辛普林案批判美国司法体系》,高中义、侯荷婷译,法律出版社2010年版,第46页。作者又引述了"司法游戏规则"第三条至第九条。
② [美]艾伦·德肖维茨:《最好的辩护》,唐交东译,法律出版社2014年版,导言第5页。
③ [美]艾伦·德肖维茨:《最好的辩护》,唐交东译,法律出版社2014年版,导言第4页。

说，被告辩护律师、检察官、法官"不说出"全部事实的现实支配着美国的刑事司法制度，其中有辩护律师把自己的利益置于委托人的利益之上，有些检察官掩盖真相，行为不当甚至赤裸裸的欺骗，也有法官歪曲案卷内容和法庭记录。

综上所述，所谓八大迷信和十三个潜规则其实分别与撰写人的职业身份有关，前者是检察官，后者是上诉审律师，前者更侧重于冤案平反程序，后者更侧重于上诉救济功能，即侵犯宪法权利的救济。中国学者陈瑞华也曾提出了中国刑事司法中的 17 个潜规则，[①] 更多地着眼于程序的自动运转而停不下来。由于中国缺少定罪的障碍机制，立案前初查不受限制、为侦破案件尽力延长逮捕前拘留羁押期限、口供优先、抗拒从严、限制介入侦查的辩护律师权利、庭审书面审走过场成为笔录确认程序等，刑事案件中，对警察、检察官及初审法官所存在的程序性违法行为难以启动专门的"司法审查"程序，程序性制裁也是毫无根基。另外，对于事实不清、证据不足的案件，检察院撤回起诉、一审法院"疑罪从轻"、二审法院"发回重审"，"疑罪从无"实属罕见，导致程序回流，难及时终结。其中最突出的有办案机关反对纠错的刚愎自用，对拒不认罪的被告从重处罚。如果说上述潜规则是程序运行问题，而公诉人、绝大多数刑事法官重追诉犯罪，警察、检察官对辩护律师存在敌对态度，则是观念上的潜规则。此外，因为内部奖惩制度、错案责任制度和国家赔偿责任，无论是警察、检察官、法官个人，还是"公检法三机关"，都与刑事案件的裁判结局存在直接的利害关系，这些依法、客观、公正的组织法要求反而可能因为关涉职业利益而适得其反，表现在错案制造上相互接力及阻止错案推翻上互为掩护。

笔者认为，上述所谓的司法迷信和潜规则其实是权利与权力之间的现实互动，可能成为一种偏离规则的司法惯性，因此，还是要从刑事诉讼各参与人的观念转化和品格塑造入手，让其形成尊重规则和遵循良知的习惯。刑事诉讼本身作为一个检验犯罪嫌疑人、被告人的品格，评价好人和坏人的程序，由于警察、检察官和法官要办理案件而亲身入场，从而可能沦为一场不同诉讼主体的品格比拼。这种品格比拼更具有程序性制裁的意味。品格推论在刑事诉讼程序中处于核心地位，被指控者与普通人的"比较倾向"具有一定程度推论犯罪可能性的实质证据功能；而言词证据的可靠性往往在缺乏外在证据时以作证者和取证者的品格作最终保证，从言之可信

[①] 陈瑞华：《程序性制裁理论》，中国法制出版社 2005 年版，第 52 页。其后 2010 年第 2 版，2017 年第 3 版都保留着该观点。此外有学者对刑事证据潜规则进行专门研究，参见房保国主编：《刑事证据潜规则研究》，知识产权出版社 2011 年版。

转到人之可信体现其辅助证据功能,基于品格的整体复合或者在某种情境下的反常变化,控辩双方进行攻防的交叉质询是一种合理的程序配置,也能让裁决者对证人察言观色。从规范意义而言,在程序法上要尊重人格尊严,"把人当人看",可以具体化为控辩对等和法律面前人人平等;在组织上要遵守职业伦理要求,"不要论断人",可以具体化为司法从业人员爱人如己,推己及人。

四、品格比拼的论证框架

刑事诉讼中的品格证据和品格推论问题一直都存在。在罗马法制度中刑事审判论证的全部内容都围绕着被告人的道德品格问题,早期的英国法刑事审判也不受限制地诉诸品性证据,《美国联邦证据规则》第404条是数百年来法院全力以赴解决如何才是被告人的品性在刑事或民事审判中的合适地位这一问题的结晶。英国《2003年刑事审判法》对品格证据规则的修改,放松了对品格证据的排除。国外对品格证据的研究比较重要的有:(1)达马斯卡(Mirjan Damaska)的文化研究。[①]他指出,英美法系国家将品格证据上升为法律规范,主要体现为,一是有关被告人、被害人的品格相关性(relevance)的排除规则;二是有关证人的可信性(credibility)规则。而大陆法系与英美法系取径不同有两个原因,一是在心理上不愿明定其证明力,由于历史原因,欧洲大陆对预定证明力的证据规则深恶痛绝。二是在制度上又不能排除其证据能力,首先是审判组织的一元化,定罪和量刑程序不加区分,裁判者接触了被告人品格材料而难以排除;其次是职权主义的询问方式使得证人陈述如乐曲大联奏,相较于普通法系的片段演奏会,无可避免地会涉及被告人的性格特点或先前行为。(2)兰博约(John H. Langbein)的历史分析。他将系列论文整理成著作《对抗式刑事审判的起源》,在其中作者追溯了英美刑事诉讼模式及证据法包括品格证据规则的生成历史。[②](3)沃尔顿(Douglas Walton)的逻辑哲学研究。在其专著 Character Evidence: An Abductive Theory 中以对话理论的最新研究尤其是人工智能和法律论证的应用为基础,通过设证推理进行模态对话对其推理之中和对话上下文中显现的品格寻求最佳解释,以避免通常的谬误、错误和肤浅的推断。品格推论的认知策略是其可证伪性,当然该书指

---

① [美]米尔吉安·R. 达马斯卡:《比较法视野中的证据制度》,吴宏耀、魏晓娜等译,中国人民公安大学出版社2006年版,第288-303页。

② [美]兰博约:《对抗式刑事审判的起源》,王志强译,复旦大学出版社2010年版,第181页以下。

出了对品格的赞扬和中伤、品格的正直和伪善及品格证据的真实和偏见效应。①（4）法律解释研究。英美证据法学者对《美国联邦证据规则》和《刑事审判法》的相关内容尤其是重塑和修改进行了解释性研究。② 笔者认为，上述历史文化解释阐释了品格证据规则的深厚背景，逻辑哲学解释则站在了"非形式逻辑"论证及"论证＝证据"的理论前沿，而证据制度的法律解释又渗透到了具体法律知识和规则的技术性细节。因此本课题的研究意图追溯刑事诉讼的品格要素，从宏观的时代背景和特定的具体制度把握品格证据制度产生的历史进程。

我国在确定刑事侦查方向、量刑、前科调查、未成年人社会调查等制度中均可觅品格证据之踪迹。进而，刑事审判本身就是对人的一种道德品格断定，其中甚至必然存在人身攻击的合理空间，这种断定可能受一贯的品格支撑，另外，证据的真实性也必然要靠提供证据之人的品格进行保证。国内已见专著《品格证据在刑事案件中的运用》③、《品格证据规则研究》④及多篇博硕士论文对此进行专门研究，以及有关可采性、相关性、证据能力、证明力等问题的研究⑤都与此密切相关。这些研究大有"亦步亦趋"地引进品格证据规则之势。然而，这些研究总体上不具有国外相关研究所体现出的"宏大视野"和"微观叙事"之相得益彰。

随着对刑事诉讼中的品格因素的持续关注，通过反思身边的案例和解析刑事诉讼的潜规则中的品格要素，我们可能确立刑事诉讼品格要素尤其是品格比拼的具象认识。说得极端些，刑事审判如果不是通过对犯罪行为的举一反三在深究审判被告人品格的基础上确定其承担的责任，就是通

---

① ［加］道格拉斯·沃尔顿：《品性证据：一种设证法理论》，张中译，中国人民大学出版社2012年版。Douglas N. Walton, *Character Evidence: An Abductive Theory*, Dordrecht, The Netherlands: Springer, 2006.

② 例如，Richard Glover & His Honour Judge Peter Murphy, *Murphy on Evidence*, Oxford University Press, 2013. Christopher Allen, *Practical Guide to Evidence* 4th ed, Routledge-Cavendish; Taylor & Francis e-Library, 2008. Christopher B Mueller, Laird C Kirkpatrick & Liesa Richter, *Federal Rules of Evidence: With Advisory Committee Notes and Legislative History: 2018 Statutory Supplement*, Wolters Kluwer, 2018.

③ 刘立霞、路海霞、尹璐：《品格证据在刑事案件中的运用》，中国检察出版社2008年版。

④ 刘宇平：《品格证据规则研究》，四川出版集团、四川人民出版社2010年版。

⑤ 郭志媛：《刑事证据可采性研究》，中国人民公安大学出版社2004年版；高忠智：《美国证据法新解：相关性证据及其排除规则》，法律出版社2004年版；孙远：《刑事证据能力导论》，人民法院出版社2007年版；俞亮：《证据相关性研究》，北京大学出版社2008年版；易延友：《证据法的体系与精神：以英美法为特别参照》，北京大学出版社2010年版；金钟：《证明力判定论：以刑事证据为视角》，中国人民公安大学出版社2010年版。李明：《证据证明力研究》，中国人民公安大学出版社2013年版，等。比较近有张保生教授指导的博士论文，徐拿云：《品性证据规则的作用机理研究》(吉林大学2020年)，其中比较细致地分析了品格证据规则对诉讼行为和社会行为的作用机理，最后分析了品性证据规则对我国司法公正和诚信社会建设的作用。

过一贯的品性来推断被控告人实施了当下被控的犯罪行为。由此，裁判者的正义感和判别是非的能力其实不是从现有的证据之中而是凭"坏人做坏事"来推论事实，也可能对事实真相不管不顾，而仅仅因为被控告人是坏人而意图对之施加惩罚。进而言之，如果将诉讼参与主体从被告人和裁判者扩展至刑事诉讼的多元主体，可以说，刑事诉讼本质上就变成了一个多元主体品格上的相互比拼活动。英美法系国家历史上对品格证据不加限制，在当代逐渐发展出品格证据规则，即主要是品格证据的禁止规则，而对此又设置了很多例外。不过，中国刑事诉讼中的品格常常甚至不被看作证据，而提出品格并由对方对质本就"名不正言不顺"，但是，我国存在着各诉讼主体私下以品格作出推论的潜规则。对权利主体进行的品格推论也可能把权力主体拉入赛场，由此要求执法和司法人员恪守法律职业伦理，强调程序正义，注重人权保障。

　　首先，刑事诉讼中的品格可以成为一种证据，主要是作为辅助证据或者实质证据。所谓的辅助证据主要是在审查证据可信性过程之中将视角从言之可信转到人之可信上，即以作证者和/或取证者的品格作为言词证据真实的最后保障，通过控辩双方的交叉询问来达到品格弹劾和正誉及第三方察言观色之目的，这其中存在取证者、作证者的品格比拼。而所谓的实质证据，就是从品格直接推论犯罪成立与否，作为审判的道德评价作用（"有罪即坏人"）的逆向推理，以品格推论案件事实（"坏人即有罪"）可能自带偏见效应，转而将当下作为争点的当事人行为转移到所指向当事人不同时期的品格，或者当事人与普通人的品格比较，并且根据国家专门机关所主导的诉讼对程序正当要求等满足程度，还会扩大品格比拼的圈层，扩及于证人、被害人、执法者、公诉人、职业法官和陪审员等多元主体之间。

　　其次，品格与诉讼制度的内在关联，诉讼程序需要尊重人格尊严和强化裁判者品格塑造。在程序法上，"把人当人看"，强调控辩双方对等，被控告人相对于公诉方天然地处于弱势地位，应该受到无罪推定原则保护，获得律师有效帮助等倾斜性政策；强调不同当事人之间平等，使不同社会地位和个体特征的犯罪嫌疑人、被告人能够受到平等对待，消除贫富差距、能力差距、处境差别等。在组织法上，"不要论断人"，强调法官谨慎使用裁判权，在排除合理怀疑的基础上才能给被告人定罪；还强调法官的裁判反映特定社会的普遍认识；强调事实裁决者中立无偏，排除对案件事实的特殊预期和个人利益，让法官处于无知之幕之下，其在法律缝隙处的自主裁量更有利于公正裁决案件。法官和警察、检察官同为法律职业共同体的成员，他们的职业素养既有共识又有差异，法律职业道德教育的目的在于培育法律人独特的人格，区别于大众的日常逻辑而更强调程序伦理，虽然他们的职业道德要求各有侧重，但是总体上要求具有更高尚的道德品质。

从历史递演来看，审判程序中的不同主体如审判者、控告者、被告人已经摆脱了其自然身份而戴上制度面具，要扮演预定的角色，履行自己的职责，这些不同角色又要形成制度所要求的互动。由于刑事审判因为犯罪而起，揪出罪犯对其定罪量刑是控告者和审判者的共同任务，而犯罪嫌疑人则成了二者的共同敌人。因为犯罪行为或许起于名声问题，定罪和惩罚只是再行确认了公认的坏人，但是，品格因素并不能直接推导出当下的犯罪行为就是被指控者的以品格行事；相同品格者众，并且对于特定被控告人不同的人会给出不同的品格评价，因此，以品格直接推论被控告人符合品格的犯罪行为，有违背事实乃至扭曲人们的判断和理智的可能。从心理学视角来看，刑事程序并不能绝对禁止不同诉讼参与人对品格的自觉或者不自觉地运用，但是，我们应当极力祛除品格蕴含的弊端和偏见，尤其是准许不同诉讼主体对品格的对质辩论，裁决者也兼听双方的意见，尽可能还被告人以真相、清白和尊严。在品格证据规则产生之前，品格就与诉讼有着千丝万缕的联系。世上没有完美无缺的制度，诉讼制度同样如此，诉讼制度改革是经久不衰的话题，由此，我国当下的诉讼程序改革（如庭审实质化改革、认罪认罚从宽处理程序等）和司法体制改革（如司法责任制、法官员额制改革、人民陪审员制度改革等）也要发挥不同诉讼参与主体的品格可能对定罪量刑等司法决策带来的恰当影响，但也要防止其不利影响。

品格表现了在社会生活中一个人可能有别于其他人的相对稳定态度和一贯的行事风格，个体的禀性难移并不排斥"人同此心、心同此理"的个体间相似性。刑事诉讼的实践积累了有关品格证据的三种法定形式，社会名声与个人意见，以特定方式行事的个人性格特点，以及特殊事实与先前定罪，主要针对被告人、被害人和证人的良好品格或者不良品格证据。刑事诉讼中的品格，或者作为证明对象，与用来判定一个人品性、道德优劣的证据融为一体；或者作为手段，品格本身作为证据用来证明案件事实或者争议的问题。以品格为基础的推论往往有易受操控性，不同主体基于立场和情景的不同可能给出不同的推论品格或者品格推论。将品格比喻为特洛伊木马就是因为其在推论真相的同时也可能输送了偏见。品格作为行为倾向性的内在品质契合了其对事实判断更有可能或者不可能成立的倾向性，排除品格证据可能不在于其不相关性，而更在于其偏见。其中，推理偏见涉及事实调查者给予不良品格证据太多的重视。而道德偏见则可能基于被告人过去的犯罪记录而对其不满，并因此在未能排除合理怀疑地证明他有罪的时候而给他定罪。品格就是一种输入偏见和激发陪审员感情的重要方式，因此更要注意防止陪审团把被告人从事实和法律的审判法庭带到道德审判庭。作为人与案件事实的中介，用于证明作为定罪事实和犯罪中品格要件事实争点的品格属于实质证据；而有关证据可信性事实的品格属于辅助（弹劾是其典型的作用形式）证据。在英美两国，品格证据不论是作为辅助证据还是实质证据，都难以阻止其可能对事实认定带来偏见性的影响。尤其是品格证据作为实质证据的情形，必然可能含有一种从"品格证据—（1）品格—（2）案件事实"的证明传递关系，由此分别形成了（2）针对案件事实的实质证据和（1）针对当事人或者证人可信性的弹劾证据。而品格内容捉摸不透，既是一种证据手段（品格证据）又是一种证明对象（案件事实），因此品格推论还有一种循环论证的意味。

因为品格证据往往有一定的证明价值，英美法系的可采性规则将可能含有偏见的品格证据证明力归零。而大陆法系虽然表面上声称从一开始就断然认定某些品格证据不具有相关性而不被事实裁决者所考虑，但是，大陆法系国家并未建立阻隔事实裁决者接触品格证据的机制，并且可能因为品格证据有一些相关性，没有交叉询问机制，反而可能让真正的偏见输入到心证裁决之中。以诚实品格来证明证人可信性往往成为英美法系庭审交叉询问的标配，广泛地吸引了人们的眼球。然而，品格证据运用更重要的方面是，以品格证明案件事实，其主要理由因为存在着品格对证明被告按照品格行事之倾向性。第一，从作为品格证据的名声和意见推导出当下的犯罪，采纳了一种演绎推理的形式，不过，有关"出于品格而犯下被控罪行"的前提并不是确然性判断只是一种或然性判断，是不完全归纳的产物，或者只是表达了一个概率性的事件，当然，品格证据还需要其他证据的配合或者只是配合了其他证据才真正完成演绎推理，或者说提高了所得出结论的概率。甚至，如果作为推论的品格可能存在不同甚至相反的解释，作为可推论的原则还可能存在可反驳之例外；或者原则上排除其适用，例外地采纳为证据。作为审判之中的审判，当名声和意见一类的品格本身成为争点时，适当地允许调查具体行为实例。当品格有资格作为证据输入到刑事诉讼之中，为避免单向的信息输入，品格成为争点时要允许对方的交叉询问。如果因为错误地输入了不当的品格证据信息，要允许法官以指示排除进行弥补，以法律限制陪审团的可能恣意。第二，从前科及类似特定行为推论定罪在形式上表现为类推推理，即兼采了从特定行为向倾向性的归纳推理及从倾向性向定罪的演绎推理；因为品格推论依赖于个案权衡，这对类推推理的审查判断者提出了一些经验要求，要比较已知案例与待决案件的相关或者不相关的因素，决定新案件与之前情况之异同。

　　归结而言，本书从诉讼制度演进、社会价值导向和证据制度内涵等多层面引申出了比较倾向和品格比拼的概念。这其中典型的有被告人与相对方的品格比拼，被交叉询问的证人之间的品格比拼，就前科而言被告人与普通人的品格比较，从更宽泛的层面来说，法官、陪审员及侦查、起诉等主体也被拉入到品格比拼的舞台。本书将从诉讼与品格问题的相互交织出发，在充分注意到品格推论具有双刃剑作用的基础上，分析刑事诉讼中的品格所具有的双重证据功能，并且采用双焦镜头分析程序法和组织法中的品格要素，还通过对刑事审判模式演进的比较考察，进一步阐释品格比拼和品格比较的概念。笔者将推进英国学者雷德梅因（Mike Redmayne）所提出的比较倾向的概念，大胆概括出"品格比拼"的命题，这符合我们的生活经验常识，又扎根于品格证据和诉讼制度的基本概念，如良好品格和不良品格、证据能力和证明力、辅助性和实质性的证明关系、法官司法审查和自由裁量、司法偏见及其预防等，此外，这个命题阐释必然牵涉到更广泛的社会背景，从本书论述的字里行间可见，笔者从行为—行为人、人类法律实践—历史规律、审判理念—制度、定罪和惩罚等角度对审判过程中的品格推论和品格证据规则进行阐释。为了祛除品格证据的偏见，还设想通过一种庭审仪式来化解事实裁决者的内心挣扎，让支持被告人有罪和无罪的品性，有、无（或者特定）前科的被告人相对于普通人犯同种特定罪行的品格比较倾向，以及有关作证者和取证者的可信性的品格等通过对质询问摆到台面上。律师参与刑事诉讼作为一种"坏人"保护机制，一方面由于律师的在场，可能避免处于天然弱势地位的被控告人与强势的国家专门机关短兵相接时，受到无端报复或者违法惩罚，另一方面被控告人由专门"为坏人辩护"的律师为其代言，而避免来自公众和被害人称其死不认罪或者无理狡辩的谴责，以及防止被他们向其发泄的复仇怒火灼伤。意犹未尽的是，对诉讼中的品格问题研究可能更进一步关涉到当下相关的诉讼程序改革和司法体制改革。

第二章　诉讼主题的品格内涵

　　在寻求确定裁判（如有罪还是无罪）的司法征途中却不得不面对各种不确定性，所谓的二分法可能面对的刑民归属、罪与非罪、捕与不捕、诉与不诉、认不认罪、从严从宽等无界命运，而所谓三段论的法律大前提、事实小前提，首先要面对的是法律渊源无限回溯的不确定性、事实要件证据无限递归的不确定性，这两者相互规定的法律事实不确定也因此法律责任难以确定，更主要的是，刑事诉讼活动准确认定案件事实的任务是在意图满足程序正义的限定条件下来实现的，因此，真相与权利又相互制约。概而言之，无论是刑事司法的法律选择还是事实确认都必然脱离不开表达为一种可能性的非形式逻辑。

　　美国耶鲁大学惠特曼教授从有关资料中发现神明裁判揭示了"隐藏或未知的事实"通过"唯一知晓世人内心的上帝的审判"却也属实，但是更准确地说，这些审判揭示的并非无人知晓的事实，它们揭示的人证是否"撒谎或隐藏真相"。如决斗审法律宣布的，失败方乃伪誓者。此乃上帝所知，他洞悉"世人的内心"。简言之，在这些案件中，上帝的审判并非真相（truth）的测验。正如看上去的那样：乃是可信性（truthfulness）的测验，事关当事人的诚信。神明裁判制度"目的在于这样那样的人是否值得信任，如果我们要相信他的陈述的话"。[①] 因此神明裁判常常在证明出现疑难时作为寻求真相的最后手段。后世人们的认知手段更为丰富，刑事诉讼程序主要是一种事实证明程序，也难以避免事实不清的情形，虽然最终要由法官遵循逻辑和经验、依据法律和良心进行自由心证判断，但是错案责任首先要靠举证责任在当事人之间进行分配，因此，控辩仍然要穷尽最后的手段——回到作证人的可信与否的品格上来。或许对真相的查明诉诸人心或者人格还是要靠程序制度和实体制度支撑。

　　第一，尽管人身攻击被认为是一种逻辑学上的谬误概念，但是，这种论证方式甚至并不就是错误的，"人身攻击是不是一种错误的论证方式，往

[①] 该段论述参见［美］詹姆士·Q.惠特曼：《合理怀疑的起源：刑事审判的神学根基》，佀化强、李伟译，中国政法大学出版社 2012 年版，第 115 页。

往需要联系着它出现的语境来加以考察"。① 在传统逻辑上"以人为据（ad hominem）"的概念，就是"用对某人品质的评价为论据来肯定或否定其论断的错误"。其中，根据证人曾经有过某种过错，而不是根据对证据内容的核实，就认定这个证人的证词是虚假的，这就是一种"以人为据"的逻辑错误。② 然而，在诉讼之中有时可得的目击证人是唯一的，其证言的内容无法核实，或许可以从证人的品格之中找到其证言真实与否的蛛丝马迹，虽然有犯错的可能，但是通过信任证人的品格而采纳其证言（因信得信）或者质疑证人品格来排除证言（以疑去疑）符合人之常情，因此，对案件事实问题的主张从品格来支持或者反对其真实性，甚至是一个必要而非充分的条件。证言内容真实与否即是否谎言，与一个人是否有说谎的品格之间有着极大的相关性。当然如果有其他的证据印证和补强则更好，并且一般而言，品格的弹劾功能要比其正誉功能有更广泛的适用空间，因为否证往往可以抓住一点不及其余。

第二，就诉讼的论题而言，对案件事实真相这样的概率事件的确定性判断已经超越了传统逻辑的范畴，跟人偏离了事实真相的主题一样，其实，这种对人品格进行评价的活动恰恰是诉讼天然的本质。"以人为据"属于逻辑上的"相关谬误"（fallacy of relevance）的一种。所谓的相关谬误是指"在推理和论证中，因前提或论据包含的信息似乎与结论或论题的确立有关、但实际无关而引起的诸种谬误的总称。相关谬误大多是基于前提或论据与结论或论题在心理上相关，而不是逻辑上相关而产生的，它多利用语言表达感情的功能，以言辞来激发人们心理上的同情、怜悯、恐惧或敌意等，以引诱人们接受某一结论或论题。如诉诸无知、诉诸怜悯、诉诸感情、以人为据、诉诸武断、诉诸暴力等"。③ 笔者曾经指出诉讼制度的改革从技

---

① 彭漪涟、马钦荣主编：《逻辑学大辞典（修订本）》，上海辞书出版社2010年版，第664页。在批判性思维中"人身攻击"(attacking the person 或 argumentum ad hominem) 的概念是一种在论辩中通过攻击甚至谩骂论敌的手段来代替对具体论题的论证而引起的谬误。进行此种攻击主要有三种形式：其一可以称为"侮辱"(abusive) , 也就是通过直接攻击论敌的人品、民族、宗教信仰等来取代对论敌所持主张及其论证的攻击。其二可以称为"旁证"(circumstantial), 即通过间接挑明论敌与其所处环境的某种关系来代替对论敌所持主张及其论证的攻击。就如，"你是哪个单位的，你代表谁讲话"。其三为"你也一样"(tu quoque) , 即通过指出论敌并没有实践其所鼓吹的观点来代替对论敌所持主张及其论证的攻击。人身攻击是不是一种错误的论证方式，往往需要联系着它出现的语境来加以考察。作为"人身攻击"的一种具体表现，"你也一样"的谬误(fallacy of tu quoque) 是指在论辩中因论敌自己曾实施过某种行为而认为他关于该种行为不应实施的观点是错误的，或者通过指出某人并没有实践其所主张的观点来否认其观点的正确性。需要注意的是，在论辩中，某人言行不一虽然可以成为质疑其论证的理由之一，但却不能成为彻底否定它的充足理由。

② 彭漪涟、马钦荣主编：《逻辑学大辞典（修订本）》，上海辞书出版社2010年版，第354页。

③ 彭漪涟、马钦荣主编：《逻辑学大辞典（修订本）》，上海辞书出版社2010年版，第663-664页。

术向情感的转向,正如情感是心理学问题,由此,品格推论基于心理上的相关性而非逻辑上的相关性可能恰恰是诉讼中的焦点论题。

第三,前述说明,诉讼在论证手段上可以采用相关的品格证据,而在论证程序上主要采用一种"支持"与"攻击"相互对抗的方式,因此存在着来自不同主体的观点,另外,所谓的论证支持与否及论证程度强弱也是可以反驳的。在诉讼之中,在双方的论证势均力敌之时或者事实真伪不明之时,作为第三方的裁决者有一定的自由裁量权。

美国学者库恩等介绍,在心理学家看来,人格是一个人独特的、持久的思维、情感和行为模式。换句话说,一个人过去是什么样的人,现在和将来还是什么样的人,这种一贯性就是由其人格所决定的。它是每个人独特的才智、价值观、期望、爱、恨及习惯等构成的总和,使我们每一个人都与众不同。这些人格特质是人们在大多数情境下表现出来的稳定的特点。通常,人格是从行为推论而来的。[①] 本书认为,基于品格的生成和品格的养成,我们可能从品格去推断过去的行为,也可能通过行为约束来塑造未来的品格。刑法的犯罪与惩罚两方面内容、刑事诉讼的定罪与量刑两个任务与品格的"推断过去"和"预测未来"的这样两种功能相对应。由此可见,在刑事诉讼之中品格推论无处不在。

一、证据真实的品格保证:辅助证据

一般认为刑事诉讼有两大任务,一是事实认定,二是法律适用。我国刑事诉讼法的一个基本原则是以事实为根据[②],首先事实要分解为要件,各个要件又通过证据来建构。

近年来将证据分为客观证据和主观证据流行起来,这既不是证据的法定种类也不是证据的学理分类,并且与所谓的证据必须主客观相一致的观点不符,但是这是一种现实的需要,所谓主客观相一致可能是在审查判断证据的终点对证据提出的要求,但是从起点来看,不同的证据在客观方面和主观方面的表现各有侧重,并且判断上有从主观到客观或者从客观到主观的先后顺序,也就是说主客观并不是割裂的。所谓的主观证据主要表现为言词证据,以个人作为证据的载体,就是通常所谓的人证,体现在立法

[①] Dennis Coon, John O. Mitterer:《心理学导论:思想与行为的认识之路(第13版)》,郑钢等译,中国轻工业出版社2014年版,第470页。

[②] "以事实为根据"在我国的多部程序法和组织法中得以体现。2018年《中华人民共和国刑事诉讼法》第6条;2021年《中华人民共和国民事诉讼法》第7条;2017年《中华人民共和国行政诉讼法》第5条;2017年《中华人民共和国律师法》第3条;2018年《中华人民共和国人民法院组织法》第6条;2018年《中华人民共和国人民检察院组织法》第6条;等等。

上一般包括犯罪嫌疑人、被告人的供述与辩解、被害人陈述、证人证言,其中证人又可能具体化为目击证人、警察证人、鉴定人、专家辅助人、见证人等,突出表现就是个人对事实的感知、记忆、提取和陈述。所谓的客观证据往往包括物证、书证等,其实这些证据首先要进入人的认知视野,否则对客观证据充耳不闻、视而不见则相当于无证据。客观证据要进一步通过人的活动来体现,和主观证据一样都需要取证人将之收集、固定、保存和呈现。

证据还存在另一种现实的分类,控诉证据和辩护证据,或者有罪证据和无罪证据,罪重证据和罪轻证据,这是从证明作用、方向和程度对证据进行的学理分类,并且因此证人与之相应分为控方证人和辩方证人。尽管我国对出庭证人都可称为法院、法庭或者法官的证人,但是,随着程序机制对抗色彩的浓厚,这种证据分类并且主要是证人分类,确立了控辩双方在法庭上对证据进行质证辩论和对证人进行交叉询问的前提,最终事实裁决者(法官和陪审员)要对事实进行证据调查和补充调查及认定。总体而言,这其中又包括了两种活动,一种是官方的职权活动,另一种是当事人的权利活动。

一个人是否说了真话尤其是对案件事实作证是否说真话尤为重要。如果在保证真诚的基础上,对其言词证据的真实性并无争议,那么一种合意的真实就可以被看作解决纠纷基础的真相;当对言词证据的真实性有争议,法官也无法直接判断证人是否如实作证时,或者法官凭感觉知道作证人说谎,这时法官要作出决定必须有一定的根据,而反映作证人是否诚实或者体现特定行为方式的品格可能是审查证言真实性的一个重要手段,由此,作证人的品格作为检验证据真实性的一个"没有办法的办法"而进入了法律舞台。通常有关品格方面的证据是作为弹劾证据而采用的,一般而言,如果对证言没有异议的话,可以凭证人的宣誓具结保证推定其证言是真诚和真实的。我国刑事诉讼法一直标榜"如实"陈述和作证[①],并且

---

① 2018年《刑事诉讼法》第54条第1款规定:"人民法院、人民检察院和公安机关有权向有关单位和个人收集、调取证据。有关单位和个人应当如实提供证据。"

第120条规定:"侦查人员在讯问犯罪嫌疑人的时候,应当首先讯问犯罪嫌疑人是否有犯罪行为,让他陈述有罪的情节或者无罪的辩解,然后向他提出问题。犯罪嫌疑人对侦查人员的提问,应当如实回答。但是对与本案无关的问题,有拒绝回答的权利。侦查人员在讯问犯罪嫌疑人的时候,应当告知犯罪嫌疑人享有的诉讼权利,如实供述自己罪行可以从宽处理和认罪认罚的法律规定。"

第125条规定:"询问证人,应当告知他应当如实地提供证据、证言和有意作伪证或者隐匿罪证要负的法律责任。"

第194条第1款规定:"证人作证,审判人员应当告知他要如实地提供证言和有意作伪证或者隐匿罪证要负的法律责任。公诉人、当事人和辩护人、诉讼代理人经审判长许可,可以对证人、鉴定人发问。审判长认为发问的内容与案件无关的时候,应当制止。"

以告知"有意作伪证或者隐匿罪证要负的法律责任"作为法律所允许的"威胁",但是,这种事先告知预防和后果责任威胁,并不直接针对我们到底如何来判断证言的真实性问题。真实性问题虽然可能通过外在的证据形式相互印证或者提出相反的证据来质疑而得以解决,但是,从极端情形来看,在我国可能会出现所谓"一对一证据"或者"孤证"的说法,如果只是简单地以"孤证不立"来判断,很显然与我们的常识不符。其实,对"孤证"需要从其载体、取证手段和保存手段来判断。如果说人证的载体是"作证人"自身,判断其所作证言内容的可靠性一个最终的手段就是该证人是否诚实的品格了。当然,证据是否具有证据能力,取证者也并不能完全置身事外,如果取证过程之中存在非法取证的情形,如刑讯逼供、威胁、引诱、欺骗等,引起了对证据真实性的怀疑,甚至我们不再去判断证据是否真实,而直接以否定非法证据之证据能力来遏制警察的不法行为。正是由于所谓的"非法取证"很难证明,由此,争论的焦点潜存着从言词证据的真实性转移到对取证人员的品格判断问题,尽管这在我国是一个现实问题而在法律规范之中从未给出过明确答案,目前主要还纠结在所谓的"侦查人员出庭"后,到底是说明情况还是作证,是否接受质询和回答问题,[①]但是,控辩双方就出庭侦查人员所作证词允许以其品格来进行辩论质证是大势所趋。

具体而言,所谓的以品格作为辅助证据,从程序形式而言,往往突出体现在交叉询问的环节,这可能需要控辩双方围绕证据可靠性输入有关证人品格的特定信息并进而影响事实审理者的决策,因为证人诚实可信与否,

---

[①] 2018年《刑事诉讼法》第59条规定:"在对证据收集的合法性进行法庭调查的过程中,人民检察院应当对证据收集的合法性加以证明。现有证据材料不能证明证据收集的合法性的,人民检察院可以提请人民法院通知有关侦查人员或者其他人员出庭说明情况;人民法院可以通知有关侦查人员或者其他人员出庭说明情况。有关侦查人员或者其他人员也可以要求出庭说明情况。经人民法院通知,有关人员应当出庭。"

2021年2月4日发布的《最高人民法院关于适用〈中华人民共和国刑事诉讼法〉的解释》第135条规定,法庭决定对证据收集的合法性进行调查的,由公诉人通过宣读调查、侦查讯问笔录、出示提讯登记、体检记录、对讯问合法性的核查材料等证据材料,有针对性地播放讯问录音录像,提请法庭通知有关调查人员、侦查人员或者其他人员出庭说明情况等方式,证明证据收集的合法性。讯问录音录像涉及国家秘密、商业秘密、个人隐私或者其他不宜公开内容的,法庭可以决定对讯问录音录像不公开播放、质证。公诉人提交的取证过程合法的说明材料,应当经有关调查人员、侦查人员签名,并加盖单位印章。未经签名或者盖章的,不得作为证据使用。上述说明材料不能单独作为证明取证过程合法的根据。

第136条规定,控辩双方申请法庭通知调查人员、侦查人员或者其他人员出庭说明情况,法庭认为有必要的,应当通知有关人员出庭。根据案件情况,法庭可以依职权通知调查人员、侦查人员或者其他人员出庭说明情况。调查人员、侦查人员或者其他人员出庭的,应当向法庭说明证据收集过程,并就相关情况接受控辩双方和法庭的询问。

关系到其所提供的证言的可信度的高低,法庭倾向于采纳诚实证人的证言作为定罪量刑的依据。而对有弄虚作假品格的证人在法庭上的证言也可能被认为是撒谎而不可信。当然,这种围绕证人品格的争议可能会模糊案件事实的争议焦点,导致诉讼拖延,以对证人品格的判断取代对案件事实的判断所得到的并不一定就是真相,甚至是误解。另外,品格证据针对的证人是否诚实的品性,可能有助于揭露故意作伪,但是,对一些感知、记忆上的客观偏差往往无能为力,甚至还有可能受诚实外表的假象所欺骗从而作出了错误的判断。

如前所述,根据惠特曼教授的考察,自神明裁判就开始由品格来保证证人所说的是真相,从而奠定纠纷解决的基础。他还介绍了博韦的温森特(Vincent of Beauvais)的多明我会(Dominican)修道士所论述的法官与证人的道德困境,法官必须掌管流血刑罚,他行事并非为了自己的利益而是为了社会公益,"严格遵守法律秩序"来杀人,则法官还可以保全自己;但是证人除了作证他们别无选择,除非有年老、体弱等情况而法律免除其作证义务。"提供伪证的证人"犯有三重罪:冒犯了上帝,冒犯了法官,冒犯了被告。法官遵循确定的程序,将安然无恙。相反,证人必须作证,这将他们置于潜在的死亡危机之中。他总结,神明裁判以后的时代,英格兰成为一个强迫指控的世界,而欧洲大陆则变成了一个强迫供述的世界。但是,二者都转变为一个强迫证人证言的世界。[①] 或许,证人逃避这种道德困境的方式就是如实作证,"隐瞒真相是一项致死罪孽",[②] 正是因为有这种伪证责任机制,反而可能使法庭获致案件的真相。在当代伪证的责任虽然依赖于制度,但是,更大程度依赖于一种问心无愧的心理机制。

二、诉讼本质的人格评价:实质证据

程序公正除了其公开"看得见"的外在制约之外,还要其能"听得见"不同的意见尤其是反对的意见,从结果意义上讲,"刑事司法不仅仅与给有罪者定罪和防止无辜者被冤屈有关",而强调其中的辩护权保障体现了促

[①] [美]詹姆士·Q.惠特曼:《合理怀疑的起源:刑事审判的神学根基》,佀化强、李伟译,中国政法大学出版社2012年版,第138页。

[②] [美]詹姆士·Q.惠特曼:《合理怀疑的起源:刑事审判的神学根基》,佀化强、李伟译,中国政法大学出版社2012年版,第149页。

进"刑事审判程序的道德(moral integrity)"指向的观念,[1] 这就是程序公正。这里所谓的刑事审判程序的道德品质,要求刑事审判不能像处理那些有关名声即恶名的案件一样,在没有证人或原告站出来,即"普遍怀疑被告但是没有人提供证人证言"时采用那种常有"部分证明"制度的纠问式程序。[2] 纵使是神明裁判制度,也为地位低贱的被告人提供了"将上帝作为证人"的良机,以证实其主张的无辜。神判并不是真的由上帝进行审判,很大程度上只是对个人的试炼。古代称天地万物的创造者和主宰者为神、天神。古代的神明裁判制度也就是以神作为裁决者。正如基督神学所言,"因为世人都犯了罪,亏缺了神的荣耀"[3],"因为罪的工价乃是死;惟有神的恩赐,在我们的主基督耶稣里,乃是永生"。[4] 这是因信称义。万民四末(死亡,审判,天堂,地狱)中的对人之原罪的审判是死亡后进入天堂或者地狱的最后审判。与之不同,神明裁判则是现世的以眼还眼的审判,其共同的一个特点就是可能无需周密审问,审察事实,以事实结果为根据,而将原、被告交付于一种信仰的考验,以庄严权威的仪式和神武圣明的品性来给裁判背书。也就是说,神明裁判依托于公众对神明的权威通过特定的仪式来显示最终判断,而"审理"讲究详查事实;神明裁判在事实审理真伪不明时以"表见证明法"(lex paribilis, or apparens, or aperta) —— "明显的证明"[5] 作为最后救济手段;当然,神明裁判并不是真的由神仙下凡作出判断,而必须找到人间的代言人;神明裁判又是建立在公众对神敬畏的恐惧情感和普遍信仰之上的;最后,神明裁判可能是控告人或者原告人的一种主动选择的精神净化或者被迫承受的肉体(水或者火[6]等)考验。

而13世纪新的纠问式程序不再容许被告人以这种方式将上帝作为证人,相反,它以司法刑讯来获取被告的有罪供述。但是欧陆纠问式并非肆意妄为,它建立在所谓的罗马教会经过精心设计的证据法则的证明实

---

[1] R Dworkin. A Matter of Principle. Harvard University Press, 1986. p. 72. Cited in N Taylor and D Ormerod, Mind the Gaps: Safety, Fairness and Moral Legitimacy, *Criminal Law Review*, 2004, p.267,[瑞士]萨拉·J. 萨默斯:《公正审判:欧洲刑事诉讼传统与欧洲人权法院》,朱奎彬、谢进杰译,中国政法大学出版社2012年版,第24页。

[2] [美]詹姆士·Q. 惠特曼:《合理怀疑的起源:刑事审判的神学根基》,佀化强、李伟译,中国政法大学出版社2012年版,第142页。

[3] 《罗马书》3章23节。

[4] 《罗马书》6章23节。

[5] [英]罗伯特·巴特莱特:《中世纪神判》,徐昕、喻中胜、徐昀译,浙江人民出版社2007年版,第48页。Robert Bartlett, Trial by Fire and Water: The Medieval Judicial Ordeal, Oxford University Press, 1986, p.33.

[6] 喻中胜:《烈火中的正义:火审论考》,载徐昕编:《司法(第3辑)》,厦门大学出版社2008年版。

践基础上，使刑讯和惩罚变得困难。在纠问式程序中，将弹劾制程序中原告要提供两名可信性无可置疑的目击证人的证言以构成"充分的证明"（plena probation），转变为法庭的义务。新的教会程序要求强迫不愿作证的证人提供证言，在仍然缺少充分证明的案件中，欧洲大陆的法律才要求司法刑讯，刑讯的对象不能及于社会地位高的人；并且有"半个充分证据"（semiplena probation）为前提，以刑讯获取的供述在法庭上自愿地重复一遍作为最后的限制。[①] 正如惠特曼所言，神明裁判和13世纪的刑讯二者皆为残忍、令人痛苦不堪的程序，二者均被用来对付社会底层的人；尊贵人士免受司法刑讯之苦，如他们免受神明裁判之苦一样。二者有相同的程序背景，皆存在着"恶名"（fama），但既无原告也无证人站出来作证，并且，社会地位低下的被告也不供述，由此刑讯和神裁的目的皆为获取供述。[②] 因为刑讯使用上的限制条件，使其代表了通向更为严酷追诉犯罪之途中的温和一步。惠特曼还辩驳了约翰·郎本[③]有关神明裁判是通过上帝干预代替宣誓、刑讯是通过肉体压迫来获得确定性的事实发现程序之观点。惠特曼认为，神明裁判制度和司法刑讯均利用了供述和证人证言，并且有一个共同的潜在预设，在通常情况下，被告显然是有罪的；旧制度不能强迫被告和证人开口，而新制度理论上可以强迫他们。[④] 由此，可以说这两种审判形式都成了一种罪责的承担方式。有两重的以品格作为惩罚根据，一是因为恶名而受追诉，有罪推定是其前提；二是因为地位卑微而受水火考验和拷问乃至最终的惩罚，当然这两种方式还是可能让部分罪犯逃脱惩罚，神明裁判的随机结果可能比披着限制条件之温柔面纱的残酷刑讯或许对社会底层更宽容。

有学者从字源学上解释认为，汉字中蕴含着人是原因的伟大思想。"因"，会意字，由"囗"和"大"构成。"囗"字表示周围环境，"大"字是一个人四肢活动的示意图，整个字的意思是人的行动是周围环境变化的原

[①] 参见[美]詹姆士·Q.惠特曼：《合理怀疑的起源：刑事审判的神学根基》，佀化强、李伟译，中国政法大学出版社2012年版，第144页。

[②] 参见[美]詹姆士·Q.惠特曼：《合理怀疑的起源：刑事审判的神学根基》，佀化强、李伟译，中国政法大学出版社2012年版，第145页。

[③] 其表述参见John Langbein, *Torture and the Law of Proof: Europe and England in the Ancien Régime*, Chicago University Press, 1977, p. 7, 其多年研究的总结，参见John Langbein, *The Legal History of Torture, in Sanford Levinson ed. Torture: A Collection*, Oxford University Press, 2004, p. 94. 参见James Q. Whitman, *The Origins of Reasonable Doubt: Theological Roots of The Criminal Trial*, Yale University Press, 2008, p. 101.

[④] 参见[美]詹姆士·Q.惠特曼：《合理怀疑的起源：刑事审判的神学根基》，佀化强、李伟译，中国政法大学出版社2012年版，第147页。

因，由此产生原因的含义。在它的造字原理中包含着人是原因的伟大真理。在人与神的关系中，古人崇拜神、恐惧神、祈求神，甚至听从神的安排，但人是原因的思想是古人在与自然斗争中总结出的宝贵经验，它植根于人们灵魂的深处，比神是原因的思想有更深厚的生活基础，有更强的说服力。人们更相信自己决定自己的命运，而不是神决定自己的命运。在人是原因的推论中还会产生否认神是原因的观念。[1]"神"对人间的权利救济还是要假诸人之手，真相为人所需，受人操控，而法律既保障受裁决者，又制约裁决者，可以说"权利先于法律"。正是因为人是原因，所以在审判之中人对自己的命运决定，可能自证其罪，或者自我辩白或者委托代理人辩护，可能交给共同体之中的同侪来决策或者法律专家来决策，当然，"要想人不知，除非己莫为"也可能预示着一种证人社会，最终人证决定了案件的走向。

因此，公正审判潜在地要求在审判与侦查中都限制权力，也与将刑事诉讼理解成刑法的"谴责、定罪、恶名与惩罚的概念结构"的一部分相联系。这里与"正统主观论"（orthodox subjectivism）[2]理论，与赋予公民"有行动自由权（freedom）和有在其选择行动中行使自决（self-determination）能力的自主道德主体的地位"有明显的相似之处。这就意味着他们会适得其所地对他们所做的错误的理性选择承担责任、接受惩罚。[3] 审判的公正性建立在被告人自主认罪之上，以及证人、被害人、陪审员等多元主体参与到刑事诉讼之中，因此，一个定罪量刑的决策事件可能转化为被告人个体的良好品格和不良品格的对比，或者不同主体之间的相互的人格比拼。

这可以从下面相关的品格证据规则演进分析之中窥见其理。普通法（common law）早期判例承认品格证据具有可采性，这种证据被认为具有高度相关性，常常是审判中的决定性因素。"如果被告人是一个具有明显令人讨厌的品性的人，并且过去犯有严重罪行，陪审团肯定会考虑这些东

---

[1] 窦文宇、窦勇：《汉字字源：当代新说文解字》，吉林文史出版社2005年版，序言第1页，第196页。

[2] R. A. Duff, *Agency and Criminal Liability*, Oxford University Press, 1990.

[3] 对惩罚之自主决策的相关论述，参见I. H. Dennis, Reconstructing the Law of Criminal Evidence, *Current Legal Problems*, 1989, Vol. 42, No.1, p. 35; I. H. Dennis, The Critical Condition of Criminal Law, *Current Legal Problems*, 1997, vol. 50, no. 1, p.213; H. Packer, *The Limits of Criminal Sanctions*, Stanford University Press, 1968, p. 74 ff; H.L.A Hart, *Punishment and Responsibility*, Oxford University Press, 1968, especially ch 1. 转引自Sarah J. Summers, *Fair Trials: The European Criminal Procedural Tradition and the European Court of Human Rights*, Hart Publishing, 2007, pp.18-19.

西，一旦该案提交审判，就会作为被告人现在被指控罪行的有罪证据。"① 当时大概是为了防止陪审团受品性攻击论证的效力所支配，不得不设置品性证据排除规则。在罗马法（Roman law）刑事审判中论证的全部内容都围绕着被告人的道德品格问题，其中最有力的辩护理由即论证被告人具有良好品格，而最有力的控诉理由则是攻击被告人（defendant）的道德品质和将他描述为坏人。威格莫尔也曾指出，早期的英国法，"不受限制地诉诸"品性证据。伦纳德（David P. Leonard）认为直到19世纪的第一十年里排除品性证据来证明一个人的行为的规则才"尘埃落定"。② 兰登（James Landon）指出，在英美法系（Anglo-American law）有该规则的一个历史背景，人们发现品性攻击是如此成功，以至于为了获得公正审判，法官不得不依据非相关性（irrelevance）而持续地防止其卷入审判中。"《美国联邦证据规则》第404条是数百年来法院全力以赴解决如何才是被告人的品性在刑事或民事审判中的合适地位这一问题的结晶"。③ 如果说"有罪即坏人"可以成立，但是如果反过来说"坏人即有罪"则其表面上的有力论证其实是对品格证据的滥用，因此排除品格证据以防止陪审团受到有偏见判断的影响。当然，品格证据排除规则还有其他目的，一个是阻止陪审团惩罚据知是无辜者的先前行为，④ 另一个是阻止由针对多重指控进行辩护的意外需求而引起的程序不公；⑤ 再一个是避免基于多重的不良品格的指控而审理"迷你"案件的成本。⑥

---

① ［加］道格拉斯·沃尔顿：《品性证据：一种设证法理论》，张中译，中国人民大学出版社2012年版，第12页。Douglas N. Walton, *Character Evidence: An Abductive Theory*, Springer, 2006, p.9. 在下文中不同作者对品格证据规则产生的梳理主要转引自该书，"1.3 法律中品性证据两面性问题"（1.3 Problem of the Two-sided Nature of Character Evidence in Law）。

② David P. Leonard, In defense of the character evidence prohibition: foundations of the rule against trial by character, *Indiana Law Journal*, 1998, Vol.73, No.4. 1-59, p.10. see Douglas N. Walton, *Character Evidence: An Abductive Theory*, Springer, 2006, p.9.

③ James Landon, Character evidence: getting to the root of the problem through comparison, *American Journal of Criminal Law*, 1997, Vol.24, p. 584, see Douglas N. Walton, *Character Evidence: An Abductive Theory*, Springer, 2006, p.12.

④ Roger C. Park, Character evidence issues in the O.J. Simpson case or rationales of the character evidence ban, with illustrations from the Simpson case, *University of Colorado Law Review*, 1996, Vol.67, No.4. see Douglas N. Walton, *Character Evidence: An Abductive Theory*, Springer, 2006, p.12.

⑤ Wigmore, *Evidence* 216, at 1870 (Tillers rev. 1983), see Douglas N. Walton, *Character Evidence: An Abductive Theory*, Springer, 2006, p.12.

⑥ Roger C. Park, Character evidence issues in the O.J. Simpson case or rationales of the character evidence ban, with illustrations from the Simpson case, *University of Colorado Law Review*, 1996, Vol.67, No.4. see Douglas N. Walton, *Character Evidence: An Abductive Theory*, Springer, 2006, p.12.

由此可见，如何获取口供担当着刑事诉讼发展史的关键角色。口供获取从上帝馈赠、强迫获取到自主陈述转变，因此使得程序在合理评价被告人的罪与罚的过程之中带有了理性的成分，法官也最终从积极角色变得消极中立起来。对此萨默斯介绍了法官询问证人的争议问题：斯蒂芬认为英国刑事司法制度的主要特色是"被犯罪侵犯之人的私下报仇是人们信任刑事司法的主要来源"，可以看出"刑事司法像私人之间的诉讼的程度"。由此英国刑事审判检控方常常缺席。朗本指出，18世纪早期出现的控方律师不被允许出席庭审，主要的活动都集中在审前程序中，进行证据的收集。[1] 直到19世纪末控方律师才出现在多数案件中。[2] 法官中立的观念蕴含了法官不应代行检察官的职能积极地提出证据、询问证人的要求。纵使斯蒂芬认为，由法官与陪审员"询问他们自认为有必要的问题"[3]是可以接受的，不否认有法官提问的积极中立情形存在，但是若法官和检察官的职能混淆，或者形成法官和检察官联手打击被告人，则程序失衡使被告人处于弱势地位。因此，英国"起诉奖励制度"被用来增加起诉的数量引发了对此的严重关切，即给了初级律师"以法官或者陪审团在审判时无法探明的方式伪造或者篡改证据"之机会，后来，这些报偿制度被辩护律师如此成功地反对以至于有观点认为"诸多臭名昭著的犯罪分子"常常得以逍遥法外。[4] 对追诉的司法拒绝及随后控诉律师的引入都应当看作是走向提高控诉效率与有效性的举措。[5]

---

[1] J. H. Langbein, The Prosecutorial Origins of Defence Counsel in the Eighteenth Century: The Appearance of Solicitors, *Cambridge Law Journal*, 1999, Vol. 58, No.2, p. 360.

[2] See D. Bentley, *English Criminal Justice in the Nineteenth Century*, Hambledon Press, 1998, p. 71.

[3] J. F. Stephen, *A History of the Criminal Law of England vol.1*, Macmillan, 1883, p. 430.

[4] See L. Radzinowicz, *A History of English Criminal Law and Its Administration from 1750 (vol. 2 The Clash between Private Initiative and Public Interest in the Enforcement of the Law)*, Stevens & Sons, 1956, ii, pp 57–137; P. Colquhoun, *A Treatise on the Police of the Metropolis*, 1795, 7th ed, 1806, J Mawman, p. 222.

[5] 上述该段的介绍主要参见和转引自［瑞士］萨拉·J.萨默斯：《公正审判：欧洲刑事诉讼传统与欧洲人权法院》，朱奎彬、谢进杰译，中国政法大学出版社2012年版，第47-48页；Sarah J. Summers, *Fair Trials: The European Criminal Procedural Tradition and the European Court of Human Rights*, Hart Publishing, 2007, pp. 35-38.

第三章 法律规范的品格解读

品格本身有善恶高下之分，因品格不同可能引发不同的对待。根据所涉嫌的犯罪将某人推定为具有不良品格并给予歧视对待很符合人之常情。更主要的是品格是其一贯行为表现出来的品质，在某种程度上能指示和启发定罪和惩罚，但是，对人格进行评价的刑事程序其所具有的道德品质本应以尊重人格为前提，因为在尊重他人人格的基础上来评判人的品格，彰显了程序自身符合公平的道德特质。司法人员行使着裁决权力，而"权力是品行的放大器，它会使粗俗的人更加粗俗，使有控制欲的人有更强烈的控制欲。地位越高，敢于说真话、直言不讳的人越少"[1]。由此，只有经过职业规训和经专业训练才可能担任司法官的职务和行使其职责，而普通人凭借其良知来断案也非绝对不可。就人际关系的主题而言，尼布尔说过："人这种个体无法自给自足。人性必须遵循的法则是爱，也就是依照他生命的神圣本原与核心意志建立起来的人与人之间的和谐关系。如果他试图充当自己的生命本原与核心意志，就会破坏这个法则。"[2] 所以，不论是职业伦理还是普通意识，"不要论断人"[3]，在组织法上要求司法从业人员爱人如己，推己及人。

一、程序法上的人格尊严

在程序法上的人格尊严三要素为：(1)理念："把人当人看"；(2)原则：无罪推定；(3)制度：从善恶区分到尊重差异。

库恩引述了相关心理学家的观点，认为人格(personality)是一个人独特的、持久的思维、情感和行为模式[4]。人格的一贯性(consistent)决定了一个人过去是什么样的人，现在和将来还是什么样的人。人格的独特性体现在，它是每个人独特的才智、价值观、期望、爱、恨及习惯等构成的总

---

[1] [美]戴维·布鲁克斯：《品格之路》，胡小锐译，中信出版集团2016年版，第137-138页。
[2] [美]戴维·布鲁克斯：《品格之路》，胡小锐译，中信出版集团2016年版，第241页。
[3] 《圣经·马太福音》7:1："你们不要论断人，免得你们被论断"。
[4] "Personality can be defined as consistent behavior patterns and intrapersonal processes originating within the individual." see Jerry M. Burger, *Personality* (10th ed.), Cengage Learning, 2017, p. 4; "Important and relatively stable characteristics within a person that account for consistent patterns of behavior." See Robert B. Ewen, *An Introduction to Theories of Personality* (7th ed.), Lawrence Erlbaum, 2009 & Psychology Press, 2014, p.4.

和,使我们每一个人都与众不同。① 人格的稳定性,体现在人们在大多数情境下表现出来的稳定的特点。通常,人格是从行为推论而来的。而品格(character)更多地体现了社会属性,反映了特定公众或者特定制度对一个人进行鉴定或评价时使用的特征,常常有好的或不好的价值区分。学者汪建成介绍,卡德里赞同迪尔凯姆、荣格和弗洛伊德对刑事审判的社会学分析,认为谴责有罪者的重要意义就是展示什么是好的,什么是坏的。卡德里认为:"刑事审判其实展现了人类尊严的含义,显示一种文明尊敬地对待最卑劣的敌人——假定他们是无罪的,让他们能够平等地对抗,给予他们辩护人为其辩护。"② 在前面的介绍之中我们或多或少地看到有罪推定和先定后审的影子,正是对这种已经蕴含强制惩罚因素的刑事程序进行矫正及意识到惩罚无辜的可能,无罪推定原则被确立为刑事诉讼的基本原则,其内含了一种人格尊严的要求。所谓人格尊严概而言之就是"把人当人看",其中牵涉到两方主体,第一是作为裁判对象的犯罪嫌疑人、被告人或者被害人、证人等,第二是作为裁决者的法官或者陪审员。在程序法中更突出控辩对等的普遍原则及强调人人平等的具体制度。

作为人本主义的代言人,马斯洛在 20 世纪 40 年代中期形成了他的需要层次论,又称动机理论,认为人类的需要分低级和高级两类七个层次,呈金字塔的结构排列,从低往高是生理、安全、归宿与爱、尊重、自我实现,前四项是基本需要(缺失性需要),自我实现后扩展为认知、审美、自我实现,统称成长需要。马斯洛的需要理论的假设是人是整体、需要是本能、终极目标是基本需要。其中尊重的需要包括两方面:自尊和来自他人的尊重。自尊一方面包括对获得信心、能力、成就和自由等的愿望,另一方面要求来自他人的尊重,包括这样一些概念:威信、承认、地位、名誉和赏识。马斯洛认为,最稳定和健康的自尊是建立在当之无愧的来自他人的尊敬之上,而不是建立在外在的名气、声望及虚夸的奉承之上。③

博登海默论述道,我们不得不假定人类平等感的心理根源各种各样,而且无共同标准。其根源之一乃是人类希望得到尊重的欲望。当那些认为自己同他人是平等的人却在法律上得到了不平等的待遇时,他们就会产生一种卑微感,亦即产生一种他们的人格与共同的人性遭到侵损的感觉。

---

① 以上引用可参见[美]Dennis Coon, John O.Mitterer, 等:《心理学导论:思想与行为的认识之路(第 13 版)》,郑钢等译,中国轻工业出版社 2014 年版,第 470 页。
② [英]萨达卡特·卡德里:《审判为什么不公正》,杨雄译,新星出版社 2014 年版,中译本序第 5 页,以及正文第 347 页。
③ 郑雪:《人格心理学》,暨南大学出版社 2007 年版,第 249 页。

促进法律朝平等方向发展的力量乃是人类不愿受他人统治的欲望。虽然人们可能乐意通过主动建议而为主人或领导人服务，但是他们通常都憎恨他们自己被强力压服或消灭。另外，对于交换平等的要求，很可能源于一种均衡感，这种均衡感在人类所关注的其他领域也颇为明显，尤其是在审美领域。①

"把人当人看"在刑事诉讼之中突出地体现了无罪推定的核心精神。具体而言，无罪推定是指任何人在未被审判机关依法确定为有罪之前，应被推定或假定为无罪。犯罪嫌疑人的推定无罪地位，其实要把他还原为一个共同体之中的普通人。当然这里有一个前提就是如何将其确定为有罪，其中蕴含了"不自证其罪"，以及控诉方承担举证责任，并且举证要达到定罪标准，如果达不到就采取"疑罪从无"处置的证据法内容；而在程序法之中更强调控辩双方的平等武装、平等机会和获得平等对待及具有不同社会地位和个体特征的犯罪嫌疑人、被告人能够受到平等对待。

（一）控辩对等原则

其实谈及"公平审判"至少包括两种不同的形式，一是刑事诉讼与民事诉讼的差异。刑事审判一般由国家发起诉讼及追求使被告人承担刑事责任的诉讼结果，反倒是受犯罪行为侵害之人被边缘化失去了对起诉行为的控制，并且除了获得赔偿之外，与诉讼和诉讼结果并无直接的利害关系。这可能有一种原生力量上的不平等，因此，可能会有一些矫正的措施。例如，刑事诉讼由控方选择指控罪名、推进诉讼和承担举证责任，控方证人不具有如其在民事诉讼中的原告地位。刑事被告人对案件的影响力远远比不上民事被告。英国学者麦克埃文指出，由于控方负有证明责任，被告人在证实有罪之前被推定为无罪，但被告人因出席法庭而名声受损，私生活也成为公众讨论的话题，所以对被告人来说这是"公平的游戏"。② 二是对抗式和纠问式的差异。"英国人说，发现事实的最佳途径就是让各方当事人挖掘有利于己方的事实；他们会将所有事实公之于众……两个各怀心腹的搜查者从相反的两个方向出发，要比从中间一点出发的公正的搜查者更不容易出现遗漏。"③ 大陆法系的法官积极发现案件真实情况，往往通过向

---

① ［美］E. 博登海默：《法理学：法律哲学与法律方法》，邓正来译，中国政法大学出版社2017年版，第313-314页。

② ［英］詹妮·麦克埃文：《现代证据法与对抗式程序》，蔡巍译，法律出版社2006年版，第7页。

③ P. Devlin, *The Judge*, Oxford University Press, 1979, p.61；转引自［英］麦克埃文：《现代证据法与对抗式程序》，蔡巍译，法律出版社2006年版，第5页。

被告人和案件材料中提到的证人提问来调查案件,但是其提问不免具有相当的攻击性,被告人的坏人设定可能使他比其他证人受到更粗鲁的对待。当然,当今世界各国刑事诉讼有相互融合的趋势,[1] 交叉询问成为一种流行的庭审调查模式。

由此,这里有两个老生常谈的问题,第一,"坏人就该死?"好人和坏人为什么要进行平等武装,保障控诉与辩护的力量对等均衡,尤其是为什么要允许坏人辩护,还使坏人有机会获得律师帮助。第二,"国家可依靠?"既然国家专门机关有客观、公正的义务要求,为什么还给坏人提供更多的倾斜性的法律保障,国家已经为诉讼参与人考虑周到,难道国家本身就不可以充当辩护人、诉讼代理人,还需要再委托辩护人、诉讼代理人而多此一举吗?

可以说,没有犯罪活动、没有定罪和量刑活动就无须刑事诉讼,当然,定罪量刑在结果上就是要通过对犯罪人的权利进行限制以实现国家的刑罚权,在实现刑罚权的同时也保护了受害人、普通公民或者公众的权利。不过,刑事诉讼活动不出错当然是一种理想上的追求,但是刑事诉讼总有出错的可能。出错的刑事诉讼结果除了因为错误的惩罚而带来的权利侵害之外,更主要的是刑事诉讼过程自身也带有一定的强制性,而这种强制性必须符合法定条件、法定程序和法定理由,如果不能善加利用,也可能会侵犯正在被追诉的人哪怕最终被准确认定为有罪之人的人权。可以说,刑事诉讼坚持统筹处理好惩治犯罪与保障人权的关系是一个永恒的命题。其中保障人权的要素既可能被细化为一种预先的行动准则,又要提供一种针对违法活动和侵权行为的救济措施。侵犯人权的问题除了有存心作恶的情形,还有可能出现一种出于好的用心而带来坏的结果的情形。这也凸显了几种矛盾情形,如过程与结果之间的冲突,准确与出错可能的冲突,公正与效率的冲突,事实与法律的冲突,有时还要求在不同的诉讼主体的权利保障之间进行取舍和平衡,例如,被害人与被控告人,国家专门机关工作人员与被控告人,被控告人与其他诉讼参与人等。

2012年《刑事诉讼法》的修改在第2条中将我国宪法确立的重要原则"尊重和保障人权"写入刑事诉讼法。可以说,惩罚犯罪只是达成刑事诉讼法维护法制、保障人权、保护社会等根本任务的一个中间目的。刑事诉讼

---

[1] 当然,即使是有《欧洲人权公约》设定的宽泛而普遍的标准,欧洲人权法院(ECtHR)的判例缓慢推进过程,欧盟的发展要求深入具体的法律协调,也远不能断言,那些成员国的法律制度正在融合。[英]杰奎琳·霍奇森(Jacqueline Hodgson):《法国刑事司法:侦查与起诉的比较研究》,汪海燕、张小玲译,中国政法大学出版社2012年版,第12页。

法中写入"尊重和保障人权"的原则体现了刑事诉讼制度关系到公民人身自由等基本权利的特色,是我国司法制度社会主义性质的充分体现,有利于我们在观念上重视、在行动中落实这一宪法原则。这一原则贯彻到了刑事诉讼法的程序设置和具体规定中。自 2014 年 10 月中国共产党第十八届中央委员会第四次全体会议审议通过《中共中央关于全面推进依法治国若干重大问题的决定》以来,"以审判为中心的刑事诉讼制度"改革实践和"认罪认罚从宽处理"制度探索可谓齐头并进。2018 年 10 月 26 日,十三届全国人大常委会第六次会议表决通过了关于修改刑事诉讼法的决定。本次刑事诉讼法再修改主要包括,完善监察法与刑事诉讼法的衔接,建立刑事缺席审判制度和完善认罪认罚从宽制度及增加速裁程序。2018 年刑事诉讼修法"认罪认罚从宽处理"制度以压倒性优势强势入法,需要注意的是,强调直接审理、排除传闻的"以审判为中心"的制度形式虽在观念和理论层面得到高度重视,却只停留在最高人民法院的"三项规程"[①]里。在"认罪认罚从宽处理"制度之中有一个"认罪之程序从简"的面向,虽然证明标准未降低,但是可能会采取无须"证人出庭"的多元化从简程序措施。例如,2012 年《刑事诉讼法》第 213 条规定,适用简易程序审理案件,不受公诉案件第一审程序关于送达期限、讯问被告人、询问证人、鉴定人、出示证据、法庭辩论程序规定的限制;2018 年《刑事诉讼法》第 224 条规定,"适用速裁程序审理案件,不受本章第一节规定的送达期限的限制,一般不进行法庭调查、法庭辩论,但在判决宣告前应当听取辩护人的意见和被告人的最后陈述意见"。"适用速裁程序审理案件,应当当庭宣判。"随着以后司法实践的逐步积累,证人不出庭堪为常态。当然,有人以为,在我国没有经历"正当程序革命"而确立成熟的刑事诉讼正当程序的前提下,大张旗鼓地推行认罪认罚从宽这种有如辩诉交易那样的"打折的正义"模式,可能更不利于正当程序的完善。

1. 当事人方的权利强化

刑事诉讼是必然会拿被告人做文章的,因为诉讼结果有出错可能,并且每个人都可能涉刑成为被告,因此,或许曾经自带惩罚因素的刑事诉讼程序也要自我革命。拉德布鲁赫认为:"刑事程序的历史,清楚地反映出国家观念从封建国家经过专制国家,直到宪政国家的发展转变过程。"[②] "在

---

① 2017 年 12 月 11 日由最高人民法院印发的《人民法院办理刑事案件庭前会议规程(试行)》《人民法院办理刑事案件排除非法证据规程(试行)》和《人民法院办理刑事案件第一审普通程序法庭调查规程(试行)》(简称"三项规程")。

② [德]拉德布鲁赫:《法学导论:第 13 版》,米健译,法律出版社 2012 年版,第 120 页。

刑事程序发展过程中,曾有两个因素起着作用,针对犯罪分子而增强的保护国家的要求,导致中世纪刑事程序向纠问程序转化;针对国家而增加的保护无辜人的要求,促使纠问程序大约从1848年开始向现代刑事程序的转变。"[1] 现代刑事诉讼程序要求废除法定证据理论,在诉讼原则上"赋予当事人双方同等权利"[2],犯罪嫌疑人不再仅仅是提供对自己有罪证明的客体,而转变为诉讼当事人、诉讼主体,并有权为自己辩护。[3] 德国刑事诉讼法的"手段同等原则",就要求"对于被告人,在原则上应当如同对刑事追究机关一样予以平等地对待"。[4]

当今社会,被告人从诉讼客体回归到诉讼主体地位。刑事诉讼中的被控告人的法律权利主要有三种形式:防御性权利、救济性权利和推定性权利。从一种品格评价来说,被控告人请律师可能被夸大其词为"跟国家、组织、政府对抗","不认罪"是"狡辩抵赖",上诉是"死不悔改",因此,法律对被控告人权利的强化规定要引导办案机关和办案人员依法办案,破除惩罚思维,也卸除被控告人的心理负担。根据2018年《刑事诉讼法》第97条,犯罪嫌疑人、被告人本人有权申请变更强制措施,而其法定代理人、近亲属和辩护人也有权直接提出变更强制措施的申请。为了防止有关机关对辩护一方的申请置之不理,还规定有关机关应当在三日以内作出决定;为了促使有关机关对犯罪嫌疑人、被告人一方的申请认真审查和考虑,进一步明确要求不同意变更强制措施的,要通知申请人并说明理由。[5] 2012年修改后《刑事诉讼法》第226条(2018年第237条)关于上诉不加刑的规定,特别增加了"第二审人民法院发回原审人民法院重新审判的案件,除有新的犯罪事实,人民检察院补充起诉的以外,原审人民法院也不得加重被告人的刑罚"。避免利用将案件发回重审而变相加重被告人刑罚的情况发生。

被害人从退隐消失到凸显。为了解决个别案件老百姓"告状无门"的问题,1996年修改刑事诉讼法时,就增加规定了公诉转自诉的案件,以弥补公安机关或者人民检察院当管不管、消极怠权的问题(2012年第204条,2018年第210条)。2012年修改的《刑事诉讼法》为防止自诉案件"久拖不决",在第206条(2018年第212条)第2款增加了关于人民法院审

---

① [德]拉德布鲁赫:《法学导论:第13版》,米健译,法律出版社2012年版,第122页。
② [德]拉德布鲁赫:《法学导论:第13版》,米健译,法律出版社2012年版,第144-146页。
③ [德]拉德布鲁赫:《法学导论:第13版》,米健译,法律出版社2012年版,第124页。
④ [德]约阿希姆·赫尔曼:"《德国刑事诉讼法典》中译本引言",载《德国刑事诉讼法典》,李昌珂译,中国政法大学出版社1995年版,第12页。
⑤ 朗胜主编:《刑事诉讼法释义》,法律出版社2012年版,第227页。

理自诉案件的期限的规定,根据被告人有无被羁押分两种情况:一是对于自诉案件的被告人正在有关场所被羁押的,人民法院审理时,应当按照审理公诉案件的期限进行。二是被告人未被羁押的,人民法院应当在受理后六个月以内宣判。这一期限,与民事诉讼法审理普通民事案件的期限是相同的。

其中辩护人和代理人参与刑事诉讼是当事人权利保障的重要内容。正如美国罗伯特·N. 威尔金(Robert N. Wilkin)法官在俄亥俄州立大学法学院讲演录中所言:"一人被指控时并非孤立无援,这是人间有爱的证明。被指控在一定程度上就已被定罪。在公众场合被指控犯罪,在法官面前被控有罪,往往让人不能言语。自己无法为自己的目的辩护,自我称赞会让人觉得是在自吹自擂,而狂傲自大和滔滔不绝都会使指控人受益。"[1] 由此可见,虽然无罪推定被认为是刑事诉讼法的原则,但是,只有法律帮助才是推翻有罪推定的最佳工具。"软弱,是人性中最大的弱点。幸亏有法律职业,这一弱点才不会变得毫无抗辩之力。"[2] 个人的坚强力量根本无法阻挡公众的盲从。因此,威尔金发出警言:"人,可以被控告但不能被抛弃,可以被背弃但不能被遗弃。"[3] 当然,不抛弃、不放弃需要以法律职业人员的专业知识为铠甲才可能阻挡住公众怀疑的锋锐。《修订法律大臣沈家本等奏进呈诉讼法拟请先行试办折》就说明了应取法律师制度的三个原因,第一原因就是有助于保护当事人的利益。"按律师一名代言人,日本谓之辩护士。该人因讼对簿公堂,惶悚之下,言词每多失措,故用律师代理一切志文、对诘、复问各事宜。各国俱以法律学堂毕业者,给予文凭,充补是职。若遇重大案件,即由国家拨于律师,贫民或由救助会派律师代伸权利,不取报酬,补助于公私之交,实非浅鲜。"[4]

由于被害人作为受侵犯一方往往得到更多的同情和支持,关于被害人(及其法定代理人或者近亲属)有权委托诉讼代理人往往争议不大(见2018年《刑事诉讼法》第46条)。但是犯罪嫌疑人、被告人往往为"千夫所指"更要面对国家权力,可以说,律师参与刑事诉讼在控辩之间设置了一个缓冲带抵御了强权暴力,律师又在被告人与被害人、社会公众之间设置

---

[1] [美]罗伯特·N.威尔金:《法律职业的精神》,王俊峰译,北京大学出版社2013年版,第26页。

[2] [美]罗伯特·N.威尔金:《法律职业的精神》,王俊峰译,北京大学出版社2013年版,第26页。

[3] [美]罗伯特·N.威尔金:《法律职业的精神》,王俊峰译,北京大学出版社2013年版,第25页。

[4] 尤志安:《晚清刑事司法改革整体性探究》,中国政法大学出版社2013年版,第196页。

了隔离带阻隔了激烈复仇。律师给脆弱的被控告人提供了对抗公力指控和公众舆论的防护盔甲，起到了对在程序运行之中处于弱势地位的被告人提供人权保障的作用。在我国，辩护律师参与刑事诉讼的趋势表现为既要扩大参与面，又要提高有效性。其中扩大参与面主要有两个方面，一是从审判阶段向前延伸到审查起诉（1996年刑事诉讼法的修改）乃至侦查阶段（2012年刑事诉讼法修改），二是扩大强制代理制度的适用范围。而提高有效性主要围绕辩护意见的有效表达和相应的律师自身的通信会见权、阅卷权、调查取证权等诉讼权利及其他权益的保障。2018年刑事诉讼法修改，第36条根据2017年8月两高三部印发的《关于开展法律援助值班律师工作的意见》（司发通〔2017〕84号），增加值班律师的相关规定。其职责主要是"为犯罪嫌疑人、被告人提供法律咨询、程序选择建议、申请变更强制措施、对案件处理提出意见等法律帮助"。法条明确规定值班律师派驻地点为"人民法院、看守所等场所"，后来的有关值班律师和法律援助的法律法规将之扩及于人民检察院。[①] 该项制度的主要目的是为进入刑事诉讼程序的犯罪嫌疑人或者被告人提供即时初步、普惠性、补充性的服务，以其广覆盖、便利性等特点很好地体现了保障司法人权的刑事司法理念。

2. 公权力依法行使职权的责任强化及中立方的引入

刑事诉讼的公权力主体相对而言更为丰富和复杂，他们的主要活动有侦查、起诉和审判。基于权力的扩张属性，制约刑事诉讼的公权力行使除了要依法自律之外，还要接受诉讼参与人的反抗权和救济权制约，更需要与这种权利救济相辅相成的公权力之间的相互制约或者检察机关专门的法律监督。从办案实践来看，我国刑事诉讼主要采用"包干到人"的形式，并强调"办案责任制"的后果约束，而从整体的司法机关而言，我国法律规定了各机关的"分工负责"，正是分工[②] 使得责任有人承担，有章可循。笔者这里不再过多地介绍刑事诉讼的控审分离，控辩平等，法官中立、独立等基本原则，而直接从立法聚焦的一些相关热点问题出发来论述。

第一，证据审查及非法证据排除审查中的权责分工。无证据即无事实，无事实则不裁判。因此，为了完成刑事诉讼认定事实和适用法律的任务，举证责任或者证明责任是刑事诉讼法中的重要概念。2012年《刑事诉讼法》修改增加第49条（2018年第51条）规定了关于刑事诉讼中举证责

---

① 2021年《法律援助法》第14条规定："法律援助机构可以在人民法院、人民检察院和看守所等场所派驻值班律师，依法为没有辩护人的犯罪嫌疑人、被告人提供法律援助。"

② 在2020年10月24日尚权刑事辩护论坛上，孙长永教授就概括指出我国的公权力配置不科学，首先就是分工不合理。

任承担的规定。"公诉案件中被告人有罪的举证责任由人民检察院承担，自诉案件中被告人有罪的举证责任由自诉人承担。"而依法收集证据是保障准确适用法律，保证案件公正处理的要求，也是保障人权和维护程序公正的要求。关于依法收集证据和全面收集证据，也在2012年第50条（2018年第52条）修法中在禁止非法取证基础上增加规定了"不得强迫任何人证实自己有罪"。延续之前的规定，2018年第54条规定了人民法院、人民检察院、公安机关等机关有权向有关单位和个人收集、调取证据；2018年第55条规定了重证据、不轻信口供，口供孤证不立原则，该条在2012年修法（第53条）中明确了刑事案件"证据确实、充分"证明标准的具体条件。可以说，这些依法取证活动既是其权力又是其责任。我国的非法证据排除除内含了一种"自查自纠"的形式，其中的"相互制约"的方式则更刚性一些。2012年《刑事诉讼法》修改吸收了非法证据排除的相关司法解释的内容，明确了非法证据排除范围和办案机关排除非法证据义务；规定了人民检察院对侦查人员非法收集证据行为调查、处理的职权和程序，加强了人民检察院对侦查活动的监督，促进了侦查机关尊重和保障人权，合法取证；规定了法庭审理过程中审判人员依职权启动非法证据法庭调查程序；规定了当事人及其辩护人、诉讼代理人有权申请启动调查程序；明确了检察机关的举证证明取证合法性的责任；规定了启动侦查办案人员出庭的三种程序，即检察院提请的通知程序、法院的通知程序、侦查办案人员的要求程序（2018年第59条）[①]。

第二，羁押替代、逮捕必要性审查和羁押变更等强制措施的完善。尽管我国刑事强制措施被定位为通过排除"因行为人所引起的阻碍"保全犯罪人，排除"因犯罪事实所引起的阻碍"保全犯罪证据两种方式以最终保障刑事诉讼顺利进行，[②]而正是因为强制措施对基本人权的干预，尤其以逮捕最为严重。如果错误采取了逮捕措施也对被控告人的伤害最大。我国《刑事诉讼法》关于逮捕的批准、决定权和执行权分离的规定，既考虑了各专门机关的性质、任务，也能形成一定程度的制约机制，防止权力滥用。2012年《刑事诉讼法》第72条（2018年第74条）对强制措施作了修改，将监视居住与取保候审分离，并定位于羁押的替代措施，单独规定并进一

[①] 2017年6月27日《关于办理刑事案件严格排除非法证据若干问题的规定》第27条规定："被告人及其辩护人申请人民法院通知侦查人员或者其他人员出庭，人民法院认为现有证据材料不能证明证据收集的合法性，确有必要通知上述人员出庭作证或者说明情况，可以通知上述人员出庭。"

[②] 杨雄：《刑事强制措施的正当性基础》，中国人民公安大学出版社2009年版，第31页。

步严格了监视居住的适用条件，缩小了其适用范围，有效平衡了保障诉讼顺利进行和保护人权的关系；增加第93条（2018年第95条）规定了犯罪嫌疑人、被告人被逮捕后，人民检察院仍应当继续对羁押的必要性进行审查；第96条（2018年第98条）明确增加规定了对羁押期限届满未能结案的犯罪嫌疑人、被告人"应当予以释放"，为平衡办理案件需要与保护犯罪嫌疑人、被告人权利，需要继续查证、审理的，可以对犯罪嫌疑人、被告人变更为较为宽缓的取保候审或者监视居住措施。此外为体现及时返还被告人的自由，我国立法还规定了一审人民法院判决被告人无罪、免除刑事处罚的，在宣判后就应当立即释放在押被告人，暗含了不需要等判决生效就先予执行。

第三，侦押分离和侦查人员作证义务。侦查人员行使的权力具有双刃剑的性质，一方面，可能会滥用权力而超出不必要限度或者伤及无辜。为了强化看守所对侦查人员的制约作用，2012年刑事诉讼法修改后的第116条（2018年第118条）增加了犯罪嫌疑人被送交看守所羁押以后，侦查人员对其进行讯问，应当在看守所内进行的规定。另一方面，侦查人员因为其权力行使而需要担负作为控诉方澄清违法行为的证人职责。侦查办案人员作为案件侦查情况的知情人，显然负有证人之一般作证义务，但具体而言，又可分为目击证人、程序证人、辨认鉴真证人三种情况。[①] 警察作为目击证人是2012年第187条新增内容；2012年新增第57条规定要求侦查人员或者其他人员就证据合法性出庭说明情况就相当于程序证人、辨认鉴真证人的作用。

总体而言，上述规则的细化还可能因为职责分工不科学，尤其是侦诉审各主体自行启动程序自己拿决策，可能使得当事人的权利保障和权利救济都带有随意性，而不能有效回应当事人的权利诉求，并且事后追责往往因为人人负责而都不负责，不了了之。

3.扩大犯罪嫌疑人、被告人与社会的联系——几个通知家属的条款

在2012年刑事诉讼法的修改之中，当时有几个所谓的秘密条款即"秘密失踪"、"秘密拘留"和"秘密逮捕"引发公众关注，当然将这几个条款冠上秘密的名称可能是一种误解，并且也忽视了其前提条件，但是，从某种最终效果而言，确实可能切断了犯罪嫌疑人、被告人与社会的联系。因此，从反面而言，这几个条款恰恰是对被指控人的保护措施。

---

① 张保生：《非法证据排除与侦查办案人员出庭作证规则》，载《中国刑事法杂志》2017年第4期。

首先看所谓的秘密失踪条款。2012年《刑事诉讼法》第73条（2018年第75条）第2款规定，指定居所监视居住的，除无法通知的以外，应当在执行监视居住后二十四小时以内，通知被监视居住人的家属。结合2018年第160条，对于身份、住址不明的犯罪嫌疑人、被告人，应当首先调查其身份，不能不经调查就直接以"无法通知"为由不通知家属。无法通知的情形消失以后，也应当立即通知其家属。2018年第79条第2款还规定了公安机关、人民检察院、人民法院在解除取保候审、监视居住后应当及时通知被取保候审、监视居住人和有关单位。2012年10月16日，最高人民检察院修订《人民检察院刑事诉讼规则（试行）》，新增的第114条明确无法通知包括以下情形：（1）被监视居住人无家属的；（2）与其家属无法取得联系的；（3）受自然灾害等不可抗力阻碍的。2019年《规则》对字词作了精练，大体保持原意。

其次是所谓的秘密拘留条款。2012年《刑事诉讼法》第83条（2018年第85条）第2款规定："拘留后，应当立即将被拘留人送看守所羁押，至迟不得超过二十四小时。除无法通知或者涉嫌危害国家安全犯罪、恐怖活动犯罪通知可能有碍侦查的情形以外，应当在拘留后二十四小时以内，通知被拘留人的家属。有碍侦查的情形消失以后，应当立即通知被拘留人的家属。"2012年对此款所作的重要修改有：（1）增加规定应当将被拘留的人立即送看守所羁押，至迟不得超过24小时，主要是因为司法实践中曾存在因种种原因将被拘留的人关押在其他办案场所或者其他场所的情况，既不利于防止对被拘留人刑讯逼供的情况发生，也可能存在被拘留人逃跑、自杀、突发疾病死亡等安全隐患。（2）对1996年《刑事诉讼法》关于因"有碍侦查"而不通知被拘留人家属的规定中的"有碍侦查"的范围作出限定，只有因涉嫌"危害国家安全犯罪、恐怖活动犯罪"，通知有碍侦查的，才可以不通知。这种"不通知"的限制，主要是防止引起恐怖活动犯罪集团的其他同案犯逃跑、自杀、毁灭或伪造证据等，或者防止引起与犯罪有牵连的被拘留人家属转移、隐匿、销毁罪证等。（3）增加规定，因有碍侦查未通知被拘留人家属的，在"有碍侦查"的情形消失（如同案犯已抓获、重要证据已经查获等）以后，应当立即通知被拘留人的家属。前述2012年《人民检察院刑事诉讼规则（试行）》第133条与第114条对"无法通知"的情形作了相同的列举。

最后是秘密逮捕条款。2012年《刑事诉讼法》第91条（2018年第93条）是关于执行逮捕后将被逮捕人送看守所羁押并通知其家属的规定。2012年本款作了两处主要修改：（1）增加规定逮捕后应当立即将被逮捕人送看守所羁押；(2)取消了原来关于如果通知有碍侦查，可以不通知被逮捕人家属的规定，即除无法通知的以外，采取逮捕措施的，一律应当通知被逮捕人的家属。

综合来看，在监视居住和逮捕这两个相对而言限制人身自由时间较长的强制措施的"不予通知"其家属，只限于"无法通知"一种情形；而为了不放松针对"危害国家安全犯罪、恐怖活动犯罪"的打击力度，才保留拘留措施的"有碍侦查"不予通知的情形。

(二)法律面前人人平等

我国刑事诉讼法规定了公民在适用法律上一律平等的原则。法律作为社会公器，是一国人民的共同文明成果，其中的人民有平等的机会要求其提供保障，向其寻求救济。所谓法律面前人人平等，甚至主要不是有法必依和有罪必罚的一体适用，更在于法律给每个人提供可得的保护。正如同审判不仅仅是一个要求被告人出庭解释(call to account)的责任担当机制，[①] 同时获得公正审判也是一种权利。作为法律面前人人平等的核心内容，《世界人权宣言》第10条及《公民权利与政治权利国际公约》第14条第1款明确规定了司法面前人人平等。由于个体差异的存在，不同的当事人在获得司法资源上可能存在能力的差异，因此需要对一些特殊人群提供更为全面的保障，以实现实质平等。

1.特殊群体的平等保护

对现实生活中的男人和女人、穷人和富人的差异司空见惯，但是在刑事诉讼中对此类群体差异不能视而不见，更进一步而言，在刑事诉讼中盲、聋、哑人，或者未成年人、精神病人等特殊群体的特殊权利保障方式需要特别注意。为了保障诉讼参与人参与诉讼能有效沟通和体现实际效果，《刑事诉讼法》还规定了讯问聋、哑的犯罪嫌疑人，应当有通晓聋、哑手势的人参加，并且将这种情况记明笔录。正是为了保障刑事诉讼中的贫穷的及生理和精神上有缺陷的被指控人的诉讼权利，才需要法律援助制度。或许为了矫正对重罪案件的被控告人的敌视心理及避免导致不可挽回的错误，我国刑事诉讼法甚至特别为重罪案件的被控告人提供了法律援助，这也体现了对公民人身自由权和生命权的重视。为了使这种权利保障更加充分、及时、全面，2012年《刑事诉讼法》第34条将法律援助从人民法院直接提前

---

① Antony Duff, Lindsay Farmer, Sandra Marshall & Victor Tadros, *The Trial on Trial 2: Judgment and Calling to Account*, Hart Publishing, 2006; *The Trial on Trial: Volume 3 Towards a Normative Theory of the Criminal Trial*, Hart Publishing, 2007, p.114, p.218, p.291, p.306.

到人民检察院和公安机关的办案程序之中。

或许有"无罪推定"原则护体，不会让有罪在身的认罪之人处于劣势，而认罪附带的放弃部分诉讼权利的程序效果，可能需要通过辩护人的参与来补足程序正义。为了保障这种放弃无罪辩护和认罪本身的真实自愿，2014年进行的刑事案件速裁程序试点和2016年开始的认罪认罚从宽处理程序试点都引入了值班律师制度，2018年《刑事诉讼法》第36条将试点成果吸纳入法，增加规定了值班律师制度。值班律师所提供的法律帮助虽然与真正的辩护还有距离，但是至少能缓解被指控者孤立无援的境况。

2012年修改的《刑事诉讼法》在新增的第五编特别程序中增加了"未成年人刑事案件诉讼程序"一章，规定了办理未成年人刑事案件的方针、原则，办理案件的特别规定及适用于未成年人的附条件不起诉制度和犯罪记录封存制度，既有利于未成年人在刑事诉讼中权益的保障，也有利于结合未成年人的特点，对未成年犯罪人教育改造，促其回归社会。2018年修改的《刑事诉讼法》增加规定了刑事速裁程序，由于速裁程序不进行法庭调查、法庭辩论，而且一般采取集中审理、集中宣判的形式，不利于对未成年人开展关护帮教和法庭教育，难以充分体现教育感化挽救的方针，法律明确限制了未成年被告人对速裁程序的适用。

在当前反腐败的高压态势下，对外逃贪官的缺席审判具有现实的紧迫性，2018年修改后的《刑事诉讼法》建立了刑事缺席审判制度，缺席审判分为三种情况，一是针对贪污贿赂犯罪、严重危害国家安全犯罪、恐怖活动犯罪三类案件，二是被告人患有严重疾病，三是被告人死亡。第一种情况以犯罪嫌疑人、被告人在境外为前提，虽然司法权力可能鞭长莫及，但是，正因为当事人"缺席"而不能亲历法庭进行有效沟通，所以，《刑事诉讼法》在告知、送达及辩护等方面为被告人设计了充分的权利保障措施，要求法院严把入口关，审查起诉书是否具有明确的指控犯罪事实，是否符合缺席审判程序适用条件，明确了检察机关对缺席审判判决抗诉的权利。

2. 对女性人格尊严和人身安全的特殊规定

我国《刑事诉讼法》明确规定了人身检查的主体（侦查人员或者在侦查人员的主持下，由聘请的法医或医师）、目的、内容等，并且要求不得有任何侮辱人格或其他损害公民合法权益的行为；不得使用手段强制检查被害人人身，但是可以对犯罪嫌疑人进行强制检查。2012年刑事诉讼修法中增加规定了在人身检查过程中可以提取指纹信息，采集血液、尿液等生物样本，以确定被害人、犯罪嫌疑人的某些特征、伤害情况或者生理状态。

刑事诉讼法相关条款规定了对妇女人身检查和身体搜查的特殊保护，由女工作人员或者医师检查妇女的身体，由女工作人员搜查妇女的身体。这体现了对女性群体的尊重和特殊保护，是国际社会的通行做法；这种规定既防止了对被害妇女或者女性犯罪嫌疑人人身权利和人格尊严的侵犯，又防止了被搜查人对侦查人员进行诬告陷害，保证检查、搜查的顺利进行。

最后，2012年《刑事诉讼法》第133条第3款明确规定，"侦查实验，禁止一切足以造成危险、侮辱人格或者有伤风化的行为"。

二、组织法上的职业伦理

在组织法上的职业伦理的三要素为：(1) 箴言："不要论断人"；(2) 逻辑：无知之幕；(3) 路径：素质与环境。

当然，达马斯卡将权力运作方式分为科层式和协作式，其差别主要在人员职位和选任的职业化程度、决策根据等方面，还有上下级之间的关系方面。科层式强调上命下从和整体责任，而协作式更强调自我决断和个体责任。我国法院行政化的运作方式主要有地方党委和政府及其人员可能干预和影响法官办案，上下级法院之间的"案件请示制度"，法院内部的案件审批制度（最终的判决如果不必经庭长、主管院长等领导层层审批，下放到审判长签发，但是因为"审判长"的突出作用反而增加了疑难案件的审批层级），以及审判委员会讨论决定疑难、复杂、重大案件等制度，具有强烈的科层制倾向。正因为层层把关，而使得各种利益因素从不同环节涉入其间，相应地各种干预可能就比较多。为保障司法公正，2015年中央制定了《领导干部干预司法活动、插手具体案件处理的记录、通报和责任追究规定》及《司法机关内部人员过问案件的记录和责任追究规定》，最高人民法院及时制定落实办法，细化实施举措，要求全国法院严格贯彻执行。可以说，司法人员本身的抗干扰能力是一种独立人格的体现，但是这种独立人格更需要相应的制度土壤的培育。

有人担心在一个确立独立人格的司法体制之内，案件往往会成了一种实现私利的工具。然而，正如卡多佐引述埃利希的说法指出，从长远看来，"除了法官的人格外，没有其他东西可以保证实现正义"。[①] 当然，从法律缺陷的不可避免及社会生活的千变万化来看，卡多佐指出，"当法律留下了不为任何先前的既成规则所涵盖的情况时，法律是无能为力的，而只能由一些无偏私的仲裁者来宣告什么是那些公道的、讲情理的并对该社区的生

---

① 转引自[美]本杰明·卡多佐：《司法过程的性质》，苏力译，商务印书馆1998年版，第6页。

活习惯以及人们之中流行的正义和公平交易的标准烂熟于心的人在这种情况下应当做的;这时,除了那些规制他们行为的习惯和良知外,并无规则。"①

当然,在这里"主观或个人良知与客观或一般良知之间的区别是模糊且纤弱的,并且倾向于变成仅仅是语词上的区别","个人的和总体的心灵和意志都是不可分离地联结为一体的"。②由此可见,所谓的个人良知并不是一家之见,更不是意气用事。

"审判是危险的,不仅仅对被告,对法官亦然。"③惠特曼教授介绍,古老的道德要求法官怀疑他们据以惩罚的权威,责令他们把有罪者当做同自己一样的人类看待。他引述了罗马道德学家普布里乌斯·西鲁斯(Publilius Syrus)所言,"一条古老的警言则是法官裁判被告的同时也裁判了自己"④。惠特曼还对法官裁判的标准即"合理怀疑"的真正根源进行考察,一言以蔽之,审判的残酷和自带惩罚性要求审判者谨言慎行。由于时代变迁,我们对合理怀疑的根据已经迷惑不解,由于我们不再把审判与惩罚看作是道德上令人恐惧的行为,也因此我们远没有我们祖辈的意识,即作为其他人类同伴的裁判者,我们应当怀疑自身权威的道德性。如果说远古审判的神圣性在于其残酷和信仰,而在当代则在于理性和自决。但是,惠特曼告诫不要忘记,任何一个人性的法律制度所面临的挑战,要像保护无辜者一样保护有罪者。当然,这并不意味着我们要赞美罪犯。因此我们要记取古老的道德神学家的观念:实施惩罚是我们严肃的公共责任的一部分。但它是沉甸甸的责任。"慈善的人类在给他人定罪时,秉持谦恭、忠贞之精神,对自身的道德立场满怀敬畏之心,战战兢兢、如履薄冰。"⑤从制度形式而言,忠于合理怀疑本原精神中唯一有意义的现代方式,"极力指示陪审员,告知他们的决定乃是'一份道德决定',事关人类同伴的命运"。⑥虽然,惠特曼追诉到合理怀疑的基督教神学起源,但是,其中表达的法官谨慎行使其权力的理念是共通的。例如,据《史记·循吏列传》记载,春秋时晋

---

① [美]本杰明·卡多佐:《司法过程的性质》,苏力译,商务印书馆1998年版,第89页。
② [美]本杰明·卡多佐:《司法过程的性质》,苏力译,商务印书馆1998年版,第69页。
③ [美]詹姆士·Q.惠特曼:《合理怀疑的起源:刑事审判的神学根基》,佀化强、李伟译,中国政法大学出版社2012年版,第16页。
④ [美]詹姆士·Q.惠特曼:《合理怀疑的起源:刑事审判的神学根基》,佀化强、李伟译,中国政法大学出版社2012年版,第323页。
⑤ 参见[美]詹姆士·Q.惠特曼:《合理怀疑的起源:刑事审判的神学根基》,佀化强、李伟译,中国政法大学出版社2012年版,第326-327页。
⑥ [美]詹姆士·Q.惠特曼:《合理怀疑的起源:刑事审判的神学根基》,佀化强、李伟译,中国政法大学出版社2012年版,第328页。

国狱官("理")李离,因"过听杀人",听了下属意见,断狱失误,错杀了一个不该处死的人。他认为自己因为"听微决疑"能力受晋文公信任而担当司法官,所以未推卸责任给下属,而依法判处自己死刑,"伏剑而死"。司法官的责任机制要求其谨慎行使权力,这促使了证人制度、证据制度等的产生。就当今我国刑事司法制度而言,一方面我们仍然要强化司法人员的办案责任机制,另一方面我们还要完善当事人对刑事诉讼程序的有效参与,让当事人享有一定的自主决策权,既可能转嫁法官的责任,又可能让当事人自觉接受裁决结果。

2014年10月中共中央通过的《关于全面推进依法治国若干重大问题的决定》提出了依法治国的国家战略,其中要求确立"办案质量终身负责制和错案责任倒查问责制"。2015年4月,中办、国办印发《关于贯彻落实党的十八届四中全会决定进一步深化司法体制和社会体制改革的实施方案》圈定了84项深化司法体制改革和社会体制改革的举措,其中再次提到实行"办案质量终身负责制和错案责任倒查问责制"。办案质量终身负责制源起于错案追究制,与错案责任倒查问责制二者之间相辅相成。

有人误以为依法治国是整治可能"不守法"的老百姓,其实,"依法治国"理念主要是依法治权,在刑事诉讼中更多体现的是对国家专门机关工作人员的要求。值得追问的是,依法之治一定是公正之治吗?显然并不一定,然而,以依法为前提即使不能获得绝对公正,也可能获得最大限度的公正。但是法律或许并不能单独起作用,这里需要防止两种情形,一是以合法之名行非法之实;二是法律滞后性和模糊性导致执法、司法人员的自由裁量。自由裁量必然落入执法、司法人员内在的道德约束中。

就决策根据而言,个人品格可能衔接着事实和良知这双重因素,在事实层面,存在着裁决者依据一个人的品格来推断该人行为的心理机制;在良知层面,存在着裁决者对不同个体品格进行比较的一种经验判断。源于对社会学上的认知偏误(cognitive error)或者逻辑学上的谬误推理(fallacious reasoning)的识别可能性,有观点认为,人们普遍地对品性证据价值有着夸张的信仰,因此陪审团倾向于高估品格的证据价值[1]。证据法中的品格运用取折中态度:品格可以用来证明证人可信性,在交叉询问中使用具体行为实例;品格一般不能用来证明行为。然而,人们又能够被传授以识别这种偏谬并且改正它,与常人也十分擅长判断品格证据一

---

[1] Chris Sanchirico, Character evidence and the object of trial, *The Columbia Law Review*, 2001, vol.101, No.6, p.1244. see Douglas Walton, *Character Evidence: An Abductive Theory*, Springer, 2006, p.14.

样，陪审团被认为能够从事为评估双方论证所必备的批判性思维（critical thinking）。或许品格的偏见危险还是可以防范的，蒂勒斯认为，当被警告要注意品性证据的证明力时，法官或者陪审团在审判中有时间去反思，也能够自我纠正。① 但要注意的是：第一，或许品格证据自带偏见，并不是因为裁决者是专家或者外行的区分，而是品格证据与其他证据相较更容易引起人们的兴趣；第二，或者诽谤、讽刺、谣言、品性中伤的"细微（无）证据大威力"更符合人们所持有的"无风不起浪"的怀疑思维习惯。② 由此，我们不能只关注品格声明和非难的表面价值，需要本着公平的良心（a spirit of fairness）去看待被指控的人。这种公平正是法律中的证明责任原则的设计所支持的。③

当然，即使品性高尚的裁决者在个案之中也难免失误，更何况任何人都不可能完美无瑕。万维钢在《智识分子：做个复杂的现代人》中介绍，④ 戴维·布鲁克斯（David Brooks）在《品格之路》（The Road to Character）一书中提出，每个人的天性其实都有两面，代表两种不同的追求。就好像丹尼尔·卡尼曼在《思考，快与慢》⑤ 中把人的思维分为系统 I 和系统 II 一样，布鲁克斯把这两种追求分为亚当 I 和亚当 II。亚当 I 追求成功：担任什么职位，取得过什么成就，有过什么重大发现，这些能写进简历里的、事关财富和地位的项目。亚当 II 则追求崇高：道德，品格，服务，追问人生的意义——那些你的简历里没有，但是在你的葬礼上会进入你的悼词的项目。要在亚当 I 号的职场取得成功，需要培养你的能力；要使亚当 II 号的道德核心得到发展，就必须与自己的缺点展开斗争。⑥ 基于这样的本质判断，"一个人本身就是他要传递的信息"。⑦ 从某种意义上说，品格塑造是一个不断克服瑕疵的过程。1943 年，深受人们欢迎的牧师哈里·埃默森·福斯迪克在《做一个真实的人》（On Being a Real Person）一书中指出："有价值

---

① Peter Tillers. "What is wrong with character evidence?", Home Page of Peter Tillers: http://www.tiac.net/users/tillers/character.html, 1998 (28 pages). (p.7), see Douglas Walton, *Character Evidence: An Abductive Theory*, Springer, 2006, p.15.

② See Douglas Walton. *Character Evidence: An Abductive Theory*, Springer, 2006, p.15.

③ See Douglas Walton. *Character Evidence: An Abductive Theory*, Springer, 2006, p.22.

④ 万维钢（同人于野）：《智识分子：做个复杂的现代人》，中国工信出版集团、电子工业出版社 2016 年版，"美国人说的圣贤之道"，第 108 页以下。

⑤ 参见［美］丹尼尔·卡尼曼：《思考，快与慢》，胡晓姣、李爱民、何梦莹译，中信出版社 2012 年版。

⑥ ［美］戴维·布鲁克斯：《品格之路》，胡小锐译，中信出版集团 2016 年版，序言，第 19 页。

⑦ ［美］戴维·布鲁克斯：《品格之路》，胡小锐译，中信出版集团 2016 年版，序言，第 22 页。

的人生始于与我们自身的对抗。"① 品格的自我塑造至关重要，弗吉尼亚大学教授詹姆斯·戴维森·亨特曾经指出，宗教信仰并不是品格培养的必要条件，"但必须相信某一条真理。这条真理在意识与生活中必须具有神圣的地位，被视为不可违背的权威性存在，同时还必须利用道德社会里制度化的习惯予以加强。因此，品格抵制私利，反对投机取巧。丹麦哲学家索伦·克尔皑郭尔说，品格'铭刻于心'，深入灵魂，原因毫无疑问就在于此"。②

（一）投身社会的公正预期

2012年《刑事诉讼法》有五处"公正"一词。第28条所列举的四项回避法定理由，其中第（4）项：与本案当事人有其他关系，可能影响公正处理案件的。第54条是有关物证、书证裁量排除的规定，以"不符合法定程序+严重影响司法公正"的两个要素为前提，再加上"不能补正或者作出合理解释"才排除该物证、书证。第227条是有关二审发回原审重新审判的理由，一审违反法定程序五项内容中有两项：剥夺或者限制了当事人的法定诉讼权利，可能影响公正审判的；其他违反法律规定的诉讼程序，可能影响公正审判的。第242条是有关申诉符合法定理由而人民法院应当重新审判的情形，五项理由中的第4项："违反法律规定的诉讼程序，可能影响公正审判的。"上述四条在2018年修改后的《刑事诉讼法》中分别为第29条、第56条、第238条、第253条。此外，2018年修改后《刑事诉讼法》新增了两处"公正"表述。

第一，2018年《刑事诉讼法》第19条第2款因应监察法的修改调整了人民检察院管辖案件的范围，删除人民检察院一般的职务犯罪侦查权，将之限缩为立案侦查在诉讼监督中对司法工作人员利用职权实施的侵犯公民权利（合并"人身权利和民主权利"）、损害司法公正的犯罪；同时，仍然保留对公安机关管辖的国家机关工作人员利用职权实施的重大犯罪案件的机动侦查权。对"侵犯公民权利"条文中只列举了非法拘禁、刑讯逼供、非法搜查三项罪名，而这三项罪名其实也含有"损害司法公正"的因素，这两个条件是并列还是选择性因素并不清楚，或许还要进一步明确刑法规定的"损害司法公正"犯罪案件管辖。总体而言，监察机关也可以管辖上述罪名。检察机关不能管辖监察人员利用职权侵犯公民权利、损害司法公正的犯罪。机动侦查权仅限定为公安机关管辖的犯罪，不包括监察机关管辖的犯罪。

---

① ［美］戴维·布鲁克斯：《品格之路》，胡小锐译，中信出版集团2016年版，第11页。
② ［美］戴维·布鲁克斯：《品格之路》，胡小锐译，中信出版集团2016年版，第134-135页。

在没有既成规则时法官不免要自主裁量,让法官处于无知之幕下,不存在对案件事实的特殊预期和个人利益,更有利于公正裁决案件。然而,或许法官并不能被还原到无知之幕下,法官的裁判反映特定社会的普遍认识更符合现实。法官职业品格与社会公正预期有共同的社会评价土壤。亚历克西斯·卡雷尔博士剖析了民主信仰的谬误,他认为:"当不能将卑劣者提升时,在人类中实行民主平等的唯一办法就是将所有的人都降到最低的水平。这样一来,人的个性也就消亡了。"同时,职业精神也几乎随之消亡。① 法律职业的精神是建立在高尚品格塑造之上持续培养而成的。法官的确要迎合公众公正预期,但更是以裁判引领社会价值。当然,或许用出淤泥而不染来概括法官的高尚品格并不恰当,或者法官只是具有普通常识的常人,甚至也有偏私之心,而制度既被用来排除外在的不当干扰,保障其意志自由,又被用来约束其权力滥用。美国和英格兰,任期有保障的法官彰显了法律职业的精神。他们已经证明,公道自在人心,而且这种公道在公平的情况下可以被信赖。② 由此,既定的法律制度才可能将一种在法律未加规范时创制法律的权力授权给法官。

第二,2018年《刑事诉讼法》第201条为新增内容,规定了法检两家对指控罪名和量刑建议的相互尊重。第1款规定,对于认罪认罚案件,人民法院依法作出判决时,"一般应当"③ 采纳人民检察院指控的罪名和量刑建议,并列举了5种除外情形,包含了无罪或者不应当追究其刑事责任,控审双方的罪名认定不一致,控辩双方的意见不能合致被告人违背意愿认罪,或者否认指控的犯罪事实而不能达成合意。④ 兜底的一项是"其他可能影响公正审判的情形"可能更侧重于程序正义方面。该条第2款规定,"人民法院经审理认为量刑建议明显不当,或者被告人、辩护人对量刑建议提出异议的,人民检察院可以调整量刑建议。人民检察院不调整量刑建议

---

① [美]罗伯特·N.威尔金:《法律职业的精神》,王俊峰译,北京大学出版社2013年版,第131页。

② [美]罗伯特·N.威尔金:《法律职业的精神》,王俊峰译,北京大学出版社2013年版,第133页。

③ 目前学者的论述文章认为一般应当条款是公诉权是否侵蚀审判权及法院变更量刑的限度和程序争论,参见,孙远:《"一般应当采纳"条款的立法失误及解释论应对》,载《法学杂志》2020年第6期;郭烁:《控辩主导下的"一般应当":量刑建议的效力转型》,载《国家检察官学院学报》2020年第3期;邱艳超:《〈刑事诉讼法〉第201条"一般应当采纳"款条探究》,吉林大学2020年硕士论文;张斌:《"一般应当"之"应当"与否:兼论〈刑事诉讼法〉第201条的理解与调整》,载《中国人民公安大学学报(社会科学版)》2020年第2期;等等。

④ (1)被告人的行为不构成犯罪或者不应当追究其刑事责任的;(2)被告人违背意愿认罪认罚的;(3)被告人否认指控的犯罪事实的;(4)起诉指控的罪名与审理认定的罪名不一致的;(5)其他可能影响公正审判的情形。

或者调整量刑建议后仍然明显不当的,人民法院应当依法作出判决。"该条聚焦于量刑建议、量刑异议和量刑决策,体现了量刑决策的独立性,虽然审判机关也无通知检察机关事先调整量刑建议的法定义务,但是不排除在法定情形下审判机关应尽可能事先与检察机关沟通,[①]就量刑有反复磋商达成合意的可能性,以及人民法院量刑决策的最终性。

综上,法律尽管不同于道德的规范形式,但是法律给道德留白了调整空间,而《刑事诉讼法》的"公正"条款为适用道德规范提供了一个渠道,使法德相济,一方面法律缺陷由道德来填补,另一方面法律条件的成就需要加以道德上的考量。当然,这种道德有两个层面,一是个人的内在德性,二是为公众所容许的执法和司法人员的道德。"依法"往往体现了公正,所谓法定理由、法定诉讼程序及法定诉讼权利等可能含有了不言自明的公正要素,而《刑事诉讼法》的公正条款则超越了"违法"的技术细节,强调这种违法行为带来的为公众所关心的可能不"公正"的结果,这显然容忍了一定程度的无害错误。虽然,"司法公正"或者"公正审判"可以考察结果或者程序的任何一面,但是,上述法律规定要求的公正审判更多的是事后性的,或者从结果方面体现,这其中包含了以法官良知来承载或者反映了公众良知及其公正期待。

(二)利益无涉的身份认同

与刑事诉讼的组织机制有关的热词是"司法责任制"。2013年11月党的十八届三中全会通过的《中共中央关于全面深化改革若干重大问题的决定》确立了"加快建设公正高效权威的社会主义司法制度,维护人民权益,让人民群众在每一个司法案件中都感受到公平正义"的改革目标,提出了"改革审判委员会制度,完善主审法官、合议庭办案责任制,让审理者裁判、由裁判者负责"的任务。2014年10月党的十八届四中全会审议通过的《中共中央关于全面推进依法治国若干重大问题的决定》,将"完善主审法官、合议庭、主任检察官、主办侦查员办案责任制,落实谁办案谁负责"作为一项重要的改革任务,还要求"明确各类司法人员工作职责、工作流程、工作标准,实行办案质量终身负责制和错案责任倒查问责制,确保案件处理经得起法律和历史检验"。2015年9月21日最高人民法院发布了经中央全面深化改革领导小组第15次会议审议通过的《最高人民法院关于完善人民法院司法责任制的若干意见》,共分六部分48条,除目标原则和附则外,

---

[①] 陈卫东教授认为,量刑建议的调整存在四种情形,量刑建议是否"明显不当"取决于审判机关的认识。参见陈卫东:《认罪认罚案件量刑建议研究》,载《法学研究》2020年第5期。

其他四部分分别为改革审判权力运行机制、明确司法人员职责和权限、审判责任的认定和追究、加强法官的履职保障，较为完整地明确了审判责任的前提、基础、范围、规则、程序、保障等主要问题。2015年9月28日最高人民检察院公布《关于完善人民检察院司法责任制的若干意见》，共有7部分（48条），包括：目标和基本原则、健全司法办案组织及运行机制、健全检察委员会运行机制、明确检察人员职责权限、健全检察管理与监督机制、严格司法责任认定和追究、其他。责任以独立、权责统一、权责明晰为前提，司法责任制很显然是"司法独立"的落脚点。然而，独立的司法人员并不是不受制约的，要遵循法律和良心作出司法行为或者司法决策。

学者佀化强引介的相关文献中有这样的表述，中世纪的格言"法官的窗户是开着的"形象地表明，在中世纪的小规模、熟人社会里，大多情况下法官私下知悉案件事实。但是，这种私下的知情，从来不能作为判决的基础，相反必须依靠证据——即使证据和知悉的案情相反。中世纪又有格言"法官不是根据自己的良心，而是根据在法庭上所主张的来裁判"，这里的"良心"主要指法官"对事实、真理的知悉、判断"与"根据证据裁判、根据法庭上的主张裁判"是相对的。① 也就是说，法官要把自知的事实情况让位于法庭的证据呈现，裁判要限于当事人的主张范围之内。法官为免予基督教中的道德犯罪恰恰要把自己塑造成孟德斯鸠所批评的"自动售货机"式的法官。由此可见，尽管司法权力之间可能存在相互制约，而更主要的制约首先来自于立法。

司法裁决者有时并不高人一等，在无知之幕下法官被还原为一个初始状态的人，大家都以平等身份共处一个对话平台，只有在每个人都受到无社会差异的对待时，正义才会出现。由此司法对事件的裁决转化为对人性的拷问，"而争端的解决，则必须出自与生俱来的公正感和正义精神"。② 虽然表面上是司法人员担任着立法的功能，其实，法律的发展，"以符合人们自然权利和固有公正的理念，并与人们合理判断和实践效用的理性保持一致"。③ 或者由于对话的不可避免，因此要通过一种专业共同体来保障裁判结果的公众认同。2015年12月20日中办、国办印发了《关于完善国

---

① James Q. Whitman, *The Origins of Reasonable Doubt*, Yale University Press, 2007, pp.105-106. ［美］詹姆士·Q.惠特曼：《合理怀疑的起源：刑事审判的神学根基》，佀化强、李伟译，中国政法大学出版社2012年版，第152页。

② ［美］罗伯特·N.威尔金：《法律职业的精神》，王俊峰译，北京大学出版社2013年版，第117页。

③ ［美］罗伯特·N.威尔金：《法律职业的精神》，王俊峰译，北京大学出版社2013年版，第118页。

家统一法律职业资格制度的意见》(以下简称《意见》)。《意见》提出,按照政治、业务、责任、纪律、作风五个过硬的要求,选拔培养社会主义法律职业人才。遵循法治工作队伍形成规律,遵循法律职业人才特殊的职业素养、职业能力、职业操守要求,按照法治工作队伍建设正规化、专业化、职业化标准,科学设计和实施国家统一法律职业资格制度,提高法律职业人才选拔、培养的科学性和公信力。《意见》调整司法考试制度(以下简称"司考")为国家统一法律职业资格考试制度。(以下简称"法考")[①]"司考"变"法考"值得关切的内容有:(1)应取得国家统一法律职业资格的人员由原来的4类职业扩到9类职业。《意见》明确法律职业人员范围,满足政治素养、业务能力、职业伦理和从业资格四个方面的共同要求;对法律职业中部分人员即担任法官、检察官、律师、公证员、法律顾问、仲裁员(法律类)及政府部门中从事行政处罚决定审核、行政复议、行政裁决的人员设立了"应当取得国家统一法律职业资格"的门槛。(2)法考报名条件有新变化。取得法律职业资格的条件体现了精英化和职业化要求。首先要拥护中华人民共和国宪法,具有良好的政治、业务素质和道德品行;在个体基本素养上注重全日制本科学历,在法律素养上更注重法学本科及以上学位或者有三年法律工作经验,[②] 具体可能存在三种情形:a.全日制+法学类本科学历+学士及以上学位;b.全日制+非法学类本科及以上学历+法律硕士、法学硕士及以上学位;c.全日制+非法学类本科及以上学历+其他相应学位+从事法律工作三年以上。(3)改革法律职业资格考试内容。考试内容增加中国特色社会主义法治理论。《意见》还要求加大法律职业伦理的考察力度。(4)法考方式有变化。2018年是法考元年,考题结构的变化是以案例为主:案例题分值比重大幅度提高;考试结构由一次性变化为客观题考试和主观题考试先后两段,并且客观题考试合格是参加第二阶段的主观题考试的前提,客观题的合格成绩在本年度和下一个考试年度内有效。[③] 在报名条件上还存在体现温情的"老人老办法",以及为吸引人才和留住人才,在中西部地区特别是偏远、贫困基层地区实施了放宽报名学历条件、降低合格分数线政策,并多次扩大政策的实施范围。

---

① 全国人大常委会和司法部按照《意见》要求完成了有关法律修改和规章制定工作,定于2018年开始实施国家统一法律职业资格制度。2018年4月29日,司法部公布实施了《国家统一法律职业资格考试实施办法》(以下简称《办法》)。

② "具备全日制普通高等学校法学类本科学历并获得学士及以上学位,或者全日制普通高等学校非法学类本科及以上学历并获得法律硕士、法学硕士及以上学位或获得其他相应学位从事法律工作三年以上"。

③ 蒋安杰:《2018法考元年》,载《法制日报》2018年9月21日。

可以说，如果司法责任更侧重于以案件的出口来倒逼司法裁决者尽职尽责，那么在从法学教育到法律职业的选任环节首先就要把好人事入口关。诞生于1878年的美国律师协会得到律师的积极支持，影响深远，因为它能表达最好的法律意见。更为人所期求的是，它可以在不同的州之间维护法律职业的统一，保持执业的标准，捍卫优良的传统。① 由此可见，司法官的职业素养不仅仅体现在其具有丰富的学识，还需要具备高尚的道德品格，遵循一些共通的职业行为准则。

1853年，在马萨诸塞州的州代表大会上，鲁福斯·丘阿特（Rufus Choate）在他的演说中论及如何求得并留住最好的法官时，将自己的理想作了如下定义："首先，他必须在法学方面有极深的造诣，且必须知晓如何运用他的学识。……其次，他必须是一个正直、诚实而且心地纯洁的人，还必须是一个在审判中不畏当权者的人。……法官应该对当事人一无所知，对案件却又了如指掌。为正义，他可以做任何事，却丝毫不为己，不为友，不为恩，亦不为君主。如果一方是行政权力、立法机关以及民众，即他荣誉的来源和衣食父母，而另一方是无名小卒甚至是令人厌恶之人，他的眼睛应该对谁都视而不见，不管对方伟大还是渺小，他只专注于'天平上的微妙平衡'。……"②

---

① ［美］罗伯特·N.威尔金：《法律职业的精神》，王俊峰译，北京大学出版社2013年版，第120页。

② ［美］罗伯特·N.威尔金：《法律职业的精神》，王俊峰译，北京大学出版社2013年版，第127-129页。

第四章　品格推论的制度递演

英国学者安东尼·达夫（Antony Duff）等人就刑事审判研究在研讨会基础上编撰了系列图书，其核心理念认为，审判被认为是要求被告回答指控，如果被告有刑事责任，则为自己过去的行为负责。审判可视为双方沟通的过程，于此被告得以辩驳对他的不当行为之指控，辩驳包括那些据以对其做出指控的规范。[①] 他们认为这个理论古往今来一以贯之。作者首先指出，虽然被布莱克斯通誉为法律守护神（palladium）的陪审团审判制度及其价值蕴含都受到了理论挑战，在古、今经验上作为自由堡垒也有严重缺陷，但是，正如对陪审团的依恋表达了对一系列其他价值（公平，自由，非专业参与等）的承诺，并且该制度具有代表和保护这些价值的能力，因此该制度揭示了与一系列关于审判作为法律和政治制度的更深层规范性信念的联系。从反对面来看，在历史维度，一是不同制度形式皆可达成早已植根于刑事审判的不变的核心信念，因此对真相、责任、政治自由和审判目的等变化着的形式之历史理解，无助于规范性分析；二是审判的历史是人们远离迷信或魔法，而渐渐走向理性且公平的过程，并且特定制度和程序曾阻碍或者促进这些核心理念的实例化，但是我们对于这些价值的理解不受改变。不过，正是变化了的理解支配着制度的变迁，因此认识和理解这些变化也能为我们提供意图发展规范理论的信息。一个反对意见出现于朗本（John Langbein）的著作中，它认为我们追踪其发展的刑事审判并没有潜在的规范性概念，或者制度形式的背离或许不能反映理想的规范性信念，典型如朗本的财富效应和敌对效应，可争辩的是：(1) 朗本认为刑事程序支持公平和真相价值的内隐性规范性承诺；(2) 朗本认为审判历史发展的核心有一个"平衡"控辩力量的内隐性规范性概念，这将审判的发展放置在特定的法律、政治及社会情境中。因此将审判体制联结到更广泛的规范理解侧重于两个主题：第一个主题涉及审判的发展，使之成为正式限制行使国家权力的机制。第二个主题涉及被告、受害者、国家和更广泛社区参与审判的不同模式及这种参与可能采取的形式。审判程序不同模式

[①] Antony Duff, Lindsay Farmer, Sandra Marshall & Victor Tadros, *The Trial on Trial 1: Truth and Due Process*, Hart Publishing, 2004; *The Trial on Trial 2: Judgment and Calling to Account*, Hart Publishing, 2006; *The Trial on Trial: Volume 3 Towards a Normative Theory of the Criminal Trial*, Hart Publishing, 2007.

的三个具体特征值得关注：一是追寻真相的方式。二是各参与者在审判中的角色，以及这些角色揭示的法律和政治主题的性质。三是审判程序如何与政治共同体形式关联及如何使彼此合法化。①

本章要考察的是审判者、控告者、被告人参与到审判之中的背后根据是什么，程序之中各方如何行为及应被如何对待的问题如何与品格相关联。笔者以为刑事审判虽然因为犯罪而起，但是品格问题出没其间，甚至成为支配程序运行和分配各参与人地位和行动的内在因素。因为犯罪行为或许起于名声问题，审判本身自带羞辱的成分，并且定罪和惩罚被认为是确认了坏人，当然，正是品格因素可能违背事实，扭曲人们的判断和理智，因此，刑事程序既要正视品格的双刃剑效应，祛除品格所带来的弊端和偏见，又要提升裁决者的道德品质和专业素养，还被告人以真相、清白和尊严。总之，鸟瞰品格和诉讼关系的历史，将视野推向品格证据规则产生之前，可见品格与诉讼之间千丝万缕的联系。

一、古典雅典法庭中的品格证据：发现真相与实现法治

对法律的理论、历史和哲学及其与政治学、社会学和心理学的关系有着浓厚兴趣的诺丁汉特伦特大学诺丁汉法学院高级讲师瓦西里奥斯·阿达米迪斯（Vasileios Adamidis），在《古典雅典法庭中的品格证据：修辞、相关性和法治》一书中首先直面了学术界存在的关于决定古典雅典法律听证结果之因素的争论，尤其是司法陪审团在何种程度上受到除法律问题外，甚至替代了法律问题的非法律因素之影响的分歧，以十位阿提卡人演说家的典经（大约一百个幸存的法庭演讲②）为证据的基本来源，重点指出在雅典法律中古代修辞理论和实践非常注重品格，探讨了在雅典法院系统中广泛使用品格证据的多维影响、原因和目的。③ 对古希腊文学中争议解决段落的仔细分析，揭示了与雅典法院诉讼当事人的言论惊人的相似之处，从而有助于阐明法院的功能和雅典法律的基本性质。品格证据在论证的各个方面的广泛使用可以追溯到希腊的"品格"和"人格"观念、推理的归纳方法及古希腊城邦的社会、政治和制度结构。根据作者提出的解释方法，品

---

① 参见 Antony Duff, Lindsay Farmer, Sandra Marshall and Victor Tadros, *The Trial on Trial: Volume 3 Towards a Normative Theory of the Criminal Trial*, Hart Publishing, 2007, pp.17-21. 直到1819年，决斗审判仍然作为一种合法的选择，在英格兰被保留下来，(1819 59 Geo III c 46)。

② Josiah Ober, *Mass and Elite in Democratic Athens: Rhetoric, Ideology, and the Power of the People*, Princeton University Press, 1989, Appendix: Catalogue of Speeches and Citation Index, p.341.

③ 本小节的论述主要参见 Vasileios Adamidis, *Character Evidence in the Courts of Classical Athens: rhetoric, relevance and the rule of law*, Routledge Taylor & Francis Group, 2017, introduction.

格证据不是使陪审团注意力从法律问题上转移的手段；相反，这是一种发展法律论证的建设性和相关性的方式。行为塑造性格，性格决定命运[①]。呈命运形式的超自然受到人类的影响，在某种程度上，人类（通过他的品格）指引着自己的未来。这样，作为一个不变的指示器，品格被赋予了对过去行为的证明价值和对未来的预测价值。因此，同样是这些对品格有此类信念的人，允许品格证据进入法庭，以促进对发现真相的追求，这并不是一个巧合。[②]

第一，法庭广泛使用品格证据与实现法治的三种观点。阿达米迪斯探讨了在古典雅典的法庭中广泛使用品格证据的原因和目的。在古代法庭辩论中，诉讼当事人进行辩论，有时无法通过现代法庭的相关性检验。现代学者对雅典人显然愿意在他们的法庭上接受"无关"材料提供了不同的解释，并就雅典司法系统的总体目标得出了不同的结论。

1. 强调法外论证的非法治解释。有学术流派认为，由于雅典人允许准法律证据影响他们的判决，以严格执行法律条文为基础的司法实施遂受到破坏。[③]这一流派的解释和建议包括从基于衡平和公平的决策以实现临时和个人正义，到通过将阶级斗争和社会政治荣誉竞赛引导到客观和可接受的非暴力舞台来实现社会秩序。[④]尽管这一观点正确地为广泛使用法外论证贡献了一己之力，但这种进路系统地淡化了那些促进严格执法并表明雅典人对法治理想之承诺的规则和程序。然而，仔细分析法庭演讲，这些规则，诸如重视誓言、在要求直言要点连同书面诉状详细说明构成罪状的特定控告（"重点"）方面尊重相关性、坚持书面规则和惩罚那些引用不存在的或不成文的法律之诉讼当事人等，表明了要质疑雅典法院对法治的尊重，需要的证据远远多于广泛使用（据称）不相关的论据。[⑤]

2. 淡化法外论证的法治解释。另一个学术流派，有时淡化广泛使用

---

① 赫拉克利特（Heraclitus）说，人的品格即其命运（$\mathring{\eta}\theta o\varsigma\ \mathring{\alpha}\nu\theta\rho\acute{\omega}\pi\omega\ \delta\alpha\acute{\iota}\mu\omega\nu$）。

② Vasileios Adamidis, *Character Evidence in the Courts of Classical Athens: rhetoric, relevance and the rule of law*, Routledge Taylor & Francis Group, 2017, p.1.

③ David Cohen, *Law, Violence, and Community in Classical Athens*, Cambridge University Press, 1995; Adriaan Lanni, *Law and Justice in the Courts of Classical Athens*, Cambridge University Press, 2006; Stephen Charles Todd, *The Shape of Athenian Law*, Clarendon Press, 1993.

④ Vasileios Adamidis, *Character Evidence in the Courts of Classical Athens: rhetoric, relevance and the rule of law*, Routledge Taylor & Francis Group, 2017, p.2.

⑤ Vasileios Adamidis, *Character Evidence in the Courts of Classical Athens: rhetoric, relevance and the rule of law*, Routledge Taylor & Francis Group, 2017, p.2.

法外论证和特别是品格证据的重要性,坚持法治的实现。[1] 其中哈里斯(Harris)提供了一幅雅典审判的理想化图景,[2] 使他的批评者注意到他将法律外的争论称为"仅反映对系统的业余性和非正式性的杂散评论"[3]。然而,存在于发言中的持续和广泛的品格证据过于明显和值得注意,以至于不能被认为是对相关法律论证规范的简单偏离。

3. 广泛使用品格证据符合法治理想。阿达米迪斯为弥合上述两个学术流之间的二分法差距提出了解决方案,其书揭示了广泛使用品格证据背后的理由符合深深植根于雅典良知的法治理想。因此,在观点上属于主张雅典法院寻求实施法治(正如雅典人所认为的)的研究趋势,在方法上证明"雅典的诉讼当事人并没有像传统所认为的那样,故意偏离手头争点……而是认真遵守与我们完全不同的相关标准"。其书旨在通过主要(但不完全)关注品格证据,以及参考以下问题来证明这种论证与手头争点的相关性:(1)希腊生活和雅典法律制度的哪些因素和特征导致或促进了品格证据的广泛使用;(2)雅典人认为哪些类型的证据与法律案件相关;(3)他们如何论证此类证据;(4)为什么他们认为此类论证相关并支持他们的法治概念。[4]

第二,品格证据的广泛援引推进了实现雅典法治的八个假设。有关品格和人格的希腊思想的创新部署、希腊推理方法及其在法律环境中的应用,可以推断出对品格证据的广泛参考被看作与法律案件相关为法院所接受,并通过帮助法院发现法律案件的确切事实来寻求真相。因此,在他们看来,品格证据的广泛援引促进了成文法的适用,同时又不妨碍法院判决的一致性和可预见性。为了验证这一假设,需要提出一系列次要(尽管同样具有决定性)问题,并对假设进行测试和验证。根据现代学者的说法,雅典法庭演讲最显著的特点之一是诉讼当事人愿意诉诸法律外的辩论,有

---

[1] Martin Ostwald, *From Popular Sovereignty to the Sovereignty of Law: Law, Society, and Politics in Fifth-century Athens*, University of California Press, 1986, "Toward a New Order: Democracy under the Law", pp. 497–525; Raphael Sealey, *The Athenian Republic: Democracy or the Rule of Law*, Pennsylvania State University Press, 1987, "chapter 7 Athens and the Rule of Law", pp. 146-148.

[2] Edward M. Harris, *Democracy and The Rule of Law in Classical Athens: Essays on Law, Society, and Politics*, Cambridge University Press, 2006, p.405.

[3] Adriaan Lanni, *Law and Justice in the Courts of Classical Athens*, Cambridge University Press, 2006, p.2.

[4] Vasileios Adamidis, *Character Evidence in the Courts of Classical Athens: rhetoric, relevance and the rule of law*, Routledge Taylor & Francis Group, 2017, pp.3-4.

时被认为与法律指控无关。① 对此，阿达米迪斯认为现代学者共享一套"规范"（尽管并非没有争议）预设，突出（或忽略）不同的证据或信息，提供不同的对事实的主观解释，限制了尽可能客观地解读演讲的空间。

1. 雅典法院寻求真相的角色。第一个研究假设是，品格证据的广泛使用是希腊人的社会政治结构、心理和推理方式的结果。特别是，雅典人认为这种论证方法对法律案件具有启发性，并使他们能够发现事实和真相。由于他们法院中的大多数争议都是事实性的，因此对品格证据的广泛接触及情境和背景信息的呈现，有助于他们发现案件的事实。随后，他们可以继续对这些事实适用成文法，从而执行法律正义。因此，心理原因在很大程度上促使他们在论证中广泛使用品格证据，作为一种有助于发现真相的方法，促进了"法治"的实施。这种将法院的角色解释为"真理的客观发现者"的假设与现代研究人员的结论相反。

2. 品格证据等信息的证明价值。第二个研究假设是，雅典法院对发现真相的这种追求实际上促进而不是阻碍广泛使用品格证据。根据这一假设，法院收到的有关争议背景和更广泛情境的信息被接受为与事实直接相关。这些信息并没有扩大法律案件的范围以诱使陪审员按照公平和衡平法（epieikeia）的规范进行投票，实际上帮助他们更多地关注该特定案件中当事人的无罪或有罪从而正确适用法律。并且，出于同样的原因，对品格和个性的希腊观念的参考、诉讼当事人对法律外材料的引用，例如不利判决的严厉影响、对诉讼当事人遵守（乍一看无关的）社区道德规范的仪式和广告的引用，都具有证明价值。

3. 情感论证基于法律论证。第三个假设是第二个假设的延伸。对于希腊人来说，人类情绪是认知过程，由信念、欲望和推理决定。情感（Pathos）被认为是"理性的"，因为它基于对特定情况的认知评估。一个人利用先入为主的道德信念和环境灌输给他的陈规定型假设，做出适当的反应，即感受到适当的情绪。陪审员的这种恰当反应是当事人预料到的，并反映在他们的发言中。换句话说，应通过诉讼当事人的辩论（关于合适的人，在对的时间和背景，出于恰当的理由）在陪审员中引发适当的情绪反应（积极或消极），从而引发量刑或无罪释放的适当反应形式。因此，情感论证基于法律论证，并且总是（据称）与正义相结合。就雅典陪审员遵守规则的能力问题，对雅典法院目标的一般意见可以概括为："陪审团的大众化和非专业性质大大放松了对法律问题进行合乎逻辑、有关联性的处理的

---

① Vasileios Adamidis, *Character Evidence in the Courts of Classical Athens: rhetoric, relevance and the rule of law*, Routledge Taylor & Francis Group, 2017, p.4.

需要,并增加了不相关但精彩的题外话和情感诉求的机会"[①]。而其他人更喜欢更平衡的观点,认为他们的判决可能会受到问题之外的因素的影响;例如,如果被告的过去生活有必要,他们可能会决定以宽恕来缓和严格的正义;他们有时可能会让当下的偏见凌驾于理性之上,当然现代陪审团有时会这样做。但最终,他们的法庭旨在做出公正的决定:基于法律的决定;主要基于事实的决定;对摆在他们面前的具体案件的决定。[②]

4.第四个假设是雅典陪审员具有高度的能力和丰富的经验。他们以完全理性和近乎客观的方式判断人类行为,可以有把握地得出结论,他们是有记载的历史上最合格的大众受众之一。[③] 这由阿达米迪斯通过参考希腊人的品格、伦理动机和实践推理的思想及这些思想为人类行为的(近乎客观的)解释提供模型的方式来证明。

5.另一个假设是,陪审员的能力和经验有助于实现法院判决的相对一致性和可预测性,而不是临时做出决定。[④] 为了使法院能够实现一致性,需要满足一个子假设,即已经制定了相关规则。这又可以得到肯定的回答。作为一般规则,我们可以从演讲中推断出(1)与法律案件、成文法或由该法律强制执行的道德规范直接相关的任何论点和/或(2)与包含该规范的更普遍的品格特征相关的任何论点都被法院视为相关。希腊的品格和人格观念及希腊的推理方法有助于理解为什么在演说家中发现的法外论证模式被雅典陪审员认为是相关的。这些因素也可能有助于理解雅典法院的相关规则,并解释演说家对待品格证据的一贯做法。可以发现,雅典放宽相关规则的基本原理。诉讼当事人必须证明书面诉状中提到的是否存在违法行为。法律法规享有无可置疑的权威,它体现(或至少联系于)共同的道德规范。援引品格证据来证明的核心问题是诉讼当事人是否普遍遵守该规范。反过来,这将增加当事方指控违反体现该规范的特定法律的可能性。遵循一种归纳的推理方式(并考虑到对希腊人而言,美德或恶习的相对统一),遵守这一特定规范揭示了拥有相关的、更普遍的品格特

[①] George Alexander Kennedy, *The Art of Persuasion in Greece,* Routledge and Kegan Paul, 1963, p.28.

[②] Christopher Carey, "Legal Space in Classical Athens", *Greece & Rome*, Vol. 41, No. 2 (Oct., 1994), pp. 172-186; see Vasileios Adamidis, Character Evidence in the Courts of Classical Athens: rhetoric, relevance and the rule of law, Routledge Taylor & Francis Group, 2017, p.6.

[③] Adriaan Lanni, *Law and Justice in the Courts of Classical Athens*, Cambridge University Press, 2006, pp.71-74.

[④] Adriaan Lanni, *Law and Justice in the Courts of Classical Athens*, Cambridge University Press, 2006, p.116; Adriaan Lanni, *Law and Order in Ancient Athens*, Cambridge University Press, 2006, p.55, p.200.

征。因此，通过参考过去行为的大量遥远或密切相关的例子，诉讼当事人旨在证明拥有相关的一般性格特征。随后，通过推论，拥有这一特质将证明他遵守道德规范，从而更有可能遵守将其正式化的法律。不相关的论证将是实现一致性的最严重障碍，并可能导致基于每个案例的特殊性的临时判断；但这并没有发生（至少在一定程度上会引起雅典人的反应，因为演讲中完全没有这种论证）。相关性不是黑洞。雅典的法庭修辞与他们的品格观念密切相关，制定了相关规则，这些规则显然被法院接受和证实。[1]

上述结论，即雅典人已经制定了他们的相关规则，受制于以下保留意见：(1) 关于是否存在一个应该直言要点的书面、正式的相关规则的不确定性；(2) 缺乏训练有素的人员和正式程序来指导陪审员了解相关内容并执行相关规则；(3) 关于道德规范包含或不包含在一般品格特征中的边界的粗略和主观性。[2]

尽管如此，投诉关于对方滥用相关性规则的数量相对有限（主要是修辞价值），为支持已存在制定法律的假设提供了重要的论据。因此，雅典法院是由业余人员组成（尽管素质和经验很高），至少相对具体和明确的相关规则的发展促成了一个中心假设，即雅典人处理品格证据的方法不会妨碍判决的一致性和可预测性。

6. 还有一个假设是，雅典法律具有实体导向。[3] 哈里斯检讨了许多主要关于实体问题的法律文本，[4] 阿达米迪斯则检讨了诉讼当事人的言辞及他们坚持（根据希腊的人格观念）将自己表现为社区伦理信仰的伦理追随者来证明雅典法律的实体导向。雅典法律包含并合法执行更广泛的城邦道德规范这一事实意味着，当雅典陪审员决定一个法律案件时，适用了特定法律的文字，但更广泛的道德规范得到了加强。这是古典雅典道德执法的本质，即通过制定和执行特定法律来加强更广泛的伦理规范。如此一来，法院除了履行法治的首要任务，对特定的法律案件适用特定的法律，在缺乏官方公共教育制度的情况下，还充当了城邦的道德教育者，从而加强了法律的实质导向。

---

[1] Vasileios Adamidis, *Character Evidence in the Courts of Classical Athens: rhetoric, relevance and the rule of law*, Routledge Taylor & Francis Group, 2017, p.8.

[2] Vasileios Adamidis, *Character Evidence in the Courts of Classical Athens: rhetoric, relevance and the rule of law*, Routledge Taylor & Francis Group, 2017, p.8.

[3] Vasileios Adamidis, *Character Evidence in the Courts of Classical Athens: rhetoric, relevance and the rule of law*, Routledge Taylor & Francis Group, 2017, p.9.

[4] Edward M. Harris, *The rule of law in action in Democratic Athens*, Oxford University Press, 2013, "ch4. What Are the Laws of Athens About? Substance and Procedure in Athenian Statutes", pp.138-174.

7. 另一个假设侧重于希腊的品格观念。① 希腊人对稳定不变的人类品格并没有坚定而普遍的信念。② 对希腊的看法和观念的仔细研究揭示了对这个问题的高度灵活的处理方法和对精神（ethos）稳定性的不确定性态度。这对于法庭上关于诉讼当事人提供的品格证据的宽度和内容的论证方法具有重要意义。雅典法庭上品格证据具有倾向性和可靠性两种证据价值：（1）人类品格的不变性的不确定性使他们能够提供冗长的叙述，有关与法律案件有不同程度接近的先前行为（尽管符合上述相关规则），以使陪审员相信他们所呈现的事实之真实性。（2）此外，对他们的正面品格特征（以及对手的负面品格特征）进行如此冗长的描述，旨在提高他们在严重且几乎完全依赖诉讼当事人言论的环境中的可信度。在雅典的法律环境中，文字所具有的巨大意义导致这种分散而松散的论证方法逐渐发展成为一门精巧的修辞艺术。但是，正如约翰斯通和鲁宾斯坦所指出，法庭演讲中的品格证据最常关注被告而不是检察官。③ 对被告的强调支持了这样一种观点，即雅典诉讼中频繁引用品格是为了帮助陪审团达成公平判决而不是在诉讼当事人之间的名誉竞赛中提供弹药：被告的声誉和记录是陪审团在确定是否有必要定罪和相应处罚时考虑的背景信息的一部分。④ 当然，笔者认为，将作为一种人之常情的多主体品格比拼纳入到法律论证的轨道并用来解决无休止的纠纷解决中的争议问题，如果不是一种最佳策略，也是迫不得已的选择。

8. 最后一个假设是采用动态而非静态的观点来看待雅典诉讼，特别是与法庭修辞和论证有关的观点。通过追溯从荷马开始的修辞论证的历史，寻找一般论证的起源，特别是品格证据的起源，并结合关于阿提卡省演说家之前时期诉讼性质的背景信息，可见，修辞规则从萌芽阶段开始发展，逐渐被整合为古典雅典宫廷中的一门艺术。至此，修辞艺术达到了高潮，论证的方法和策略已经明确，一致的模式已经出现。⑤

---

① Vasileios Adamidis, *Character Evidence in the Courts of Classical Athens: rhetoric, relevance and the rule of law,* Routledge Taylor & Francis Group, 2017, p.9.

② Adriaan Lanni, *Law and Justice in the Courts of Classical Athens,* Cambridge University Press, 2006, pp.60-62.

③ Steven Johnstone, *Disputes and Democracy: The Consequences of Litigation in Ancient Athens,* University of Texas Press, 1999, p.94; Lene Rubinstein, *Litigation and Cooperation: Supporting Speakers in the Courts of Classical Athens,* Franz Steiner Verlag, 2000, p.195.

④ Adriaan Lanni, *Law and Justice in the Courts of Classical Athens,* Cambridge University Press, 2006, p.63.

⑤ Vasileios Adamidis, *Character Evidence in the Courts of Classical Athens: rhetoric, relevance and the rule of law,* Routledge Taylor & Francis Group, 2017, "ch.1 The archaic origins of character evidence: From Homer to Classical Athens", pp.21-54.

第三，雅典（和希腊）论证方法背后的根本原因。

1. 社会政治因素。受希腊城邦弱国的社会政治结构影响，古代"人"认为自己是社区的组成部分，而不是被保护免受非人格化的利维坦国家入侵的主体，全心全意地致力于社区并遵守城邦的道德规范。哲学探究在这些思想的形成及由此产生的品格证据的广泛使用中也发挥了重要作用。推理的归纳和演绎方法提炼了基于大量示例的有根据的结论。希腊人不承认人在他生命中的每一个实例中的行为的伦理自主性，这一事实意味着任何行为都应该与其他行为联系起来并结合其他行为来考虑，从而提取出一套连贯的品格特征。例如，一个特定的行为不可能是偶然发生的，而是表明了主体的品格。以奢华的礼仪形式系统地展示公共支出，通过归纳证明了（某人）拥有更普遍的品格特征，即宽宏大量。然后，通过推论，这个宽宏大量的人被认为是一个不太可能违反他所在社区的法律和规范的人。

2. 法律因素。雅典法律制度的特征影响他们处理品格证据的方法。第一个直接（和激进）民主的司法制度表明了雅典人对政治平等主义的承诺及将其与法治相结合的努力。该制度的民主性质基于两个支柱：（1）业余性，通过从合格的雅典男性公民中抽签来为每个职位配备人员；（2）大众审判，提供由 201~6000 名选民组成的陪审团通过大众投票做出决策。普遍存在的业余主义意识形态虽然煽动了强烈的对抗气氛，但允许一种不那么官僚但更灵活和更易于理解的司法方法。这些特征对法庭修辞具有重要意义。缺乏专业人士意味着需要自我监管。在这种情况下，由于缺乏严格和正式的执行机制，相关规则可能会被放宽，法庭上的辩论可能只能由陪审员的喧嚣所控制。业余的诉讼当事人小心翼翼地不透露编史家的专业风格，并坚持人类讲故事的倾向，让人想起日常对话。激烈的对抗性竞赛有时会导致辱骂和类似的黑化对手的方法。雅典法律体系的结构、程序和法律促进了品格证据的广泛使用。

3. 心理因素。相关概念的古今比较。（1）"品格"和"人格"概念的古今比较。"品格"和"人格"这些概念的现代预设往往具有不正当的规范力量。雅典语境中的相关性规则或法治需要以上述保留为条件，并根据其本身是非曲直来对待。（2）比较雅典的法律体系与西方资本主义民主国家的法律体系，尤其是英美法律体系。这种比较突出了为实现类似目标（如法治和民主）可能遵循的不同路线。然而，希腊人关于"法治"的概念是独一无二的，并且在许多方面不同于其现代对应物。因此，任何对雅典法律体系的分类如"基于法治"或"基于公平"是不合理的，除非这些术语得到明确定义并赋予其上下文含义。古典雅典民主的法律体系提供了一个值得注意的、全面的例子，说明了基于法治的不同（尽管同样有效）的司法方法。与雅典相比，有时归因于现代法律制度的上述规范力量阻碍了证据的客观应用和解释。对抗性审判模式相对于更具纠问式方法的优点和缺点、民主或精英主义的法律方法及外行以负责任的方式决定事实问题的能力，是从时序来看起源于古典雅典的反复出现的主题。因此，雅典人对品格证据的态度可以加深我们对根深蒂固的关键、棘手问题的理解，直至法院系统的出现。[①]（3）对抗式审判功能的比较。英联邦法律制度的对抗性质的变化在20世纪就已经提出，并且仍然持续存在。"法律自由放任"严重影响了在法庭上获得"真相"的方法；对抗性审判模式（或"战斗"理论）在"战斗"理论和"真相"理论一致的假设中，找到了许多支持者。[②]然而，普通法听证会的目标是发现真相还是仅仅决定当事人提出的案件？根据著名的法律历史学家维诺格拉多夫（Vinogradoff）的说法，一场古老的审判"只不过是一场正式规定的当事人之间的斗争，在这种斗争中，法官必须更多地充当秩序和公平竞争的裁判者和监督者，而不是真相的调查者"。[③]然而，这种说法在雅典语境中远非准确。雅典法院对真理的获得极为感兴趣。（4）对品格证据的可采性采取排除或包容的方法，尤其涉及系统的民主或精英性质。对外行人（事实调查者）在决定案件的相关问题时自律的能力的坚定怀疑，导致了对证据可采性的限制性做法。这种排除路径远未得到一致接受（因为可以说它产生的问题多于解决的问题），因此引发了对更加自由和包容的态度的呼声。对陪审员能力的不信任导致撤回证据，反过来又通过创建一个自我调节和可能不受约束的法律官僚机构来促进精英主义的司法方法。这囊括了扩大差距和使公众远离司法工作的真正危险。考虑到这一点，与雅典的极端对立面（即高度包容和民主的法律制度）进行比较是必要的。[④]

只要避免过时的价值判断和不必要的现代预设，就可以清楚地表明，如果外行参与者通过经验得到适当的教育，并且每个人都被分配一个明确指定的角色，那么拥有高度民主和对公民友好的法律制度是可以实现的。

---

① Jenny McEwan, *Previous Misconduct at the Crossroads: Which "Way Ahead"?*, *Criminal Law Review*, 2002, March, pp.180-191.

② Jerome Frank, *Courts on Trial: Myth and Reality in American Justice*, Princeton University Press, 1949, ch.6.

③ Paul Vinogradoff, *Outlines of Historical Jurisprudence, volume 1: introduction; tribal law*, Oxford University Press, 1920, pp. 348-349.

④ Vasileios Adamidis, *Character Evidence in the Courts of Classical Athens: rhetoric, relevance and the rule of law*, Routledge Taylor & Francis Group, 2017, p.13.

现代的事实调查方法减轻了当事人的负担并消除了之间的不平等，而相关证据规则的合理化和编纂有助于客观有效地进行审判，避免喧嚣地展示。因此，法律制度的对抗性和对真相的追求可能不是相互排斥的。

总体而言，雅典人做出的一系列选择及从品格上进行论证，有其特定的社会政治背景。这种广泛的品格证据方法在不同的论证领域始终存在，它一直延续到古典时代，并最终得到先进的官方法律制度的正式认可，证明这种做法的起源深深植根于集体精神。相关规则的自由主义方法的原因必须在遥远的过去寻找，其第一步是识别古典时代的法庭论证和古老的争议解决之间的相似之处。随着城邦国家及其法律体系的逐渐出现，尽管改变了雅典法律的方向和目标（从公平仲裁到法治），但从品格上进行论证的广泛方法几乎完好无损。雅典法律体系的设计方式是支持、允许并有时促进/触发品格证据的广泛使用。雅典法律体系对个人价值和功绩的过度依赖，是导致激励诉讼当事人和法官更加重视来自品格的证据的因素。该系统的结构、制度、法律和程序促使诉讼当事人展开他们个性中哪怕是微不足道的相关方面。雅典人的确相信品格证据的法律相关性，因此他们在法庭上保留了它的广泛使用。即使与手头的法律案件相距甚远，品格证据也有助于法院揭露案件的事实，并随后将法律适用于案件。因此，品格证据的广泛使用符合法治原则。就希腊人的品格观念而言，他们的信仰与他们的修辞实践直接相关。对人类精神（ethos）的证明和预测之价值的明确信任，使品格证据成为概率论证的重要组成部分。另外，关于人类品格的固定和不变性质的不确定性，激发了体现于演讲中的论证的灵活性。希腊人的归纳推理方法使演讲充满了一个人过去行为的一系列例子，这种做法显然是听众所期待的。换句话说，希腊人的心理认知决定性地形成了品格证据的内容和方法。"目标—参与者"人格模型提供了可以用客观的术语来最好地理解和解释人类思想和人类行为。作为道德参与者（而不是个人主义）的古代人接受并全心全意地遵守其社会的传统道德规范。这些观念为在所有类型的论证中广泛使用品格证据提供了充分的理由。当事实不明时，过去的行为可以从一个人的典型推理方法、道德动机和行动中推断出来。过去行为的例子可以证明此人普遍遵守或不遵守城邦的规范（及法律）。就法庭上品格证据的功利效果而言，法外论证的广泛使用既不妨碍法律公正，也不妨碍陪审员的理性判断。从倾向、可信度和善意等法律和修辞目的来看，这种实践与法治相容，而基于人类情感的古代信仰及其与理性决策的关系，可知情感论证与基于法律的直接判断并非不可调和。

二、神裁与共誓涤罪:"众口铄金"的品格去罪

在 1215 年被第四次拉特兰会议(Fourth Lateran Council)的敕令正式废止[1]之前,中古欧洲广泛使用神裁制度。由神来主宰和审理人间争斗尤其是刑事犯罪问题可能的"正当"理由是,在国家作为纠纷的一方当事人时,由神来充当第三者(third party)才能使纠纷得到公正解决。"普天之下莫非王土,率土之滨莫非王臣。"[2]因此无论谁作为国家的法官,这种三方组合最终演变成为国家和个人两方之间的斗争,这是一个大的政治原因,而一些历史学家认为神裁所诉诸水、火考验本身是不理智的。尽管有本土变种,但是神裁(Trial by ordeal)通常有这样四个阶段:控诉—协商—考验—裁决。自控诉开始可能就是私人以人多势众来宣誓指控的真实性,无需证明支持或者根据部分证据做出不利被告的推定;协商阶段被诉人可以为自己辩护,或者试着与控诉人和解。法院便能决定哪些证据比较适当,谁承担证明责任,决定过程中必须考量到双方的名声或社会地位,以及案件的轻重程度;第三是多种形式的考验,其中共誓涤罪与共誓指控相比属于一种后发制人的品格去罪方式,当然水火等考验自带的惩罚性质可算是品格受指摘带来的后果;最后是解释神的裁示确定最后的结果,水火考验后,上帝会显示神迹救助无罪的人,因此,提出起诉者将受到惩罚;反之,被告将被宣判有罪并被放逐或者处死。[3]但是,施行神裁的人难免根据不同人品来操弄结果。

神裁的典型特征主要在小型社会之中处理对彼此个性和规范内涵知根知底的个人之间的争端。法庭权威来自其在特定地方有权协调出对双方争议的折中解决方案及避免诉诸暴力的能力;神裁程序在于调停性、非正规性,逐案调停出让双方及大众接受的方案或者使用考验、威胁来施压于双方,从而再现参与者共享的社会制度或者重建和平的社会功能。法庭虽然会询问当事人和证人知悉事实的情况,这可能与确定当事方案件的相对证明力有关,从而与确定谁应该提出证明及适当的证明方式有关,但证明本身是不同的。神裁的重要证明方式就是誓词(oath),在事实与法律不分的时代背景下,宣誓不是证明其相信事实存在与否并进一步交给法庭裁决的证词,而是用以作证相信其主张或者指控的正确性并与此同时将自己

---

[1] R. Bartlett, *Trial by Fire and Water: The Medieval Judicial Ordeal*, Clarendon Press, 1986.
[2] 《诗经·小雅·谷风之什·北山》。
[3] [英]Antony Duff 等:《审判的试炼·Ⅲ:刑事审判的新规范理论》,李姿仪译,财团法人民间司法改革基金会 2015 年版,第 26-27 页。

交付审判。先证者（proband）转而通过投身于上帝的仁慈之手来考验他的人格。① 这种证明方式不是对证据和事实的衡量，而是寻求一种外在权威以高深莫测的方式来决定案件的结果。② 被告借由召集一群愿意宣誓为他作证的人，来证明自己无罪。要求宣誓的证人人数因嫌疑人的地位和罪行的性质等情况各有不同。那些宣誓加诸己身的指控毫无根据的犯罪嫌疑人，不仅会被宣布免除罪责，而且要起诉者向他们支付赔偿金。这类仪式虽然仰赖证人，不过并不进行调查。誓言本身就是证据。陪审员是为了他们对被告人的支持而宣誓，而不是发誓自己了解案情。③ 共誓涤罪鼓励诚实，但是，诚实并不导致精确的事实。④

三、纠问式诉讼："刑讯"下洗不清的罪证

废除神裁后，欧陆与英格兰刑事审判程序分道扬镳。新的刑事审判程序"纠问式的审判"（per inquisitionem）在1199年就由教宗英诺森三世引进，新的程序授权法官在案情清楚时，依据自己的意志发动纠问式调查。埃斯曼认为，法国刑事诉讼程序历史上的第一个元素是日耳曼元素。直到13世纪，日耳曼的诉讼程序变成公开的、言词的、极为正式的，很少使用助誓人或决斗证明，在墨洛温王朝（the Merovingians）盛行的古代酷刑，如沸水煮、打烙印、冷水浸等，很快就被废弃了。基于各种原因的压力，日耳曼民族国家的控告式诉讼程序受到了欧洲的两大成熟立法——罗马法和教会法的激发变成了纠问式的、书面的和非公开的。圣路易斯（St. Louis）的一项法令（通常认为颁布于1260年，但实际可能更早）在皇家属地上以审讯程序或陪审团（enquete）替代决斗证明，更进一步推动了上述演变。但是，基于贵族反对在领主司法区坚持要求按照古老的规则进行审判，而市民（bourgeois）和农民（vilains）欣然接受禁止决斗并以口头或书面诉状取代决斗断诉（en champ clos），高卢—罗马时代的特殊审理程序得以复苏。控告式诉讼程序和纠问式诉讼程序在起源和性质上是如此不同，在13世纪的后半期和14世纪的前半期也一直处于对立状态。

---

① P. Hyams, 'Trial by Ordeal: The Key to Proof in the Early Common Law' in MS Arnold et al (eds), *On the Laws and Customs of England*, University of North Carolina Press, 1981, pp.108–112.

② 以上参见 Antony Duff, Lindsay Farmer, Sandra Marshall and Victor Tadros, *The Trial on Trial: Volume 3 Towards a Normative Theory of the Criminal Trial*, Hart Publishing, 2007, pp. 22-24。

③ ［英］萨达卡特·卡德里:《审判的历史：从苏格拉底到辛普森》，杨雄译，当代中国出版社2009年版，第14页。

④ ［英］萨达卡特·卡德里:《审判的历史：从苏格拉底到辛普森》，杨雄译，当代中国出版社2009年版，第18页。

谈及纠问制起源,[①]根据布泰耶(Bouteiller)的系统阐述,刑事法官受理案件有:"通过告发,通过现行罪行,通过正式当事人(partie formée)的指控和通过有关进行了某种审讯和先前告诉(prior information)的公共报告四种方法。"

(1)正式当事人的指控是古老的弹劾式程序。在许多地方,根据成文法,成为指控他人犯罪的当事人是一件危险的事情,诬告反坐,仅仅在诽谤指控的案件才施加严厉的处罚。

(2)随着指控的消失,告发越来越多地被使用。该告发者通常是诉讼的当事人。他指出了目击者,并参加了调查。他实际上是一名幕后的控告者,出于个人利益的动机,将主要部分留给了以官方身份行事的法官。由于一种足够自然的现象,弹劾的部分规则被应用于告发。该告发者幸免于诬告反坐与蹲监狱的义务。先前当被告人是关押的囚犯,在一定的时间内没有原告出现时会被释放,诽谤的告发行为会受到惩罚。由此指控和告发的结合产生了只寻求民事赔偿的民事当事人制度。

(3)"现行犯"("present meffait")的情形是在行为(act)中被抓获的古老程序,法官可以并且应当正式对违法者进行诉讼(action),对其行为(deed)定罪,并仅凭他自己的意愿(his own accord),判处其死刑,而不需要其他告发或先前告诉(information);如果他否认并且如果案件易于证明,法官或官方起诉者(the judge or official procurator)应提出证明,然后,案件被证明,惩罚应接踵而至。如果对它的证明不是很清晰,因为案子是有关现行犯的,法官可能,并应通过对他刑讯以弄清真相。大声呼喊"哈罗"("harou")就是说罪犯已经被"采取了追捕和公告"。

(4)以"公共报告"进行的诉讼是古老的"通告"("apprise")。通过公共报告可能是通过先前告诉被传唤到世俗法庭,或通过谣传及其恶名昭彰之报告被传唤到世俗法院,因为一个人在该地区作为杀人犯或劫匪可能如此闻名,以至于对他是此等人再清楚不过,众所周知,在这种情况下起诉该罪可在没有当事人的情形下由法官正式作出,或由政府机关,或由检察官正式作出,并且法官可以应检察官的要求正式作出。它的古老名称是"因嫌疑逮捕",它由两个部分组成,即告诉(information)和讯问(inquest)。

综上,法官审理区分为"普通"和"特殊"程序。"普通"程序公开进行;它从未使用酷刑,并且允许被告人进行不受约束的防御。而在"特别"程

[①] 该节资料主要参见Adhémar Esmein, *A History of Continental Criminal Procedure with Special Reference to France*, Little, Brown & Co., 1913, pp.121-144。

序中，允许酷刑；秘密性很快就开始出现，防御必将因此而遭到越来越多的拘束。特殊程序风行于将来。

第一，"特殊"诉讼允许刑讯（torture）。"无论如何，如果被怀疑的人由强力推定被发现涉嫌，他（法官）可以并且应根据他的体格对他施以刑讯，因为一个人比另一个人能忍受更严酷的刑讯，并且法官应尽一切可能注意不要刑讯那个人以至于他因此而丧命或断肢，因为这将置法官及其代理人于危险之中，此外避免使用被国王禁止的火刑；如果由于遭受酷刑他第一天什么也没有说，也不承认，那么法官可以在第二天重复刑讯，甚至是第三天和第四天重复一次，如果他认为案件需要，并且如果有如此强力的推定及囚犯是一个有巨大勇气的人。"①

第二，"特殊"诉讼运行秘密。证人的证词并未提供给被告。一切对他都是秘密的，目的是移除他逃避起诉的手段。16世纪和17世纪特殊诉讼的原型，以告诉为起点，然后通过裁判发布"特别"（"a l'extraordinaire"）命令，通过裁判决定施加刑讯，最后，某些类似于"进一步讯问"（"加上附加信息"）的事情。公开听证仍然存在。保释还是得到了非常广泛地执行。"特殊"程序仅是最后的手段。对诉讼的详细检查揭示了对两个最可憎的以"特别程序"著称的调查方法的连续使用，即被告的宣誓和刑讯。在某种程度上，后来区别开来的两种制度即预备性刑讯（preparatory torture）和审前刑讯（preliminary torture），在当时混合在一起。对酷刑的决定通常是基于被告陈述中的差异及依据他的地位和状况方面的次要特征和可疑性质而作出的。刑讯可能分层级，可以无限期地重复；在刑讯逼供可以作为定罪的基础之前，必须坚持在没有刑讯逼供的情况下才定罪。被告可以充分自由地进行他的辩护。被告有机会证明他的无辜。②

当然，纠问式诉讼到底是源于教会法还是世俗法尚有争议。③ 纠问制在宗教和俗世之间的制度流转与教皇和世俗皇帝之间的权力斗争和妥协密切相关，如法国国王路易九世接受格雷戈里九世的建议，在其国土内引入多明我会修士担任宗教裁判官，引入一种新的裁决案件的方式。1254年，在教皇英诺森四世授权使用刑讯的两年后，路易也效仿了这种做法。1268年罗马教廷的阴谋，导致德意志国王15岁的继承人康拉丁·霍亨斯

---

① Adhémar Esmein, *A History of Continental Criminal Procedure with Special Reference to France*, Little, Brown & Co., 1913, pp.121-144.

② 以上参见 Adhémar Esmein, *A History of Continental Criminal Procedure with Special Reference to France*, Little, Brown & Co., 1913, pp.121-144.

③ 参见施鹏鹏：《为职权主义辩护》，载《中国法学》2014年第2期。

陶芬（Conradin Hohenstaufen）被斩首，因此德意志分裂了5个世纪。博尼法斯（Boniface）以逐出教会和诅咒为武器与路易九世的孙子美男子腓力四世（Philip the Fair）以指控犯罪为武器相互争斗，在西欧重现。纠问式方法被世俗的统治者采纳，并且从创建者那里夺取了掌控这个制度的权力。到15世纪时，国王已经支配起罗马教皇的宗教裁判官。废除神裁后，罗马法和教会法的"证人规则"并未解决问题，11世纪晚期重新发现的《学说汇纂》建议法官们应足够注意证人的社会地位和讲话的态度，以及《圣经·申命记》第18章到第19章要求有两名德高望重的目击者证明指控是否真实。由于目击证人难得、证言真假难辨，路易九世意识到两个证人规则的缺陷，命令他的法官决不要在这样的证据上宣告有罪，除非得到被告的供认，为了不枉不纵，他同时允许法官对那些被怀疑但是拒绝提供定罪必需的供述的被告人实施刑讯。在数十年里，供述从次要的证据形式被提升为证据之王。自我归罪很快便被当作一个近乎完美的有罪保证。[1] 这其中有教会法巨变的影响。在中世纪尾声，坎特伯雷主教安瑟伦（Anselm）对故意作恶和无知为恶的区分，重申自我选择的重要性；神学家们在其基础上形成了所谓的教会法归责理论，这种理论主张有罪必须取决于有罪者的心智状态。然后法学家们在同样的基础上，认为司法不仅仅要求纠问，而且要求一种能够确认行为人内心想法的纠问。[2] 有教会思想家们一直认为，要先悔改才能被拯救，英诺森的改革遭到反对，格雷戈里九世正式建议忏悔、告解这种新圣礼受到编年史的记录者赞美。一开始，认罪可能减轻责任，但是口供意义容易被曲解，13世纪的法学家们不久就把供述看作是有罪的象征，而不是确认事实的方法。关于不应该强迫被告人自证其罪的教规原则，被稀释成必须在法庭上坦白供述。同时还确定，刑讯可以重复三次。[3] 法国世俗法庭好像13世纪早期教皇的宗教裁判所一样变得秘密。

宗教裁判程序在日耳曼语系的中欧发展历程曲折，但是，最后仍旧占据了支配地位，程序进行得随意而残酷。法定证据并未限制住法学家的幻

---

[1] [英]萨达卡特·卡德里：《审判的历史：从苏格拉底到辛普森》，杨雄译，当代中国出版社2009年版，第38-41页。

[2] See Jacques Le Goff, *The Birth of Purgatory*, tr. Arthur Goldhammer, Scolar Press & University of Chicago Press, 1984, p.214; James A. Brundage, *Medieval Canon Law*, Routledge, 1995, pp.171-172. 转引自[英]萨达卡特·卡德里：《审判的历史：从苏格拉底到辛普森》，杨雄译，当代中国出版社2009年版，第26-27页。

[3] 根据《布列塔尼古代习惯法》(*Tres-ancienne Coutume de Bretagne*)，法官可以重复使用三次酷刑。Adhémar Esmein, *A History of Continental Criminal Procedure* with Special Reference to France, Little, Brown & Co., 1913, p.114. 参见[英]萨达卡特·卡德里，《审判的历史：从苏格拉底到辛普森》，杨雄译，当代中国出版社2009年版，第41-42页。

想。在 15 世纪和 16 世纪，意大利北部的法学家们写成了第一部体系性的关于证据问题的著作，警告法官们，刑讯仅仅在间接证据达到一定标准，即"半证明"或者"最接近的迹象"之后才允许被适用。但是，这样的限制理论不切实际，法官们自行扩张"半证明"的程度即可不必放弃刑讯手段。例如，到 16 世纪 90 年代，在欧洲大部分地区，假如一个小偷的花销比平常多的话，那么他（她）可能被刑讯。在法国 17 世纪早期，被怀疑是巫师的人，不敢注视逃避法官的眼睛也可以被刑讯。间接证据只要有供认就构成"完美证明"，法官就必须宣告有罪。因此，逮捕后一定要刑讯，刑讯后一定会给被告人定罪。《加洛林纳法典》也要求，即使在有目击证人的证词和间接证据已经是压倒性的情况下，纠问法官也要寻找口供。在绞刑架上撤回供述的罪犯可能因此而重新被拷问，以免对其误判。刑讯的残酷、武断和残忍受到启蒙思想家的批判。审判巫师程序是宗教裁判的特例，纠问特色明显。起诉建立于恐惧联想和无端构陷之上，侧重于一种品格上的推论，受 1580 年让·博丁（Jean Bodin）的一种国家利益优先于个人自由的创新法学理论主张的影响，宗教裁判官应该自由使用圈套、奸计获得自白，刑讯越狠越好。

总体上，大陆法系引入宗教裁判并发展而来的纠问式诉讼，将案件真相建立在被告人的口供之上，口供成了定罪的保证。虽然存在一些对法官的制约，但是被告人辩护权利得不到充分保障。"到 15 世纪结束时，他们还是在只有自己的神职人员在场的情况下，才询问证人。其间，被告人除了有必要和控诉的人当面对质，或者接受拷问之外，他们往往被关押在牢房中；被告人的辩护律师几乎不能参与审判，而在 1539 年，辩护律师正式规定被排除在大部分的审判阶段之外；1670 年以后，所有的死刑案件中绝对禁止辩护律师的参与。"[1] 1789 年大革命的法律改革，促进了法庭对公众的开放，保证了被告人的辩护权。同时，他们也让普通市民参加刑事案件的审判。[2] 随着资产阶级革命胜利，一些体现自由、平等、民主之精神的如司法独立、控辩平等、无罪推定等的刑事诉讼法基本原则逐步为各国法律和国际法律文件所确立。其中，"强迫自证其罪"也蕴含着一种物极必反，被告人从客体地位转变到主体地位被认为是刑事诉讼制度的发展趋势。

---

[1] 参见 Adhémar Esmein, *A History of Continental Criminal Procedure with Special Reference to France*, Little, Brown & Co., 1913, pp. 151-154, 159, 227-229,275; John H. Langbein, *Prosecuting Crime in the Renaissance: England, Germany, France*, Harvard U P, 1974, pp. 236-245. 转引自［英］萨达卡特·卡德里：《审判的历史：从苏格拉底到辛普森》，杨雄译，当代中国出版社 2009 年版，第 46 页，以及注释 69、70。

[2] ［英］萨达卡特·卡德里：《审判的历史：从苏格拉底到辛普森》，杨雄译，当代中国出版社 2009 年版，第 82 页。

四、陪审团审判：遵循"名声"到排除"传闻"

废除神判之后，在英美法系，法庭上事实认定的任务作为一种责任转嫁的道德慰藉机制也可能交给陪审团来进行。1154年亨利二世时期，民间陪审团成为刑事司法体系内的重要力量，1218年底王室的法官依例离开伦敦奔赴各地时，途中接到了11岁国王亨利三世的摄政大臣们的紧急通知：不要再用水审和火审，对于轻微案件，只要被告人保证以后悔改就可以了；对于那些较为严重的罪犯，则可以放逐他们；但是，对于暴行和欺诈唯一的建议就是监禁。1219年皇家宣言后，陪审团成为所有刑事程序的法庭模式。①1220年威斯敏斯特针对一个名叫艾丽斯（Alice）的杀人犯，她自己供认并供出了五个其他的被告人案件的一场审判中，被她指控的人，愿意接受"不论好坏"的12个有财产的邻人的审判。此后的巡回审判，法官开始经常运用这种新制度，由此产生了12个好人主持的审判。②

起初陪审团审判的特点：虽然严重犯罪被认为破坏了国王的和平，控诉由私人发动，或者指控由私人个体（呼吁，appeal）或者由社区通过呈控陪审团（jury of presentment）（后来成为大陪审团），陪审团作初步调查以决定案件是否成立及是否制作起诉书（indictment）。呈控陪审团与小陪审团成员没有区隔，取自于案发地，前一个的成员常常担任后一个的成员。第一，审前和审判没有严格的区分。第二，陪审团员必须要能自知（self-informing），也就是能在审判之前搜集好资料，借由与证人说话，或者是依靠来自当地对事件的道听途说或谣言。他们可以额外听取任何上前的证人呈供，以及被指控人提出的反对意见及问题，但这些都是补充的资料来源，刑事审判程序中很少有证人的参与。因此，少了明确的事实调查程序，审判端赖民间知识。第三，法官的角色类似于检察官：必要的话，检视陪审员的知识；呈上来自陪审团指控被告的起诉书；取得陪审团的同意进行审判；处理挑选陪审团的程序；挑选陪审团后马上加以指挥。第四，判决之后宣判刑责或释放。③最早的陪审员"就是"证人，他们"说出的真话"，

---

① 陪审团起源有英格兰司法本源说和诺曼行政发明说等。而陪审团制度的雅典、罗马和1215年《大宪章》创立说都与事实上的陪审团制度没有关系。12个人的起源说法也各不相同。

② ［英］萨达卡特·卡德里：《审判的历史：从苏格拉底到辛普森》，杨雄译，当代中国出版社2009年版，第60-61页。

③ Antony Duff, Lindsay Farmer, Sandra Marshall & Victor Tadros, *The Trial on Trial: Volume 3 Towards a Normative Theory of the Criminal Trial*, Hart Publishing, 2007, p.26. Antony Duff 等：《审判的试炼·Ⅲ：刑事审判的新规范理论》，李姿仪译，财团法人民间司法改革基金会2015年版，第30-31页。

是唯一需要的证词。陪审员不是理性探究的主体。被告也不能为自己的无辜宣誓作证——因为害怕其中的有罪者会失去灵魂。

基于普通法没有法官与证人、事实与法律的区分，具有当地的知识和身份昭示了陪审团兼有调查、作证和审判的功能，陪审团被要求宣誓给出真实的回答而他们的判决建立在对被告的了解、在共同体中的地位及对事件的直接认知之上。他们的答案表达了对事件和被告的一种复杂的社会和道德判断，而不是一种对证据的衡量。早期的陪审团审判与神裁相似之处在于它是一个双方必须服从的正式考验——因此产生一个高深莫测的判决。

被告人同意陪审团审判被认为很重要，不认罪的被告必须回应"由上帝以及国家"（by God and the country）作为昭示他们同意陪审团审判的方法。这种方式从1219年皇室训令要求不接受这种审判方式的囚犯永远待在牢里的模糊性演变到1275年法令的制度化，确立拒绝答辩的囚犯会受到"严酷的牢狱之灾"（"prison forte et dure"）以强迫其同意。一种观点认为被告人的同意对陪审团审判的新制度的合法性具有重要意义，另有观点认为对同意陪审团审判的要求表示了一种对忠诚于共同体（国家）的含蓄供认。通过这种方式同意裁判，被告人把自己交付社区并且请求怜悯。陪审员们被要求，根据被告的性格和他们在社区中的地位（而不是根据过去的事实），判断被告是否适合这种妥协。① 总体而言，陪审团自知，来源于当地社区，所以当地社区参与到控诉缘起和评判罪行之中。被告被传唤到代表该社区的陪审团之前，由其社区解释在很大程度上是不成文的刑法，可以通过审判程序来协商其内容和适用范围。但是，证明保留考验或神裁的结构。被告不仅仅被要求解释其通过这些行为的证据所确定的行为，而是他们的行为应服从神的审判，通过社会机构根据其品格和社会地位来施行。随着审判的后期发展，我们可以看到法律和证据之间越来越明显的区别，并且陪审团作为事实审理者角色得到发展。②

此后，英格兰取代神裁的陪审团制度也从知情陪审团分化为行使控诉职能的大陪审团（grand jury）和行使事实认定职能的小陪审团（petty jury），随着时间推进，巡回法庭（assizes）、地方法官季审法院、治安法官［Justice of the Peace（JP）］等法庭组织及相应的诉讼程序也不断组织化和

---

① Antony Duff, Lindsay Farmer, Sandra Marshall & Victor Tadros, *The Trial on Trial 3: Towards a Normative Theory of the Criminal Trial*, Hart Publishing, 2007, pp.27-28.

② Antony Duff, Lindsay Farmer, Sandra Marshall & Victor Tadros, *The Trial on Trial 3: Towards a Normative Theory of the Criminal Trial*, Hart Publishing, 2007, pp.28-29.

系统化。其中由于审前程序对起诉证据的保证，在神判之中被指控人与指控人的人格互拼转变成了陪审团与当事人的人格互拼，或者说原被告的"争论"给了陪审团察言观色的机会。兰博约（John Langbein）将这段时期的刑事审判描述为"争吵式"审判，因为审判的核心是在法庭上原告及其证人和被告对质。① 关于平民参与法律，社区参与对刑事审判的施行相当重要。陪审员通常来自小绅士和小财产持有人，而治安法官则是县精英。相比之下，皇家法官是局外人，简短但有礼节地执行法律并将政府政策传达给当地。被告尤其是在组成巡回法庭大部分工作的财产犯罪中，通常来自下层阶级或劳动阶级。在它所作的审判和判决的背景下呈现了这些层次结构及对特定级别人员的适当角色和行为的理解。可以肯定的是，有谈判和合作的空间，但是巡回法庭的许多仪式（游行、布道、讲堂礼）都是关于申明固定的社会秩序，在这种秩序中，法律得到了神圣权威的支持，每个人都有自己的位置。法律被理解为增强对社会秩序的服从和抑制个人激情的手段。经常在巡回讲道中被强调的个人的良心，是一种由上帝设立以指示他行动，并由私人主持的法院，为大巡回法庭做最后判决的准备。②

争吵式审判原控诉者与被控诉者之间的争论是审判的重点，其中的对质有多个层面，陪审团员分别在各自宣誓、犯人被带至跟前及判决宣读前三个时机点出现陪审团与被控诉者之间的对质。③ 陪审团逐渐转型为半司法性质，无须自知，代表有产阶级，熟悉社区，可以依赖其良知和经验作出裁判。又由于担心律师成为被指控者的防护盾牌，庭审让被指控者被迫表达自己的见解而直面陪审团，使神判制度下人身考验转化为法官和陪审团对其言行的检验。陪审团员不仅评判他们所理解的真相（就事实的正确性来说），还要评判对被指控者惩罚的适当性——被理解为社会共同体的一员及作为社会地位与行为举止的一个综合体的被指控者的人格。④ 一些最早的证据规则在这个时期发展起来，禁止可能被认为与该案有利益或据信这是不可靠的特定阶层人士的证词，夏皮罗（Shapiro）提请注意人们日益关注法院评估证人信誉的能力。⑤ 陪审团裁决要达到排除合理怀疑

---

① John Langbein, *The Origins of Adversary Criminal Trial*, Oxford University Press, 2003, ch. 1.
② Antony Duff, Lindsay Farmer, Sandra Marshall & Victor Tadros, *The Trial on Trial 3: Towards a Normative Theory of the Criminal Trial*, Hart Publishing, 2007, pp.32-33.
③ C. Herrup, *The Common Peace*, Cambridge University Press, 1987, pp.131-132.
④ Antony Duff, Lindsay Farmer, Sandra Marshall & Victor Tadros, *The Trial on Trial 3: Towards a Normative Theory of the Criminal Trial*, Hart Publishing, 2007, p.36.
⑤ B Shapiro, *Beyond Reasonable Doubt and Probable Cause*, University of California Press, 1991, pp.186-198.

的程度，法官和陪审团之间也存在争权夺利。叛国罪审判中处理被告的方式，造成许多重要的政治冤狱，因此司法程序的改革是光荣革命（Glorious Revolution）之后的政治和解的中心问题。1696年叛国罪审判法（Treason Trials act of 1696）也为对抗式刑事审判铺路。此法厘清并强调被告的保护：要求有两名证人才能起诉；给予被指控者法定权力阅读起诉书及知道所有陪审团员的资料；给予被指控者权利传唤可宣誓证词的证人；以及允许就法律与事实层面的代理人出席审判。[①] 这种改革一方面预示了限制王权、君民平等的新议题，提出享有法律抗辩权是根据自我保护的自然法原则，以及个人抵抗专横的和非法权威的相关责任。由于法官既解释又适用法律，应允许被告拥有挑战反对的诉讼的手段。[②]

五、近现代诉讼制度：法律原则的制度化及其变革

深信现代的法律程序本质上是中立的、理性的，反而让人忽略了刑事司法的一个面向，这个面向与客观现实和具体事证无关：驱动刑事审判的不是无罪推定原则，而是定罪的可能性。

英国学者杰奎琳·霍奇森（Jacqueline Hodgson）对法国刑事司法程序的运作方式进行实证研究，从"普通法"观察者的视角呈现了法国刑事司法程序，特别是其审前程序能够在确保侦查有效性的同时，保障被追诉人利益的方式。法国审问式与英格兰和威尔士的对抗式诉讼程序互为陪衬和相互参照，作者追溯了法国刑事诉讼的共和制传统，在大革命之前的旧政权之下，司法的运行以不平等、独裁主义与封建主义为特征，对贵族、教士或者是第三等级部分的其他人依据身份不同适用不同的法律，受启蒙思想家鼓舞，革命者试图扫除旧的充满特权与歧视的制度，建立由人民而非君主享有主权的新秩序。1789年法国大革命爆发，国民通过《人权宣言》（即《人与公民权利宣言》）否定了王权，写入了自由、平等、博爱等基本的革命性原则，1792年法国第一共和国宣告成立，1799年执政的拿破仑·波拿巴（Napoleon Bonaparte）领导进行了更有效的政治与法律的中央集权。政府代表国家，以人民的名义行使广泛权力，作为公共利益的代表和维护者有其道德和政治正当性。在19世纪，拿破仑建立的高度集权的政府以填补革命前旧政权下的机构——君主、教会和贵族所遗留的空白，当代法

---

① Antony Duff等：《审判的试炼·Ⅲ：刑事审判的新规范理论》，李姿仪译，财团法人民间司法基金会2015年版，第43-44页。

② 参见Antony Duff等：《审判的试炼·Ⅲ：刑事审判的新规范理论》，李姿仪译，财团法人民间司法基金会2015年版，第44页。

国延续了这种集权国家的传统。为防范司法机关再度使用曾推动颠覆君主的权力,早期的共和制政府司法官是政治主人的从属,被设想为自动机器人角色。另外,为尊重法治原则,在1800年开始的法典编撰过程中,最初司法被赋予监督政府行为方面的职能。拿破仑废除了短暂的选举法官的革命实践,又改采政府任命职业司法官,法国司法机关仅被授予有限的自治,法国行政机关声称其有义务保护公民免受非经选举产生的司法机关的不当行为的侵害。这与英国法官尤其是通过司法审查发挥着保障公民免受行政机关不当行为侵害的作用恰恰相反。近年来,法治化要求诉诸法律和司法机关弥补现代政治中存在的民主缺陷,民主的标志性位置从国家转向司法。近年来,法国侦查法官和审判法官相对于行政机关而言,享有更大的独立性,但是检察院的机构和职业理念则根植于国家的结构和理念,高度中央集权化,被组织成一个阶层的构造,检察官将保护和代表公共利益作为其核心的目标。与对抗制传统所代表的利益二分法即不同法律主体履行不同职能协作模式不同,科层模式中司法官扮演两种具有潜在冲突的角色——确保侦查的有效性与保护辩护权——在其更广泛的代表社会利益的职业特质中得到成功调和。[①]

与法国的国家高度集权和宪政共和传统相对应的是公民在法律面前一律平等和人民的联合与不可分性。一名普通公民成为被追诉人是失败的,"令其本人与社区失望,在重新回归社会的过程中,她需要帮助"。在法国共和国,司法机关代表国家利益行事,而国家是普通民众的一部分,并代表人民。法官执行法律,代表国家,并因此代表人民;被追诉人被要求对其自己的行为负责,对其行为的后果反思,并参与到程序之中:被追诉人被检察官讯问;在法庭上,他们被法官直接讯问(尽管他们不被要求宣誓,并且在法庭上撒谎也不构成犯罪);在某种意义上,他们作为犯错的公民被要求负责;被追诉人更多地出现在程序中。被追诉人参与诉讼的程度也是其所受审判的程序模式的应变量。在英格兰和威尔士,案件并不以人民而是以皇家的名义被起诉;被追诉人被作为无可救药的下层阶级对待,他们普遍被以一种贬低的方式看待(甚至被他们的辩护律师这样看待);被告人在审判程序中被边缘化,被作为案件的客体,而非其行为受到审判的主体;被告人在法庭审判时很少发言,尽管诉讼就在其身边进行,并由执业律师陈述和处理。在审问式中,她被期待投入发现案件事实真相的程序之中,而在对抗式或者弹劾式中,她的罪行必须得到客观的证明,并外在于

[①] 该段主要参见[英]杰奎琳·霍奇森:《法国刑事司法:侦查与起诉的比较研究》,汪海燕、张小玲译,中国政法大学出版社2012年版,第20-28页。

她的证据基础之上。

然而,司法官代表国家客观、公正执法的理念蕴含着法律固定不变、一体适用不可裁量,公民法律地位平等并且平等地受到法律约束的假设,也使控诉人与被追诉人相对隔绝。然而,司法官与被追诉人作为"公民同胞"的形象,掩盖了真实存在的权力关系。其实,司法官行使裁量权,并进行个人选择,躲在"法律的要求"面纱之下制作严厉的裁决。司法官与判决的程序与结果相隔离,司法官能够行使权力,甚至判处一个人死刑,而不会触及其良心,因为他相信,这不是出自其自身,而是出自法律的要求。①

对抗式和审问式程序在侧重点上的差异意味着,审问式模式中有一个更为冗长的侦查,而对抗式中则有一个更加冗长的审判。两种程序的特点均被归结为关注真相(审问式模式,具有广泛的审前侦查的权力)和证明(对抗式模式,有赖于当事人双方所提供的证据)。②与这种两极的一般假设不同,英格兰和威尔士的刑事诉讼不是纯粹对抗式,法国自认为其刑事诉讼是混合式。当然,扎根于审问式传统,法国预审和审判阶段吸收了大量对抗式程序要素,警察的初步侦查(超过95%的案件通过这一程序进行侦查)则在很大程度上仍然是审问式的。1897年修改了1808年《刑事审判法典》,允许被追诉人的律师参与预审侦查:在对其委托人进行司法讯问时,辩护律师被允许在场,并可事先查阅卷宗。为了使侦查职能与起诉职能相分离,1958年的法典确立了预审法官相对于公诉人,即检察官的独立性。法国刑事诉讼采书面审,公开听证,遵循辩论原则,受《欧洲人权公约》与欧洲人权法院裁判日益增长的影响,进一步加强辩护人参与权的改革,允许犯罪嫌疑人获得羁押的法律建议(1993);要求警察提供更多的作为犯罪嫌疑人被羁押原因的指控性质的信息(2000);赋予犯罪嫌疑人更多的机会参与预审法官所实施的侦查(1993、2000)。与1897年的改革相似,最近对辩护权的加强也遭到广泛的批评,这被认为有可能使警察系统陷入瘫痪,而使犯罪嫌疑人的利益享受特权。2004年打击严重和有组织犯罪程序的改革再度引发对抗式与审问式程序之间的紧张关系。③

从实践来看,与英国的制度非常关注个体当事人的作用不同,而法国的法律程序持有以国家为中心的司法理念,在审前阶段,侦查的中心是犯

---

① 参见[英]杰奎琳·霍奇森:《法国刑事司法:侦查与起诉的比较研究》,汪海燕、张小玲译,中国政法大学出版社2012年版,第29-30页。

② Frank, *Courts on Trial: Myth and Reality in American Justice*, Princeton University Press, 1949.

③ 参见[英]杰奎琳·霍奇森:《法国刑事司法:侦查与起诉的比较研究》,汪海燕、张小玲译,中国政法大学出版社2012年版,第37-40页。

罪行为，而非犯罪嫌疑人。法官在侦查中仍居于核心地位。作为代表公共利益（而非控方或者辩方利益）的司法官，其负责搜寻真相，并收集能够证明犯罪嫌疑人有罪或者无罪的证据。被追诉人的辩护权有点被忽略。在预审中，在大多数在检察官监督警察进行侦查的案件中，辩护人只有很少的机会参与审前的侦查。法国的被害人享有更为正式的地位和职能，可以作为民事当事人直接向刑事法院诉请赔偿，也可以在侦查和起诉没有发动的场合，直接启动诉讼，甚至近年来在政治案件中被害人发动诉讼的能力是规避行政影响的重要途径。在侦查中，被害人的权利常常与辩方的权利并行，甚至以被追诉人与被害人平等的观点来限制辩护权的发展。法国刑事诉讼强调书面证据，所有官方活动必须以标准的形式记录并被保存，以备日后可能进行的复查。侦查卷宗是日后审判的中心，是法官对被追诉人进行讯问主要的参考材料，书面形式被认为具有客观性，免受律师操控。

英国刑事审判的现代转型起于1696年《叛国罪审判法》的通过，成为保护辩方的特许证。此后重罪的控诉力量强大（私人团体组织、治安法官、组织警察、财产犯罪公诉、大陪审团），但是重罪被告要自行辩护，法官在必要时提供帮助。及至18世纪30年代控诉律师的卷入，辩护律师也获得有限的能力，他们逐渐被允许盘问证人，以执行证据规则，并向被告提供建议，但也不允许辩论和总结案件，这样的功能限制导致强调某些特定任务，主要是对证人进行积极的交叉盘问，并努力排除某些不可靠证人或证据——产生一系列排除规则（关于传闻、品格和口供）。然而，被告仍然面临着辩护工作中的许多劣势：辩方证人不能被强制到庭；被告通常在定罪和审判之间被监禁；因此几乎没有机会准备辩护或接触潜力证人；他们未被告知对他们不利的证据；并在许多情况下刑法明确被用来保护有产阶级利益的时代，大多数被告是穷人或文盲，或两者兼而有之，以至于无法准备或开展有效的辩护工作。尽管如此，很少有罪犯认罪，可能是因为这样做，他们将因此被剥夺提供减轻罪行的证据或展现出良好的品格的任何机会，似乎陪审团在多达50%的案件中无罪释放或者作出部分裁决。这反映了对死刑法规的泛滥和广为宣传的对盗贼职业者的虐待的忧虑。[①] 正由于律师的入场，法官的功能逐渐缩减，陪审团独立旁观，被告人保持沉默，直到1836年《囚犯律师法》（*Prisoners' Counsel Act*）才正式确认了刑事审判重罪犯完全的法律辩护权，允许律师在开头陈述和总结案件中直接向陪审团讲话正式承认了对抗性刑事审判。不被强迫自证其罪和排除合理怀

---

① Antony Duff, Lindsay Farmer, Sandra Marshall & Victor Tadros, *The Trial on Trial 3: Towards a Normative Theory of the Criminal Trial*, Hart Publishing, 2007, pp. 41-42.

疑标准得以确立。随着诉讼技术化发展和审判时间加长，认罪协商兴起以分流案件，侦查程序有组织性，证人必须到庭、宣誓作证，专家对判定和解释犯罪证据具有权威性，被告往往只能回应案情，1898年《刑事证据法》（Criminal Evidence Act）允许被指控者宣誓后代表自己提供证据。概而言之，20世纪前期，对抗式审判已经完全专业化，由律师、警察、专家证人主导，走向更有效率的处理刑案。被指控者的地位相对变弱：他们得以宣誓证词，但在某些情况下证词的有效性受到限制，只能丢弃某些保护如缄默权。刑事审判还是在刑事司法系统之下面对大众，但很有趣的是，陪审团审判捍卫自由的政治层面减弱了，取而代之的是案犯的法医证据，以及被指控者的人格特质。20世纪晚期刑事审判的发展可以以正当法律程序（due process）的兴起作为特色。为提高效率，英国1985年成立皇家检控署（Crown Prosecution Service）卸下警方起诉职责。1984年《警察与刑事证据法》（Police and Criminal Evidence Act）有控制警方证据及将焦点从富有争议的口供转到实物证据之效力。1994年缄默权条款的修订允许陪审团从被警察采访时被告保持沉默作出不利推论，这进一步给进入陪审团的被告施压。此外，我们应该注意一些法定犯的举证责任倒置，一旦起诉他们的行为初步证明案件成立，被告被要求对其行为提供解释。

米尔依安·达玛什卡从比较法的视角指出：英美审判庭中法官和陪审团的分化，使我们的证据法能够发展出排除机制；与此相对，在欧陆"一体化"法庭中，法官无法运用事先的裁定将不可接受的传闻排除于事实判断者的考虑之外，因为同样的这批人也裁决证据是否可接受及可信度如何。[①] 兰博约根据《老贝利法庭审判实录》判断，虽然在英国18世纪的刑事审判中，出现了四项主要的证据规则，直到18世纪末英国证据法还未清晰地表达出其独具一格的排除性特色。其中有三项专属刑事审判，即品格规则、补强规则和口供规则。第四项是传闻规则，兼存于民事性事务和刑事案件中。品格规则是为了防止控方提出被告品格败坏的证据，特别是有关前科的证据，但在反驳中提出例外可采，除非被告传唤证人以表彰自己的品格，使控方得以论及于此；即使如此，控方也不得询问特定事实。补强规则更侧重于证明力，主要针对污点证人的证词，例如共犯证词中隐含的伪证风险，补强程度可能分为独立的其他证据，或者仅仅是设置对陪审团作出提醒或建议的程序规则。口供规则更侧重于证据能力，从某种意义上把供述自愿的证明责任转嫁给控诉方，甚至要求控诉方取证遵循程序正

[①] Mirjan Damaska. Of Hearsay and its Analogues, *Minn. L. Rev.*, 1991, Vol. 76, No.3, p.427.

义。传闻规则因为传闻不符合最佳证据规则、未经宣誓及无法接受交叉询问,既含有准确性追求,又含有对质权程序保障的价值。威格莫尔认为1684年的约翰·汉普顿案(Hampden's Trail)与1692年的亨利·哈里森案(Hampden's Trail)是禁止适用品格证据的重要转折。① 与威格莫尔根据《国家审判实录》和其他出版的法律报告得出的判断不同,他将品格规则和传闻规则判断得过早(17 世纪),而对补强规则和口供规则的出现,则判断得过晚(18 世纪末)。当然,刑事证据规则中的品格证据规则首当其冲产生,并且其他几项证据规则也与品格有着内在的联系。②

2003 年"刑事审判法"是一项庞大的立法,对刑事诉讼和证据法及量刑法进行了大量修改。其程序和证据改革的灵感有多个来源,包括奥尔德评论(Auld Review),《为所有人伸张正义》(*Justice For All*)白皮书,和法律委员会关于传闻证据的工作成果。除了对传闻的法律进行实质性改革之外,该法案还完全重新制定了关于不良品质证据的法律,正式废除了程序中的大量旧的规定。这一修正是政府宣称的"重新平衡"刑事司法体系的一个关键因素,使之从被告转向对受害者和证人更有利的待遇。其目的是减小证人因其恶劣品格的证据而使其信誉受到攻击的程度,同时允许对与案件有关的被告以前的定罪和其他不当行为的证据给予更大的可采性。③ 但上诉法院已明确表示,当记录获得采纳时,需要对事实认定者作出一个特别的指示,以防止滥用这些证据。④ 规范警察获取嫌疑人陈述的详细规则至少部分地被设计为确保自白是可靠的,以及减少误判的机会。这些限制性规定中有许多继续引起争议,原因要么是它们对无辜被告的保护不够,要么是它们对被告的保护过度,损害了受害者和整个社会的利益。⑤

可以说品格证据规则在英美法系与审判组织和诉讼程序结构密切相关。从一般观念而言,英美法系采用当事人主义诉讼模式,法官是消极、被动的裁判者,诉讼活动由双方当事人主导进行,事实的发现委诸控诉方和

---

① John Henry Wigmore, *A Treatise on the Anglo-American System of Evidence in Trials at Common Law*, Vol. 1, Little Brown and Company, 1923, p.416. 关于品格排除规则的确立,参见李培锋、潘驰:《英国证据法史》,法律出版社 2014 年版,第 102-105 页。
② [美]兰博约:《对抗式刑事审判的起源》,王志强译,复旦大学出版社 2010 年版,第 181 页以下。
③ I. H. Dennis, *The Law of Evidence* (4th Edition), Thomson Reuters. Sweet & Maxwell Limited, 2010, p.25.
④ R. v *Hanson* [2005] EWCA Crim 824; [2005] 2 Cr. App. R. 299.
⑤ I. H. Dennis, *The Law of Evidence* (4th Edition), Thomson Reuters. Sweet & Maxwell Limited, 2010, p.33.

辩护方的举证和辩论。该诉讼程序的一个重要特色就是采用口头审理，要求法官亲历、被告人在场、证人出庭，我们可能会发现存在着几个层次的"面对面"：法官与被告人面对面，控辩双方面对面，被告人与被害人面对面，当事人与证人面对面，甚至还有法官和陪审员，以及陪审员与陪审员面对面。在庭审之中控辩双方所展现的"气势"和营造的"气场"或者投法官之所好，以及法官的察言观色"主要是看气质"，这内里都是在听其言观其行基础上的品格推断。正是由于庭审之中的证据主要是通过证人出庭的方式来展现，故而证人的品格是证人证言可信性的最终保证。由此，证人（在英美法系国家包含作证的被告人）的品格证据是控辩双方举证辩论的重要环节。正是由于对证人品格的探究可能脱离了案件事实认定的焦点问题，由此还可能导致诉讼拖延或者对庭审资源的浪费，由此使法律对庭审提出和采纳证人品格证据作出了严格的限制，以防止当事人滥用处分权利遮蔽案件真相（敌对效应），通过旷日持久的诉讼从经济上拖垮对方（财富效应），从而赢得对自己有利的裁判结果。品格证据的排除及其例外规则又与英美法系的庭审组织和诉讼程序特质相配套。

第一，品格证据规则与陪审团制度密切相关。作为门外汉的陪审员裁决事实可能不是凭借其专业知识，而是凭借普通人的情感因素，一方面，从证人品格证据之证明力而言，控辩双方提供证据为证明证人的品格提供可行条件，控辩双方可以提出对方证人的品格证据证明该证人的不可靠，并进而说服陪审团，使其不采纳对方证人的证言；另一方面，控辩双方的律师可能凭其丰富的经验误导陪审团，对证人形成不公正的偏见，所以法律上一般而言排除品格证据，或者将品格证据适用范围限定于弹劾证人的品格，防止误导陪审团的情况发生。

第二，证人品格往往是对抗式诉讼下交叉询问的主要内容。交叉询问被称为发现案件事实真相的最伟大的发动机。交叉询问是控辩双方盘问出庭证人所需遵循的一套制度规范，"主询问"（传唤方询问己方证人）——"反询问"（另一方询问对方证人）——"再主询问"——再反询问。在反复询问证人的过程中，控辩双方可以运用熟练的询问技巧，通过不同问题的设置来证明或者攻击证人的品格，从而达到增加或者减弱证人证言可信度的目的。

对比而言，大陆法系在正式审判程序中认定案件事实要求采用严格证明的方式，即要求采用法定证据方法经过法定调查程序，并且达到法定证明要求。其中所谓的法定调查方式，就贯彻直接、言词原则，要求证人依有关法律规定出席法庭并就自己所知道的案件情况向法庭提供证言。而英美对抗制诉讼模式，案件的事实查明交由双方当事人在法庭上交叉询问、平等对抗。就品格证据而言，大陆法系法官询问证人直接调查可能让品格证据或者品格推论随着证言平铺直叙而不加区分地输入到法官的事实裁决根据之中，而英美法系控辩双方以交叉询问严格控制特定证据的输入程序，一方面，基于品格盾牌规则，被告人或者特定案件尤其是强奸案件被害人可以避免不良品格推论带来的偏见；另一方面，在证人出庭作证后其品格往往成了争议问题，对方当事人往往通过品格证据来弹劾证人的可信性，达到让陪审团怀疑证人的不可信并进一步动摇证人证言的可信性，从而赢得对自己有利的判决。尽管品格证据的证明作用范围被限制在弹劾或者支持证人的可信性，但是这必然对案件事实产生一种潜在和间接的影响。传闻排除规则确保了证人出庭有"说话"机会，但是，这又要通过检验证人的诚实与否以确保证人"说真话"。由此可见，传闻排除规则或许蕴含了对有关当事人名声、评价意见方面的排除，但是，出庭证人的品格保障将焦点从被告人的品格推论上转移开来。

六、我国当代诉讼制度改革：形成中的品格证据规则

我国刑事诉讼的审判模式经过1996年和2012年两次《刑事诉讼法》修改也从所谓的超职权主义逐步走向当事人主义的对抗制模式，持续努力在强化法庭上控辩双方平等对抗的同时，弱化法官的职权作用。全国人大常委会2014年6月27日表决通过决定授权最高人民检察院、最高人民法院在部分地区开展刑事案件速裁程序试点工作，2014年10月23日党的十八届四中全会《决定》明确提出推进以审判为中心的诉讼制度改革目标，首次提出"完善刑事诉讼中认罪认罚从宽制度"。2016年9月3日全国人大常委会表决通过决定授权最高人民检察院、最高人民法院在部分地区开展刑事案件认罪认罚从宽制度试点工作，2017年12月最高人民法院印发《人民法院办理刑事案件庭前会议规程（试行）》、《人民法院办理刑事案件排除非法证据规程（试行）》和《人民法院办理刑事案件第一审普通程序法庭调查规程（试行）》（下称《一审法庭调查规程》）（三者合并简称"三项规程"）。2018年《刑事诉讼法》修改正式确立了认罪认罚从宽制度。由此可见，近年来我国刑事诉讼在朝着庭审实质化和繁简分流的方向不断发展，由此可能形成认罪案件和不认罪案件之中两种不同的证据调查方式。为配合2012年和2018年《刑事诉讼法》两次修改的实施，2012年12月20日发布的《最高人民法院关于适用〈中华人民共和国刑事诉讼法〉的解释》（2012年《高法解释》）经过再修订也于2021年1月26日公布（2021

年《高法解释》）；2012 年 11 月 22 日公布的《人民检察院刑事诉讼规则（试行）》（2012 年《高检规则》）于 2019 年 12 月 30 日公布了经过修订的《人民检察院刑事诉讼规则》（2019 年《高检规则》）；2012 年 12 月 13 日修订发布的《公安机关办理刑事案件程序规定》又于 2020 年 7 月 20 日修订发布。

（一）以审判为中心的诉讼制度改革与品格证据

之所以要推进以审判为中心的诉讼制度改革，一方面，因为审判的确占据着刑事诉讼程序的中心，集中公开审理，既对侦查、起诉活动的成果能否定罪量刑又对程序活动是否合法进行审查，提供给被告人申辩、解释的机会，展示了定罪量刑的事实根据和法律理由，同时收获当事人的信服和公众的信任。另一方面，可能因为侦查活动缺少同步制约及事后制约，有罪推定滥用权力，书面审理卷证定案，普遍存在"侦查中心主义"的现象。此外还存在着一审判决后被告人、被害人双方上诉上访，控告投诉等垂直审级结构中第一审"失重"现象。① 以审判为中心注重第一审庭审程序精细严密和实质化，要求证人、鉴定人出庭（2018 年《刑事诉讼法》第 192 条），完善传闻证据排除规则，完善当庭举证、质证与认证规则及庭审调查规则，对质辩论，公开言词审理。庭审实质化与法庭审理从庭前会议到正式庭审的分段，在法庭调查（定罪、量刑）到法庭辩论（定罪、量刑）中区分出相互对立的量刑环节（2018 年《刑事诉讼法》第 198 条）；庭审组成注重审判组织人员有审判员和陪审员，分别情况采用独任庭、合议庭，含有陪审员的还可以分为三人合议庭和七人合议庭两种。

一方面，我国刑事裁判法官认识到"一次做贼终身是贼"的逻辑谬误自发地确立了品格证据（推论被告人有罪）排除规则，这符合一般原则但只是一种显得僵化的无言之知。另一方面，证人出庭在我国并不受所谓的品格证据弹劾，所谓常常有些案件裁决并不能终结。当然，在我国庭审实质化的改革之中，也难觅有关庭审证人出庭和质证的品格证据规则。目前我国刑事诉讼规范确立了核实出庭证人、鉴定人身份，与当事人、案件关系，告知权利义务、法律责任，以及如实作证保证制度（2012 年《高法解释》第 211 条，2021 年《高法解释》第 258 条）②，这些往往还是以作证人的良好品格为基本前提。2012 年《高法解释》第 212 条（2021 年《高法解释》

---

① 魏晓娜：《以审判为中心的刑事诉讼制度改革》，载《法学研究》2015 年第 4 期。
② 对比 2012 年和 2021 年修改变化情况，2012 年《高法解释》第 211 条、第 212 条并列规定了证人、鉴定人；2021 年《高法解释》第 258 条、第 259 条仅仅明确规定证人出庭及作证程序，第 260 条规定："鉴定人、有专门知识的人、调查人员、侦查人员或者其他人员出庭的，参照适用前两条规定。"

第259条)虽然设置了向证人、鉴定人发问先后顺序,由提请通知的一方先发问,完毕后,经审判长许可对方可以发问。这类似于主询问—反询问的交叉询问规则。2012年《高法解释》第213条(2021年《高法解释》第261条)明确了向证人发问规则:(1)发问的内容应当与本案事实有关;(2)不得以诱导方式发问;(3)不得威胁证人;(4)不得损害证人的人格尊严。前两条规则是有关发问内容的证言规则,其实发问的诱导方式因为预示了答案也是跟内容限制有关。而后两条规则是有关对待证人的规则,基本上完全否定了以名声、意见之品格及提出行为特例外部证据来弹劾证人的机会。2012年《高法解释》第214条(2021年第262条)发问不当和内容无关异议判明和根据情况制止制度起到了及时导正作用。

2017年《人民法院办理刑事案件第一审普通程序法庭调查规程》(以下简称《一审法庭调查规程》)规定了更为完整的证人作证程序。从第19条规定[①]中看到"陈述—先(举证方或者申请方)后发问—质证—再发问—职权补充发问"到完整证言举证、质证过程。这里有几个特点:(1)陈述和发问相结合。我国庭审证言提供过程并不是控辩双方主导的,"向法庭陈述证言",甚至在一定意义上是重复侦查、起诉阶段的证言笔录内容,如果从卷证移送法官事先阅卷及可能召开庭前会议证据开示的情形来看,"陈述"可能多此一举,但是这种陈述还是可能溢出要件性事实而扩及品格方面的内容。(2)关于先后发问存在并不是严格区别的三种次序。一是固定次序,举证方发问—对方发问,这里举证方一般是控诉方;二是随机次序,申请方发问—对方发问,这或许意味着申请方常常是意图质疑证据的辩护方;三是职权通知情形下审判人员主导询问。这里的发问给人一种起查遗补漏作用的感觉。(3)单设了一个发表质证意见的环节。这体现了一证一质的及时性。其实,质证本来体现在发问过程之中,而质证意见也往往在辩论环节发表。(4)审判人员职权作用明显。审判人员认为有必要时可以补充询问,职权通知证人出庭时主导询问,并且所谓证人出庭陈述也是应法官的询问而进行的。(5)被告人经审判长准许可以向证人发问。针对被告人何时发问比较恰当显然要经过适当协调和恰当指挥,被告人本人尤其是未有辩护代理时必然要通过发问参与诉讼,但是被告人的发问还是要

[①] 2017年《一审法庭调查规程》第19条规定,证人出庭后,先向法庭陈述证言,然后先由举证方发问;发问完毕后,对方也可以发问。根据案件审理需要,也可以先由申请方发问。控辩双方向证人发问完毕后,可以发表本方对证人证言的质证意见。控辩双方如有新的问题,经审判长准许,可以再行向证人发问。审判人员认为必要时,可以询问证人。法庭依职权通知证人出庭的情形,审判人员应当主导对证人的询问。经审判长准许,被告人可以向证人发问。

融入作为申请方、作为辩护方进行发问的程序环节和先后顺序之中，这与英美法系享有沉默权的被告人选择作证的机制不同，选择沉默的被告人有辩护人代理发问。我国刑事被告人的强制辩护制度正逐步形成之中，[①] 被告人的积极自行辩护有望转化为辩护人所极力锻造的进攻型辩护、有效辩护。《一审法庭调查规程》第 20 条重申了向证人发问应遵循的原则，主要是对待证人的规则，在不得威胁证人之外增加了不得"误导"证人，威胁可能起到服从效果也可能激起敌对心理，而"误导"则可能让证人不知不觉落入圈套。此外，还增加了一个"不得泄露证人个人隐私"的规则。这与英美法系性犯罪之中的品格证据禁止规则有相似之处，但是在我国，制度的表现形式更为僵化。2021 年《高法解释》第 143 条（2012 年第 109 条）规定了慎重使用的两类证据的证明力规则，[②] 既注意到证据资源稀缺性而允许采用，另外又将与品格有关的认知能力和利害关系因素交给法官自由裁量。

第一，事实与法律的区分难题。可以说，正是因为事实问题与法律问题的区分，才产生了证明和裁决不同的程序过程。并且这个问题随着 2018 年 4 月 27 日《人民陪审员法》的通过成为一个显见的问题，其中第 21 条和第 22 条分别规定了人民陪审员参加三人合议庭和七人合议庭审判案件的意见发表和表决权限。比较突出的变化就是，在七人合议庭中，人民陪审员对事实认定独立发表意见，并与法官共同表决；对法律适用，可以发表意见，但不参加表决。其实，有很多案件的事实真相可能处于模棱两可的状态，甚至正确适用法律而与公众的朴素法感情和期待可能不相匹配。例如，2019 年 3 月 12 日最高人民检察院检察长张军作最高人民检察院工作报告时就提到，媒体披露"昆山反杀案"后，高检院指导江苏检察机关提前介入，提出案件定性意见，支持公安机关撤案，并作为正当防卫典型案例公开发布；指导福州市检察机关认定赵宇见义勇为致不法侵害人重伤属正

[①] 2017 年 10 月《最高人民法院、司法部关于开展刑事案件律师辩护全覆盖试点工作的办法》选择了 8 个省（直辖市）积极探索开展刑事案件律师辩护全覆盖试点工作，2018 年 12 月 27 日最高人民法院、司法部发布《最高人民法院、司法部关于扩大刑事案件律师辩护全覆盖试点范围的通知》，决定将试点期限延长，工作范围扩大到全国 31 个省（自治区、直辖市）和新疆生产建设兵团。

[②] 2021《高法解释》第 143 条规定，下列证据应当慎重使用，有其他证据印证的，可以采信：（1）生理上、精神上有缺陷，对案件事实的认知和表达存在一定困难，但尚未丧失正确认知、表达能力的被害人、证人和被告人所作的陈述、证言和供述；（2）与被告人有亲属关系或者其他密切关系的证人所作的有利于被告人的证言，或者与被告人有利害冲突的证人所作的不利于被告人的证言。

当防卫,依法不负刑事责任,昭示法不能向不法让步。[1] 然而,从某种意义上讲,这一类左右为难的案件所包含的法律与正义冲突问题,不完全是事实问题,法律不强人所难,"以正对不正",恰恰是对法律的否定。但是这种正义情感并不是来自于对法律的精确解释,反过来却是对事实的确认。并且,笔者以为这种对事实的确认以达到如英美法系的废法(nullification)效果交给作为外行的陪审员决策更为合适。从而给民意提供一个入法的通道。相反,侦诉机关乃至职业法官的解释总有一种抢戏的节奏。

第二,定罪与量刑程序分离。我国《刑法》第 5 条规定了罪责刑相适应原则,侧重于对犯罪行为的责任评价,然而,一般认为定罪着眼于行为,而量刑着眼于行为人。但是,一些体现被告人品格的前科或者先前的不法行为结合当下被指控行为可能因为其累积效应因而首先影响定罪,需要追究刑事责任[2]或者上升为犯罪[3]。如果以被指控者的品格来推断当下被指控行为可能存在相关性质疑,那么品格影响量刑更多地被认为具有合理性。例如,积习难改,"累犯从重处罚"(《刑法》第 65、66 条),而罪后情节如自首(《刑法》第 67 条)及缓刑适用"有悔罪表现"和附"禁止犯罪分子在缓刑考验期限内从事特定活动,进入特定区域、场所,接触特定的人"条件(《刑法》第 72 条),更多的是随着诉讼进程而新增加的量刑情节,因此还可能要考察被指控者与国家专门机关和被害人之间是如何互动协商的,如罪犯是否认罪认罚、悔罪,取得谅解,赔偿损失,赔礼道歉等。可以说,这就牵涉到刑事诉讼的"从宽"条款。2018 年《刑事诉讼法》第 15 条确立了认罪认罚从宽处理原则;第 120 条、第 173 条规定明确了侦查人员讯问犯罪嫌疑人的告知义务,人民检察院审查案件告知义务,告知犯罪嫌疑人享有的诉讼权利,如实供述自己罪行可以从宽处理和认罪认罚。第 290 条明确了和解协议在不同阶段的效力,公安机关、人民检察院主要是提出从宽处罚的建议;检察院作出酌定不起诉的决定;人民法院可以依法对被告人从宽处罚。这些从宽处罚虽然分别来自于对刑事犯罪的承认——公力合作机制和对民事责任的承担——私力合作机制,但是,总体而言,这是通过一种事后补救的方式来达到减轻的刑事处罚效果。由此,有学者认为认罪

---

[1] 张军:《最高人民检察院工作报告》(2019 年 3 月 12 日在第十三届全国人民代表大会第二次会议上),https://www.spp.gov.cn/spp/gzbg/201903/t20190319_412293.shtml,访问日期:2022 年 6 月 8 日。

[2] 《刑法》第 201 条第 4 款逃税罪负刑事责任要件,但书"五年内因逃避缴纳税款受过刑事处罚或者被税务机关给予二次以上行政处的除外"。

[3] 《刑法》第 351 条规定的非法种植毒品原植物罪,其犯罪构成包括了第 1 款第 2 项列举的"经公安机关处理后又种植"。

从宽的核心内涵是要有悔罪之意,而不仅是追求从宽结果的功利考量。有人担心,品格影响量刑可能会造成对罪犯生活的详细调查,其实,在量刑时对品格的评估并不仅仅是看被告过去的行为。量刑程序让法庭有机会评估被告对罪行的反应,法院应该考察这些态度。也有观点认为,量刑程序更侧重于职权调查模式,但是,在当下量刑建议精准化的前提下,量刑辩论也随之重要起来。

(二)认罪认罚从宽制度中的值班律师帮助、两个评估和制度信任

2018年《刑事诉讼法》修改把之前的试点经验总结转化吸收到立法之中。第15条确立了认罪认罚从宽制度作为一个基本原则,并散见于第81条关于逮捕条件,第120条关于警察讯问程序,第172条关于审查起诉期限,第173条关于审查起诉程序,第174条关于签署认罪认罚具结书,第176条关于移送审查起诉和提出量刑建议,第190条关于开庭程序权利告知和审查认罪认罚的自愿性和认罪认罚具结书内容的真实性、合法性;第201条关于法院对认罪认罚案件量刑建议的处理。第222条速裁程序适用的条件,第226条认罪认罚和速裁程序审理等规定。由此可见,认罪认罚从宽有一种从审判向审查起诉的重心前移,以及从定罪到量刑的重心后移。从法条可见,在侦查讯问、审查起诉、审判开庭环节多次提及告知被指控者"诉讼权利和认罪认罚的法律规定"突出了公检法机关的职权关照。与认罪认罚同时入法的新概念还有"值班律师"主要集中在第36条、第173条、第174条,突出了侦查和起诉活动值班律师作为法律帮助人的普惠式参与,以及在签署认罪认罚具结书中的在场见证作用。当认罪认罚从宽案件中值班律师的权能扩张到"对刑讯逼供、非法取证情形代理申诉、控告"[①]之时,就必须为其提供一定的知悉案情的必要管道。2020年8月20日发布的《法律援助值班律师工作办法》没有规定对违法情形的申诉和控告,更未含具有中间裁判性质的"诉中诉"申请排除非法证据的权能。[②]2021年8月20日,十三届全国人大常委会第三十次会议表决通过《中华

---

① 2017年6月27日《最高人民法院、最高人民检察院、公安部、国家安全部、司法部关于办理刑事案件严格排除非法证据若干问题的规定》第19条第2款。在2018年刑事诉讼法修改中并不包括这项职能。

② 2020年《法律援助值班律师工作办法》第6条第1款规定:"值班律师依法提供以下法律帮助:(一)提供法律咨询;(二)提供程序选择建议;(三)帮助犯罪嫌疑人、被告人申请变更强制措施;(四)对案件处理提出意见;(五)帮助犯罪嫌疑人、被告人及其近亲属申请法律援助;(六)法律法规规定的其他事项。"第2款规定:"值班律师在认罪认罚案件中,还应当提供以下法律帮助:(一)向犯罪嫌疑人、被告人释明认罪认罚的性质和法律规定;(二)对人民检察院指控罪名、量刑建议、诉讼程序适用等事项提出意见;(三)犯罪嫌疑人签署认罪认罚具结书时在场。"

人民共和国法律援助法》,其中第 14 条规定,法律援助机构可以在人民法院、人民检察院和看守所等场所派驻值班律师,依法为没有辩护人的犯罪嫌疑人、被告人提供法律援助。第 22 条确认了法律援助机构可以组织法律援助人员依法提供"值班律师法律帮助"形式的法律援助服务。第 30 条再次确认了刑事诉讼法所赋予值班律师的权能,即"值班律师应当依法为没有辩护人的犯罪嫌疑人、被告人提供法律咨询、程序选择建议、申请变更强制措施、对案件处理提出意见等法律帮助"。第 37 条规定,"人民法院、人民检察院、公安机关应当保障值班律师依法提供法律帮助,告知没有辩护人的犯罪嫌疑人、被告人有权约见值班律师,并依法为值班律师了解案件有关情况、阅卷、会见等提供便利"。这里明确了值班律师可以通过阅卷和会见了解案件情况,但是正如第 39 条第 2 款所规定,"犯罪嫌疑人、被告人通过值班律师提出代理、刑事辩护等法律援助申请的,值班律师应当在二十四小时内将申请转交法律援助机构"。值班律师与法律援助辩护律师在职能定位及其法律服务动力上还是存在差异的。由此,笔者建议以"当事人的反悔、不认罪或者要求提出控告申诉等情形"作为一种筛选机制,[①]将这些认罪认罚案件的法援值班律师直接转换为或者另行指派法援辩护律师。

2019 年 10 月 24 日发布的《关于适用认罪认罚从宽制度的指导意见》(以下简称《意见》)明确了贯彻宽严相济刑事政策、坚持罪责刑相适应原则、坚持证据裁判原则、坚持公检法三机关配合制约原则。其实所谓的"相济""相适应"和"配合制约"本身都蕴含了一定的弹性,纵使是证据裁判也因为如何具备证据资格和何谓达到证明标准而带有一定的弹性,由此可见认罪认罚本身对诉讼制度和证据制度带来调节作用。上述《意见》还对"认罪""认罚""从宽"的理解和把握提出意见,如果说(部分共犯、部分罪行)认罪还可能着眼于事实因素,认罚则还有"真诚悔罪,愿意接受处罚"的心理因素,并且在从宽理解和从宽幅度把握上,把与品格相关的因素如"犯罪手段特别残忍、社会影响特别恶劣""悔罪""主动""稳定""自首、

---

① 笔者提出的这种情形很大程度要采用普通程序进行审判。2017 年 10 月发布的《最高人民法院、司法部关于开展刑事案件律师辩护全覆盖试点工作的办法》规定,北京、上海、浙江、安徽、河南、广东、四川和陕西 8 个省(直辖市)积极探索开展为期一年的刑事案件律师辩护全覆盖试点工作,司法部有关负责人介绍,全国已有 2600 多个县(市、区)开展了这项试点工作,北京等 25 个省(区、市)实现县级行政区域试点工作全覆盖,刑事案件律师辩护率得到了有效提升,并表示,争取 2022 年实现全国县级行政区域试点工作全覆盖,2022 年底前基本实现审判阶段律师刑事辩护的全覆盖,扩大审查起诉阶段律师刑事辩护全覆盖试点。2021 年《法律援助法》第 25 条第 2 款将适用普通程序审理的刑事案件被告人纳入可以通知辩护的范围,为进一步推进刑辩全覆盖提供了法律依据。

坦白""人身危险性""初犯、偶犯""累犯、再犯"进行梯度评价和量化比较。此外,《意见》规定了"听取意见"①"促进和解谅解""认罪教育""认罪认罚的反悔和撤回"等互动因素。在该《意见》中有"社会危险性评估"和"社会调查评估",这两个评估是典型的品格证据方面的内容规范,前者将认罪认罚作为是否具有社会危险性的重要考虑因素;而后者则可能在侦诉审三个阶段都存在,针对"可能判处管制、宣告缓刑的",主要有委托犯罪嫌疑人居住地的社区矫正机构进行调查评估和检、法自行评估两种形式,并且明确了"社区矫正机构出具的调查评估意见,是人民法院判处管制、宣告缓刑的重要参考"。其中受委托的社区矫正机构调查的内容主要是,对犯罪嫌疑人、被告人的居所情况、家庭和社会关系、一贯表现、犯罪行为的后果和影响、居住地村(居)民委员会和被害人意见、拟禁止的事项等进行调查了解。最后,形成评估意见,及时提交委托机关。

或者正是因为实体上从宽一直是建立在高质量的案件事实查明上,防止同案异判、权钱交易、以宽压服,或者避免诱发疑罪从轻、强迫自证其罪等有违刑事诉讼基本原则的现象,因此程序上从简并无太大的实质意义(并且也不是我国刑事审判的突出问题,所谓的案多人少恰恰是因为法官的庭后作业每一案件都要撰写判决书重新反复阅卷、撰写之类而引起的),并不是因为开庭本身引起的。

有学者介绍了答辩协商(plea bargaining)制度在美国的弊端,简言之,大约有如下几点:(1)答辩协商已变成惯性作业化,而对被告之个别情状毫不作考虑。(2)其结果,对犯相同罪行之人均适用相同罪名,而不考虑其惯习性或犯罪倾向性,以及其他主观要素。(3)答辩协商自开始至成立并不留有记录存查,因此,为何与如何获得其结论,则非公众所能知悉。(4)答辩协商能否成立系在检察官个人感情,毫无一定准则可循,导致法执行上之不公平。(5)在答辩协商双方当事人每不顾事实,只求协商之成立,故时常可见被告对其非所犯之事实答辩有罪。(6)答辩协商,原来乃对简易案件不经审判来处理,以谋求诉讼迅速化,但实际上之运用却罔顾原来之用意,而对复杂案件以答辩协商来处理,对简单案件反以审判来处理。② 由此可见,第一,从人的信任转向制度信任之时可能面临的困境。

---

① 参见 2019 年《关于适用认罪认罚从宽制度的指导意见》第 16 条、第 22 条、第 27 条、第 33 条、第 39 条、第 40 条、第 44 条、第 49 条、第 55 条等,其中,第 33 条第 1 款规定:"……人民检察院提出量刑建议前,应当充分听取犯罪嫌疑人、辩护人或者值班律师的意见,尽量协商一致。"

② 黄东熊:《刑事诉讼法研究(二)》,台湾"中央"警察大学 1999 年版,第 409-411 页。林钰雄:《刑事诉讼法(下册,各论编)》,中国人民大学出版社 2005 年版,第 209 页。

对认罪协商的制度性依赖可能会产生一种"饮鸩止渴"式惯性作业，又可能因为没有具体章法而给人拿正义议价买卖的感觉，从而损害司法公义性及人民对司法的信赖。正是因为制度的标准游移不定，不论是出于激励认罪的优惠或者逼迫被告放弃审判的过度起诉或者求处重罚的威胁，都有导致"既枉又纵"的潜在可能，也就是说通过刑事程序的进行方式的砝码调节使得实体上的"罪责刑相适应"扭曲变形了。第二，认罪协商再次回归到对人的品格判断或者品质依赖上。首先回到作为协商主体双方的被告和检察官。认罪协商被指不考虑在个案之中被告人的具体情况，也不考虑被告的惯习性或犯罪倾向性及其他主观要素，程序的结论得出无从审查，成立与否系在检察官个人感情，也就是说认罪协商一方面否定了被告一方的情感作用，却又依赖于控诉方的感情操控，所谓品格证据排除及弹劾规则都全无用场。看不见又拿捏不准的检察官的个人素质和正义信仰成为认罪协商的决定性因素。当然，也有寄望律师的参与来矫正控辩失衡，但是，正如批评者认为，律师在由法官指定，而且为许多被告辩护时，反而可能出于收费较低且收费率固定的财务考虑，希望处理案件速战速决，而劝说被告接受检方的认罪协商条件，渐行渐远，甚至助纣为虐。

（三）"未成年人刑事案件诉讼程序"的社会调查与犯罪记录封存

我国《刑事诉讼法》自 2012 年修订增设"未成年人刑事案件诉讼程序"特别程序，2018 年修改未有实质性变化。我国对犯罪未成年人一贯"实行教育、感化、挽救的方针，坚持教育为主、惩罚为辅的原则"，可见，对未成年人的犯罪预防从品格塂造着手。2018 年《刑事诉讼法》第 279 条规定了对未成年犯罪嫌疑人、被告人情况调查制度，调查其成长经历、犯罪原因、监护教育等情况。2012 年《未成年人保护法》第 55 条在 2020 年 10 月 17 日修订为第 101 条、第 102 条，主要变化为：一是办案主体在公安机关、人民检察院、人民法院之外增加了"司法行政部门"；二是在"确定专门机构或者指定专门人员"办理未成年人犯罪案件之外突出了专门培训以"熟悉未成年人身心特点"，配备女性工作人员和实行与未成年人保护工作相适应的评价考核标准；三是在"照顾未成年人身心特点和健康成长的需要"基础上将抽象的"尊重他们的人格尊严，保障他们的合法权益"具体化为"使用未成年人能够理解的语言和表达方式，听取未成年人的意见"，强调了意见沟通的重要性。2020 年《未成年人保护法》第 111 条保留和确认了合适成年人到场制度。2012 年《预防未成年人犯罪法》第 5 条规定："预防未成年人犯罪，应当结合未成年人不同年龄的生理、心理特点，加强青春期教育、心理矫治和预防犯罪对策的研究。"《联合国少年司法最低限度标准规则》(即《北京规则》1985)第16条规定："所有案件除涉及轻微违法行为的案件外,在主管当局作出判决前的最后处理之前,应对少年生活的背景和环境或犯罪的条件进行适当的调查,以便主管当局对案件作出明智的判决。"

在我国,未成年人社会调查以品格来影响量刑,首先在司法实践中被创设出来。1984年11月上海市长宁区法院首创少年法庭并首创了未成年人社会调查制度,此后经过各地推广探索和最高人民法院发文确认,到2012年该制度被吸收入修改的刑事诉讼法中。关于未成年人的调查报告和辩护人书面材料,2012年《高法解释》第484条规定："对未成年被告人情况的调查报告,以及辩护人提交的有关未成年被告人情况的书面材料法庭应当审查并听取控辩双方意见。上述报告和材料可以作为法庭教育和量刑的参考";其中"上述报告和材料可以作为法庭教育和量刑的参考"在2021年《高法解释》第575条中修改为"上述报告和材料可以作为办理案件和教育未成年人的参考";并增加规定了"人民法院可以通知作出调查报告的人员出庭说明情况,接受控辩双方和法庭的询问"。可见:(1)在程序审查上,与2010年《关于规范量刑程序若干问题的意见(试行)》第11条规定的"在法庭上宣读,并接受质证"相似,并且在最新的解释中明确了调查报告人员出庭说明和接受询问程序;(2)在实体效果上则与2013年《人民检察院办理未成年人刑事案件的规定》第9条,2019年《高检规则》第461条等"作为办案和教育的参考"相似。从下列不同主体发布的文件表格可见,社会调查报告的主体包括人民法院、人民检察院、公安机关、辩护人、未成年犯罪嫌疑人、被告人户籍所在地或居住地的司法行政机关社区矫正工作部门和受委托的共青团组织及其他社会组织等,并且来自控辩双方的材料既要让对方知悉,还要接受质证。从表4-1的社会调查内容来看,调查内容主要为成长经历、犯罪原因、监护教育;而所谓"家庭情况"与监护有关,"学习环境"与教育有关,这些都是"成长经历";生活、家庭和学校往往就构成了未成年人的"社会交往",生理、心理特点,性格特点、心理状态,这些更侧重的是"一贯表现","实施犯罪行为的动机和目的""犯罪后的悔罪表现""犯罪原因""犯罪前后的表现"则侧重于即时外在表现、动机、目的、原因甚至悔罪,又是内在的心理状态。

表 4-1 法律规定的社会调查内容[1]

发布日期	条文出处	调查内容
2018-10-26	《中华人民共和国刑事诉讼法》第 279 条	成长经历、犯罪原因、监护教育等
2020-12-26 （2012-10-26； 1999-06-28）	《中华人民共和国预防未成年人犯罪法》第 51 条	成长经历、犯罪原因、监护、教育等情况进行社会调查； 心理测评
2021-01-26 （2012-11-05）	《最高人民法院关于适用〈中华人民共和国刑事诉讼法〉的解释》第 568 条（2012 年第 476 条）	性格特点、家庭情况、社会交往、成长经历、犯罪原因、犯罪前后的表现、监护教育等
2006-01-11	《最高人民法院关于审理未成年人刑事案件具体应用法律若干问题的解释》第 11 条	实施犯罪行为的动机和目的、犯罪时的年龄、是否初次犯罪、犯罪后的悔罪表现、个人成长经历和一贯表现等
2000-11-15 （2015-01-19 废止）	《最高人民法院关于审理未成年人刑事案件的若干规定》第 21 条	性格特点、家庭情况、社会交往、成长经历以及实施被指控的犯罪前后的表现等
2019-12-30 （2012-11-22）	《人民检察院刑事诉讼规则》第 461 条（2012 年第 486 条）	成长经历、犯罪原因、监护教育等
2013-12-19 （2002-03-25； 2006-12-28）	《人民检察院办理未成年人刑事案件的规定》第 9 条	成长经历、犯罪原因、监护教育等
2021-01-20 2010-07-23	《最高人民法院关于进一步加强少年法庭工作的意见》第 13 条	性格特点、家庭情况、社会交往、成长经历以及实施被指控犯罪前后的表现等
2010-08-14	《关于进一步建立和完善办理未成年人刑事案件配套工作体系的若干意见》"三""（一）""1"	性格特点、家庭情况、社会交往、成长经历、是否具备有效监护条件或者社会帮教措施，以及涉嫌犯罪前后表现等
1995-10-23	《公安机关办理未成年人违法犯罪案件的规定》第 10 条	生活、学习环境、成长经历、性格特点、心理状态及社会交往等

[1] 本表在参考厦门大学法学 2020 届本科生张钰洁毕业论文《论品格证据对未成年人刑事案件的适用》制图基础上修改。

2018年《刑事诉讼法》第286条（2012年第275条）规定："犯罪的时候不满十八周岁，被判处五年有期徒刑以下刑罚的，应当对相关犯罪记录予以封存。""犯罪记录被封存的，不得向任何单位和个人提供，但司法机关为办案需要或者有关单位根据国家规定进行查询的除外。依法进行查询的单位，应当对被封存的犯罪记录的情况予以保密。"根据《刑事诉讼法》等相关规定，最高人民法院、最高人民检察院、公安部、司法部联合制定了《关于未成年人犯罪记录封存的实施办法》于2022年5月24日发布。其第2条规定："本办法所称未成年人犯罪记录，是指国家专门机关对未成年犯罪人员情况的客观记载。应当封存的未成年人犯罪记录，包括侦查、起诉、审判及刑事执行过程中形成的有关未成年人犯罪或者涉嫌犯罪的全部案卷材料与电子档案信息。"第3条规定："不予刑事处罚、不追究刑事责任、不起诉、采取刑事强制措施的记录，以及对涉罪未成年人进行社会调查、帮教考察、心理疏导、司法救助等工作的记录，按照本办法规定的内容和程序进行封存。"这里对封存范围的细化是落实《未成年人保护法》（第103条）、《预防未成年人犯罪法》（第59条）的具体举措，主要是考虑到此类可能影响、降低对涉案未成年人社会评价的相关记录被查询、泄露问题，在实践中确实存在并造成了严重不利影响。《实施办法》涵盖未成年人犯罪记录的定义及范围、封存情形、封存主体及程序、查询主体及申请条件、提供查询服务的主体及程序、解除封存的条件及后果、保密义务及相关责任等内容，对确保涉案未成年人教育、感化、挽救效果，促进失足未成年人重新回归社会具有重要意义，这看到了品格可塑性的一面；另外，对于被判处五年有期徒刑以上刑罚的，并没有要求封存犯罪记录，这虽然不能仅仅从重罪否定品格向好的可塑性，但是可见品格稳定性的一面。

综上，品格证据的作用表现在对过去事实的确认——以人来确定行为和对将来行为的预测——以人来承担责任上，这与刑罚从行为的报应到人格的矫正和教育也有某种暗合之处。我国大张旗鼓推行的庭审实质化或者认罪认罚从宽案件制度在现实的程序本质上并无多大差别，即口供中心主义和书面中心主义。品格证据既可以因为卷证随案移送或者随着证人陈述一股脑儿地进入法庭，未出庭证人的品格无从质证，出庭证人的品格不容置疑，因此，品格影响定罪常常不被作为争议问题而缺乏控辩双方对此的深入辨析或者有效对抗，法官可能会凭着自己对证人及当事人的一时冲动而作出事实判断。不过，在我国品格影响量刑有实体法规范基础和程序法的制度保障。

第五章　品格证据的偏见命题

品格证据在刑事诉讼法中主要有三种形式，社会名声与个人意见，以特定方式行事的个人性情，以及特殊事实与先前定罪等。判断品格的证据能力和证明价值有易受操控性的问题，而不同主体基于立场和情景的不同可能越过法律障碍而给出不同的推论品格或者品格推论，进而支持或者反对有罪判决。品格作为行为倾向性契合了其对事实判断更有可能或者不可能成立的倾向，排除品格证据可能不在于其不相关性，而更在于其偏见。其中，推理偏见涉及事实调查者给予不良品格证据太多的重视。而道德偏见则可能基于被告人过去的犯罪记录等而对其不满并因此在未能排除合理怀疑地证明他有罪的时候而给他定罪。基于无罪推定原则的精神，排除被告人的不良品格或不当行为证据规则体现了充分证明原则和限制裁决于指控的原则，前者要求达到排除合理怀疑的证明，后者要求事实裁决者无证据不裁判。如何运用品格证据要分步骤地考察其倾向性和道德性，最终确定是采纳、排除抑或限制，要进一步通过交叉询问和法官指示等来引导符合常识的事实推论。

一、引言

在日常生活中，以一个人品格上的定论而对他的行为做出预测比比皆是并且可能是靠谱的。比如说，某人曾经多次吃过一家涮涮锅店，某天去吃的时候发现牛、羊肉是合成肉难以下咽，第二次请客时点了牛、羊肉发现还是这样子，当下知道店家菜品不可能变好了，就暗下决心以后再也不去这家店了。这里至少有两个层面的品格影响决策，一是吃客懒于变化和尝试新鲜事物，凭长久的惯性认知而掉到同一个坑里；二是吃一堑长一智，知道店家黑心逐利不会再上当了。当然，这里还有一些变化或者复杂的因素，一是这家涮涮锅店行事风格发生了变化，也就是说其出乎品格的行为也出乎了食客的意料；二是对这家店也不能一棍子打死，其实，这家店的猪肉、海鲜和蔬菜可能还是新鲜可口的，也就是说这家店有好有坏。

近年来，我国刑事证据规则逐渐由粗疏到细密，品格证据及其规则隐约呈现，羁押前社会危险性调查、量刑前社会调查等屡被提及，然而，以品格支持定罪被视为"人身攻击"这种典型的逻辑谬误上不了台面。相反，英美品格证据排除规则体系较为完善，从普通法一路走来一定程度上为制定法所吸收、保留或者取代。在一般情况下，英美国家原则上排除品格证据的适用，为防止品格证据误导陪审团阻碍对案件事实的查明，又由于品格证据并不全是偏见而在立法上更设置了细密的例外规则，除了作为排除规则例外用以推论案件事实之外，更主要的是充分发挥（不）诚实品格在证明证人可信性方面不可替代的作用。在日常生活中，人们注意到了治安处罚记录和犯罪记录影响本人工作、生活乃至子女前途。在刑事诉讼中凭脚印、指纹推论出犯罪人被认为具有相关性，但是，从品格推论出犯罪人则被认为不具有相关性。既然品格和脚印、指纹可能都是一种间接证据，为什么品格独独不具有相关性呢？"品性证据在法律上被视为双刃剑，既具有证明价值，也可能引起偏见。"[①] 在侦破案件环节，屡屡可见当关于谁是行为人的线索缺乏时从一种行为模式与内在心理特征之间刻板类型的联系出发，即通过品格来甄别人进而刑事归责，但是为了避免品格推论的偏见效应，在庭审之中这种隐秘的侦查技巧并不会被用来指控罪犯；此外，品格还有谣言中伤、光环效应等副作用。但是这看到了品格与行为有一种可能的联系，也有合理的成分。

概言之，品格对案件事实的证明容易带来两个问题，一是在确认程度上把"可能"误认为"绝对"，在认识论上把可知误认为必知；二是聚焦的问题，把惩罚对象从行为转移到品格上，在价值论上，误把道德作为法律。正如约翰·罗尔斯在《道德理论中的康德式建构主义》文中指出"人是自我产生的主张的来源"，[②] 值得注意的是，在英美法系庭审之中的交叉询问常常可能用品格来质疑作证者，由于无法仅仅凭供述、辩解、陈述、证言等凿凿之"言"对其可靠性进行审查，转而求助于对被告人、被害人、证人、鉴定人等"人"的可靠性进行判断，又由于品格对可信性的证明也仍然存在前面的两个误导倾向，所以对这种品格运用也有严格复杂的限制。要运用品格证据首先要对品格进行判定。"人无完人"，如果摆脱类似上帝的立场，我们发现品格判断者和被判断者都有相同的人格缺陷或者美德，而并不总是客观。学者沃尔顿意图为品格推论建立客观的证据基础，发展出识别乃至避免错误和误解的方式，从"证据→品格"形成的支持论证或者批判论

---

① [加] 道格拉斯·沃尔顿：《品性证据：一种设证法理论》，张中译，中国人民大学出版社2012年版，第2页。

② John Rawls, Kantian Constructivism in Moral Theory, *Journal of Philosophy*, 1980, Vol.77, pp.515–572. 转引自 [美] 斯蒂芬·达尔沃：《第二人称观点：道德、尊重与责任》，章晟译，译林出版社2015年版，第3页。

证，其根据首先在证据，而判断推论品质的最佳方法是人工智能和论证理论（非形式逻辑），但是，品格判断既是道德伦理界定，又遵循法律规范，还受逻辑支配："客观"的证据类型转换为"法律"或者"伦理"的论证结构。[①]或者说我们可以把对自然生成或者无以言表的他人的品格通过一个法律上的或者伦理上的逻辑链条来展示。正因为品格证据具有的推论案件事实和推断可信性的双重功能，考察其在刑事诉讼中的存在形式，分析其证明价值和蕴含的偏见风险及证据规则如何避免或者抵消其危险，对我国品格证据规则的建构和运行具有借鉴意义。

二、名声、性情和特定事件

品格不管是名声（reputation），还是性情（disposition），抑或特定事件（如定罪判刑，previous convictions）[②]，都有善恶好坏区分，不等同于价值中立的倾向（propensity）、习惯（habit）[③]，又超出品德的范围，体现了与行为的互为表里的关系，内在的品格通过外在的行为来表现，又在一定程度上决定着人们的行为，因此，品格是由能力、气质、性格、情感、意志、认知、需要、动机、态度、价值观、行为习惯等多种特质和成分错综复杂地相互联系、交互作用而构成的有机组织并决定着一个人的行为；品格是共同性（可归类）和差异性（可识别）的统一；品格是稳定性（跨时间的连续性和跨情境的一致性）和可变性（第一人称的改进可欲，第二人称的评断可谬）的统一；品格是自然性和社会性的统一。[④]品格以人格作为其核心的成分。人格（personality）一词源于古希腊的persona，意指古希腊戏剧中演员所戴的面具，它代表了演员在戏里所扮演的角色和身份。沿袭此意，瑞士精神分析学家卡尔·荣格（Carl Jung，1875—1961）指出，人格应该包含"人格面具"和"真实的自我"浅深两个层次。根据众多心理学家（精神分析学家、行为主义者、人本主义者、特质论者）见仁见智的研究，概言之，人格是一类概念的综合体，人格中既有"动机、自我和潜意识"，也有"特质、文化和

---

① ［加］道格拉斯·沃尔顿：《品性证据：一种设证法理论》，张中译，中国人民大学出版社2012年版，第6页。

② Richard Glover & Peter Murphy, *Murphy on Evidence* (13th Edition), Oxford University Press, 2013, p.126.

③ Ronald J. Allen, Eleanor Swift, David S. Schwartz, Michael S. Pardo & Alex Stein, *An Analytical Approach To Evidence Text, Problems, And Cases* (6th Edition), Wolters Kluwer Law and Business, 2016, pp.262-263.

④ 参见刘立霞、路海霞、尹璐：《品格证据在刑事案件中的运用》，中国检察出版社2008年版，第6-8页。

自我实现"。[①] 通过人格可能从个体差异识别出人，也可能对其未来的行为进行预测。人格概念的核心内涵表现了一种行为倾向性。基于此意蕴，如果品格作为一种证据概念的话，就是要突出"人们具有按其品格特性行事的倾向"。就特定情事而言，品格既可能有一种"一次做贼永远是贼"的偏见，又可能有"从小偷针长大偷金"的习惯累积。在英美法系证据法上，"品格"一词至少有三个方面的含义：[②]

（一）社会名声与个人意见

品格可以指一个人的名声，即在日常生活的社区里和在熟识他的人群中的好坏评价。这个概念可以追溯到罗顿案[R v. Rowton（1865）]。[③] 由于嘴是别人的，声誉这种外人的社会评价不会受被评价人主观意志所影响，但是可以通过积极或消极的行为来保有，另外，声誉虽然可能是某人过去或者将来行为的可靠指示，但是，它也可能是恶意八卦、谣言或无稽闲聊的凭空捏造，无法完全反映其道德品质，"名实不符"、"表里不一"，由此对品格的认知可能要求"由表及里"，透过现象看本质。在声誉方面，可能存在越是完美越是被苛求，而越是满身瑕疵越是被宽容。当然需要注意的是，大陆法系一直注重证据的客观性，对纯粹的私人意见持怀疑态度，但是，对表现为名声形式的品格证据作为情况证据用来证明某人行为与其品格一致，对法官的心证也产生一定的影响。相反，在美国则承认作为个人意见的名声之证据地位。美国证据法权威威格摩尔认为，通过私人的直接了解和确信所形成的个人意见理应作为品格证据的一种方法，所谓的名声无非是因为披上了"更多人的综合意见"这一外衣。[④] 需要注意的是，随着时代变迁、城市化进程、社会流动性增强及科学技术的发展，名声作为某人行为之信息代表的可靠性下降了，并且可能被其他能揭示被告人品格信息的资源所替代。

（二）个人性情和行为倾向

品格可以指某人以特定方式行事的个人性格特点，"品性就像诚实或者

[①] 参见陈少华：《人格与认知》，社会科学文献出版社2005年版，第4页。

[②] See https://www.lawd.cornell.edu/rules/fre/rule_405, Federal Rules of Evidence › Article IV. Relevance And Its Limits. 本条规则规定了证明品性的方法。本条规则曾于1987年3月2日修正10月1日生效。2011年规则重塑对本条规则没有实质修改。

[③] R v. Rowton (1865) Le & Ca 520, 34 LJMC 57 10 Cox CC 25 CCR.

[④] 陈志兴、方小斌：《简析英美法系国家的品格证据》，载《和田师范专科学校学报（汉文综合版）》2005年第5期。

安宁一样，它是一种习惯或者一般性的品质或素质"①。品格的稳定性来源于某人过往的经常待人处事行为或特定行为表现出来的一些整体特点。因此，如果一个人行为倾向与被指控的犯罪行为表现出了"惊人"的相似性，则推断出他可能实施了该犯罪；或者，试图通过分析犯罪及犯罪手法进行犯罪侧写，根据行为倾向的特点识别罪犯。也就是说，所谓的行为倾向性主要是一种习惯，这种习惯可能支配着人的行动，可以根据此习惯来认定行为的动机等，也可以根据此习惯来进行身份识别。"习惯成自然"，性格决定行为，而行为倾向性即生理、心理习惯及性格等因素而综合为代表一个人的特定行为模式。以多次反复的特定行为作为推论基础的话，"行为符合习惯"对锁定行为人，确定犯罪动机，为侦查、审判提供方向具有重要作用，甚至可能满足证据相关性的低门槛，但是某人的行动也有"不按常理出牌"的情形，也就是说好人可能偶尔作恶，坏人也有为善的时刻，反证应被允许或者在所难免。

（三）特殊事实与先前定罪

品格还可以指某人的过往生涯中发生的具体行动或者其他特定行为，在刑事案件中的相似事实，尤其是先前定罪（即"前科"或者"犯罪记录"）等。普通法上哪怕有关的定罪与某人的一般诚实性无逻辑上的影响，所有的犯罪记录都可用来证明可靠性。当然，这种记录也可能效力耗尽，而让人有重新做人的机会。作为直接推论某人实施了某个具体的犯罪行为之前提的特定事件（"没有什么能像行为那样预测行为"），可能只是形成中的品格，或者可能是成熟品格特质的证据，从而回到以特定方式行事的特征这个上述第二种含义，通过倾向和性情（propensity or disposition）的中间推论进行论证上的衔接。当然，"一次为贼不等于终身为贼"（one swallow does not make a summer②），"见微知著"在逻辑上并不绝对成立，因为相似事实、先前定罪品格证据与待证犯罪事实的关联性程度取决于，前科与当前待证的犯罪行为是否为同一类罪名，具体手段上的相似性程度，犯罪类型的普遍程度及人格关联性程度等因素。③ 这种证据推论还具有可谬性，所以，正如下文所述，英美证据法的一般规则是，控方承担举证责任，而为避免其输入偏见，禁止用先前的犯罪行为或者不法行为来指控被告人犯被指控的罪行，但是，法律并不禁止被告人无所不用其极地拿自己的良好品格或者被害人、其

---

① [加]道格拉斯·沃尔顿：《品性证据：一种设证法理论》，张中译，中国人民大学出版社2012年版，第11页。

② Paul Roberts & Adrian Zuckerman, *Criminal evidence* (2nd ed.), Oxford University Press, 2010, p.589.

③ Makin v Attorney-General for New South Wales［1894］AC 57.

他共犯的不良品格证明其犯罪的不可能性,由此又可能带来控诉方或同案共犯的反驳。甚至辩护方可能首先披露其先前犯罪记录,以说明其已经"罪有应得",并且改邪归正、悔过自新了。最后,犯罪记录并不一定就与不良品格画等号,一个人应该保持在特定情景中对品格的一种敏感性。

由于人的个体必然处于特定时空之中,在时间上不能脱离与过去的联系,在空间上不能脱离与他人的联系,因此,个体在社会生活中所形成的一贯行事态度与风格而给别人留下的印象即可称为品格,因为个体的品格"画像"要通过过去的行为来体现或者他人的眼光来评判,所以,可能存在士别三日当刮目相看的"今非昔比"或者一千个人眼中就有一千个哈姆雷特的"人言人殊",既把握不住,又证明不了,还难以运用。上述三种品格的表现形式既表现出给别人品格下判断的易受操控性,又表现出进一步通过品格来甄别个体或者推断过去的行为的可谬性,也就是下文要讨论的倾向性和偏见性两个面向。

三、品格排除规则及其例外

品格证据在运用上有两种意义,一是作为对象,用来判定一个人品性、道德优劣的证据;二是作为手段,品格本身作为证据用来证明案件事实或者争议的问题。按照诉讼主体的不同,可分为被告人、被害人和证人的品格证据。品格证据规则是规范用以证明被告人、被害人及证人品格之证据的证据规则。

(一)英美品格证据的可采性规则

在美国《联邦证据规则》中,规则401确立了证据相关性的标准是有此证据将比缺乏此证据时使事实更有可能或更无可能,该事实对诉讼裁判具有重要意义。"相关证据"标准包含两个要素:证明价值和重要性。证明价值侧重于其逻辑方面;而重要性侧重于其法律方面,指该证据所要证明的事实主张是实体法所规定的争议事实。规则402是相关证据的一般可采性原则,相关证据可采,法有规定除外,不相关证据不可采。规则403规定了相关证据权衡排除规则,如果不公平损害、混淆争点或者误导陪审团,不当拖延、浪费时间或者不必要地出示重复证据的危险"严重超过"证明价值则可以排除。注意不是绝对排除,另外如果采纳它,可以通过限制性指示、对证据进行变通等方式来限制其不利影响。[①] 规则401、402和

---

① 王进喜:《美国〈联邦证据规则〉(2011年重塑版)条解》,中国法制出版社2012年版,第66页。

403 规定了可采性问题的三部曲,而涉及具体证据类型,首当其冲的就是品格证据(规则 404)。排除规则:禁止用某人的品性或者品性特点的证据来证明该人在特定场合下的行为与其品格特征相一致;禁止用有关犯罪、不法行为或者其他行为的证据来证明某人的品性,以表明该人在特定场合的行为与该品性相一致。排除之例外:(1)被告人可以提供旨在证明其品行良好的证据,对此,控诉方可以提供证据加以反驳;(2)被害人品格,被告人可以提供所谓犯罪之被害人相关品性特点的证据,对此,控诉方可以提供证据加以反驳,或者提供被告人具有相同品性特点的证据;(3)依据规则 607、608 和 609,任何一方都可以用证人的品格质疑证人的可信性,但有法定的例外;(4)关于犯罪、不法行为或者其他行为的证据可以被限制于证明动机、机会、意图、准备、计划、知识、身份、无错误或者无意外事件等目的。

英国普通法上品格证据与争议事实相关,也与证人可信性相关。当然,作为一般原则,刑事诉讼由控方承担举证责任,被告的不良品格证据要被排除。被告人的良好品格证据只能在交叉询问证人的过程中以找其他证人以声望证据形式提出,并且仅仅与被告人是否有罪相关;但是,自《1898 年刑事证据法》明确赋予被告作证权利,被告人出于辩护策略由主动或者借证人之口提出一般声誉、个人意见、以前具体的善良行为及清白的警察记录等多种形式的良好品性;作为独立证据而否认指控,要接受交叉询问,对此,控诉方或者其他相对方可以提出被告人不良品格证据作为回应。英国 2003 年《刑事司法法》(Criminal Justice Act 2003)第 101(1)条规定了可以采纳被告的不良品格证据的 7 个"门路"。

(二)品格证据排除规则的背后之理

其实英美品格证据是否可采本身包容了相关性概念。品格证据的一般规则即指品格作为相关证据权衡排除之意。不良品格的排除不是因为其对审判中的待证事实的不相关性(irrelevance),而是因为其可能附带偏见,不足以(insufficiently)证明采纳它是正当的。[1] 品格证据排除规则的背后之理,[2] 第一,在证明价值上,有关某人品格的证据,对证明该人在特定场合下的行为与其品格特征相一致被认为不具有相关性。第二,在刑事

---

[1] Paul Roberts & Adrian Zuckerman, *Criminal evidence* (2nd ed.), Oxford University Press, 2010, p. 590.

[2] 品格证据排除规则核心发展就是社会评价从侧重于人的内心转向到人的外在行为,其历史、宗教和哲学诠释,参见易延友:《英美法上品格证据的运用规则及其基本原理》,载《清华法学》2007 年第 2 期。

归责上，运用品格可能导致对个性的审判，使事实裁决者（尤其是陪审团）情感不正当地支配其支持或者反对某一方。第三，在利益衡量上，为了防止混淆主题、不公正的惊讶和不正当的偏见，① 以及对以品格弹劾证人可信性的附属问题进行审查可能会浪费法庭的时间和资源、误导陪审团。第四，在程序运行上，一方面品格作为实质证据会导致被告不仅要为当前的指控进行准备还要解释过去行为加重其证明负担，② 另一方面品格作为弹劾证据可能会挖出证人的黑历史而吓阻了证人出庭。

四、品格证据的推理偏见

对品格证据进行法庭调查既可能带来低效问题，也可能引发对被质疑对象的不公正对待，但这不是品格证据规则独有的问题，因此更有价值的论证应该是厘清其内在理据，揭示出品格证据推论之中可能存在的偏见因素来补足论证的中间环节。英国学者雷德梅恩（Mike Redmayne）认为，对于采纳不良品格证据的标准异议是对被告有偏见，这将损害他获得公平审判的权利，使无辜者更有可能被定罪。其中有两种常见的不同偏见机制：推理偏见（reasoning prejudice）和道德偏见（moral prejudice），③ 分别以导向真理之工具理性和体现公平之内在理性来支持对不良品格证据进行排除的规则。偏见推理（prejudicial reasoning）涉及错误的推理逻辑，这偏离了准确的事实调查；道德偏见也可能产生推断错误，但是，不良品格证据（有时）内在地不被采纳，因为对它的依赖不相容于自由合法性的价值观，例如，人的尊严、个人自主权和民主问责制；更为基础的是，不相容于裁判权的基本原则。④ 英国学者丹尼斯（Dennis）也认为，推理偏见可能会发生在证据的性质可能导致事实发现者大大高估证据的证明价值之时，而道德偏见在证据的性质可能导致事实调查者无论证据的证明价值如何，都将对被告定罪之时。⑤ 他接着指出，就不良品格而言，法律委员会区分了两种偏见。"我们认为'偏见效应'是指达成一项判决，不是从逻辑推理中得出有效结论，而是通过过分强调不良品格的证据（'推理偏见'）或以其他方

---

① 这在美国的一个案例中得到明确表述，参见 Michelson v. United States, 335 U.S, 469, 475-476 (1948). 转引自陈卫东、谢佑平：《证据法学》，复旦大学出版社 2016 年第 2 版，第 64 页。

② 王进喜：《美国〈联邦证据规则〉（2011 年重塑版）条解》，中国法制出版社 2012 年版，第 80 页。

③ Mike Redmayne, *Character in the Criminal Trial*, Oxford University Press, 2015, p.33.

④ Paul Roberts & Adrian Zuckerman, *Criminal evidence* (2nd ed.), Oxford University Press, 2010, p. 590.

⑤ See I. H. Dennis, *The Law of Evidence*, Thomson Reuters. Sweet & Maxwell, 2010, p.90.

式而不是根据证据定罪('道德偏见')。"[1]

(一)偏见推论的两种变体

第一,过度推论。就偏见推理而言,当事实调查者过分重视不良品格证据时,就会发生偏见推理。被提交给法庭的前科等不良品格证据,因为在庭审入口处没被排除,就意味着没有被假定为是不相关的,对陪审员赋予不良品格证据以证明力无从提起异议,而只可以对陪审员给予不良品格证据过多的证明力提出异议,这就承认了被称为"过度的证明价值偏见"(excess probative value prejudice)的推理谬误。这个常常是理论上的架构,对不良品格证据证明力评价往往因案因人而异,并且上诉救济倾向于不干涉审判法官依据适当标准对其可采性的判断和在合理限度内得出的结论。

第二,过早推论。与过度推论相对立,偏见推理的另一个变体表现是过早推论。由于全神贯注于关于外部行为不端之指控的真相,陪审团可能会分心,以至由于焦点替置和推论作用力转移,在对当前指控应当审慎的裁定却发生思维短路,这被冠名为"分心偏见"(diversion prejudice)的谬误。这种控方证据由于具有不公平误导、浪费时间、多余,已经在普通法上作为法官保证公正审判的一般背景裁量而排除。普通法引入外行作为裁决者被认为是其至高无上的荣耀,然而,有观点认为,该排除规则阻止陪审员接触基础信息而怀疑其能力不足,隐含着将陪审员看作是不能理性地解读被告人不良品格证据的傻瓜,显得虚伪和对其不尊重;其实,法官自己都会面临难以评估不良品格证据的难题,而陪审员只不过是具有我们同类特有的缺陷、盲点和易受诱惑之人,排除不良品格证据非因不尊,而是着眼于实际。

(二)偏见推论的两种反证

纵使如此,我们对于品格证据具有推理偏见的论证,可能夸大其词了;相反,以前科等不良品格来推论当下被控的犯罪事实可能是一种常识的运用,甚至还可能对预存的偏见起到一定的救治作用。

第一,防止因噎废食。不良品格证据与其他证据一样可能单独地或者综合地发挥其证明作用。有关近期前科的证据并不聚焦于被告人的独特的个体差异,而是将之还原为普通再犯者相对于总人口犯该罪的比较倾向,这如同我们在给予证言证明力时首先假定作证的目击证人是一名正常的目击证人;当然对其误认的可能或者程度,则是庭审中询问和交叉询问的焦点;还可以结合目击状况等背景信息来细化参考类别和作出更有区别性的推

---

[1] See I. H. Dennis, *The Law of Evidence*, Thomson Reuters. Sweet & Maxwell, 2010, p.790.

论。[①]

第二，防止暗度陈仓。不管我们喜不喜欢，品格推论可能已经大水漫灌到刑事审判之中，并且陪审员从各方避谈前科，甚至凭直觉、印象等对被告人怀有前科的原初假设，因此最佳策略不是对被告人的不良品格遮遮掩掩采取鸵鸟政策，而是让事实认定者知悉其前科，尤其在它们与犯罪相关的时候。如果犯罪记录如同作为事实审理者的陪审员所预期的那样糟糕、那样近期，这反而对被告人起有利作用；如果犯罪记录是近期且类似的，陪审员评议时给予适当考量理所当然，并且允许法官解释前科的相关性及对过度评价提出警告。（1）直接向法庭提出被告人的先前定罪反而能破除陪审员所持的被告人有此罪或者彼罪的前科的缺省预设；（2）品格信息可能通过庭审外其他渠道进入诉讼恰恰需要在法庭上提出被告人的品格证据来抵消其影响；（3）将陪审员不自觉以前科补强其他证据或者降低证明标准的危险摆到台面，打开天窗说亮话，反倒可能会在评估良好品格和不良品格之间寻得平衡。

当然，前科等不良品格证据能否披露及如何披露或许是利弊并存的。英国实践之中只有同类犯罪的前科可采用来证明被告有犯当下被控犯罪的倾向。一方面，对于任何的甚至于不同类的前科往往在被告人攻击控方证人和共犯时触发"以牙还牙"机制而可采。但是，如果被告人没有触发"以牙还牙"机制，由于不同类的前科存在，法官不会指示被告人品格良好，陪审员反而假设并推定其有前科而更有可能将之定罪。根据模拟陪审团研究，陪审员知悉被控盗窃之人的攻击前科反而有利于被告。另一方面，被告人有权向陪审团透露未被认知的前科，然而，罪犯趋于"通才"，因此有攻击之前科也照样可能是被告犯盗窃的证据。

五、品格证据的道德偏见

刑事审判本身是一个道德加载的事件，其中关于可责性的判断具有核心地位。对被告施加惩罚的有效性以把被告视为一个负责任的主体来看待，向其表达谴责，传召被告让其对不当行为进行解释，这就是审判的沟通面向。己不正如何正人？作为一个沟通的事业，审判可能要限制其据以作出裁决的信息。而使用前科来定罪可能由于暗含着被告不是一个负责任的主体，或者被告不能理解和回应向其表达的谴责信息，而减弱了谴责所传递的信息。以前科或者非犯罪等不良品格证明有罪内涵的道德因素，或

---

① Mike Redmayne, *Character in the Criminal Trial*, Oxford University Press, 2015, pp. 39-40.

许是给被告人扣上了坠入犯罪习惯、拒绝改过自新、不能自主、缺乏理性、易于冲动、难以自制、不求上进等标签。

(一)道德化排除的规则操控

品格证据排除规则的平衡标准是在证明力和偏见之间而非证明力和道德之间的比较;但是,普通法反对用不良品格连接到可能的犯罪之论证,若避开此类论证则不良品格证据可采,这侧重于不良品格的证明对象可以非直接指向当下被控的犯罪。这种迂回包抄使如何判断品格证据受到操控。

普通法还有"禁止推理"(forbbiden reasoning)常常被识别为行为倾向推论的理念,这侧重于禁止从先前行为所蕴含的一种犯罪倾向直接推论犯下当下被控犯罪,与排除规则具有道德基准的理念相当契合;因此如果不良品格证据不含有禁止推理,就没有道德代价,则无须进行权衡。虽然道德化的不良品格证据排除规则并不具有说服力,但是品格证据的伦理面向仍然值得关注。

(二)道德偏见的两种变体

道德偏见是一种超脱法律之外而有独立根据的恶。虽然道德偏见有一些离散的线索,并且某种程度与偏见推理重叠,但是,与偏见推理发生于事实裁决者因犯逻辑谬误或者高估证明价值而有瑕疵地履行其应承担的职能不同,道德偏见的源泉则是陪审员的这种倾向,违背其依据证据作出裁决的宣誓,尽管或者不顾未能排除合理怀疑地证明其有罪,就给被告定罪。

第一,道德偏见可能有"坏人偏见"(bad man prejudice)之版本,陪审团无视当下指控的证据情况,在听审被告人外部不当行为时会形成他是应当受惩罚的"坏人"信念。当陪审员再次确认被告是具有前科的被定过罪的罪犯,陪审团可能在推论上降低证明标准,认为与完全无辜者相比,将某罪犯错误地认定为犯下另一罪行并不是太糟糕来宽慰其集体良知。当然这种道德偏见其实也蕴含了不良品格证据的不相关性,正如墨菲所论普通法不会"赐狗恶名、夺狗之命",美国法院在 Thompson v Church(1791)案中曾言,"极恶之人,有极当之理"。[①]

第二,进一步的变种是在偏见性推论中混合了道德偏见,陪审团给有前科者定罪并不是因为他确实犯了该罪,而是针对许多他一直试图逍遥法外的其他犯罪,惩罚其未被侦查和未被起诉的犯罪则理所应当;或者陪审团在了解了被告人前科之时,轻率地下结论认为具有前科之人必定说谎,

---

① Richard Glover & Peter Murphy, *Murphy on Evidence* (13th Edition), Oxford University Press, 2013, p.131.

当即反对被告人可能提出的任何辩解。[1] 从前科进一步拓展到外部不当行为证据，一些研究发现模拟陪审团评价外部不当行为证据，同样会受道德偏见的影响，也可能为偏见性推论所扭曲。

（三）偏见影响的正反结论

有研究结论认为，结果清楚地证实，先前定罪的证据可能会产生偏见影响，特别是在近期、因类似罪行被定罪的情况下。在实际案例中道德偏见的影响很大：[2] 即使没有提供犯罪以外的前科信息，并且只有一次前科，也产生了重大影响；更长的犯罪记录，尤其是包括几起类似前科的犯罪记录可能会产生更大的影响。如果我们假设，在有类似前科的被告中，有些人对目前的罪行是无罪的，我们有充分的理由推断，经常披露前科确实会增加对无辜者定罪的风险。

当然，尽管这项研究肯定具有启发性，但还远未得出结论。还有其他研究结果，与直觉相悖，包括一个令人惊讶的命题，即有与当前指控不同的前科的被告比没有前科的被告即法律眼中的"品行良好的人"更可能被无罪释放。更可预见的是，模拟陪审员对可信度的评估，一般来说，不受被告之前定罪的影响，即使其中包括不诚实犯罪；正如现代心理学研究结果表明的，（不诚实）是高度情境的，而非构成一个可预测且有说服力的"个人性格特征"。被告或其他证人是否会说出真相，以及整个真相，更多地取决于问题的性质及整体上立足于自身福利及在审判背景下该人对其重要性的评估，而非恒久不变的诚实或者不诚实特征。

上述两种偏见自然地蕴含于品格证据的本质中：推理错误（inferential error）的偏见主要是从前提出发，而道德偏见则替换了待证事实直接输入定罪结果。前者是高估了品格特征的证明作用或者从一些孤立的品格特征通过自己的想象力来虚构和补充被告人整体品格，从而可能会忽视真正有价值的证据，偏离了精确的事实发现（fact-finding）。后者是偏离了要裁决的问题，也可能引发推论错误，以人的好坏来取代行为的有无，施加惩罚是因为前科显示被告是坏人，而不是因为被告做了当前待证的坏事，背离了公正审判（fair trial）的基本原则。偏见的产生，或者由于过于夸大了品格特征的作用，或者由于以主观的道德评价取代事实判断，因此，法庭要运用品格证据规则来排除这种不利的效果。

---

[1] Paul Roberts & Adrian Zuckerman, *Criminal evidence* (2nd ed.), Oxford University Press, 2010, p.593.

[2] Paul Roberts & Adrian Zuckerman, *Criminal evidence* (2nd ed.), Oxford University Press, 2010, p.594.

六、推理偏见的规则治理

从进行常识推论的角度来看，事实上从犯罪倾向进行推理并非总是不恰当的。在某种意义上先前定罪确实是有罪的证明，犯罪行为的确预示着进一步的犯罪行为。在逻辑上，陪审团不反对使用这些信息及案件中的其他证据来做出裁决。"带有偏见的"不良品行证据并不存在被误导的认知问题，只要它的证明价值得到正确评估。普通法对不良品格证据的传统禁令旨在阻隔可能具有不公平偏见的信息，利用可采性和推论规则能中立这一威胁。[1] 品格证据因为其倾向性和道德评价而引发了高估"品格影响行为"的可能性，品格证据规则就是要避免我们掉进前面的两个偏见的坑里。所以，从规则逆推到品格证据两个方面的本性，一个是倾向性面向，另一个是道德面向。这种本性要我们既看到品格证据的证明价值，又不至于完全被品格证据带偏。

（一）品格证据比较其他证据

就倾向性而言，相关性本身就是一种倾向性。品格和其他证据一样，具有一种使要解决对象更可能或者更不可能的成分，这种成分可能会被高估或低估，因此品格作为行为倾向性（propensity）内在品质契合了其对事实判断更有可能或者不可能成立的倾向（probability），排除品格证据可能不在于其不相关性，而更在于其偏见。这也可以从品格与其他证据的比较来看。一方面，诉诸品格是一种强有力的论证方式，可以说品格跳过"犯罪"直接输入了"坏人"的意见，这与审判确认犯罪和惩罚坏人的目的直接关联，甚至比指向案件事实的其他证据更有说服力；另一方面，事实裁决者容易把这种或然性当作确定性，品格证据与其他证据在认定事实方面有着相同的不完全推理的逻辑结构，但是以品格证据为前提比血迹、指纹等证据为前提的推理具有易错性。

（二）品格证据联系证明对象

正如沃尔顿所指出的，在法律上禁止品性证据的论点有其在社会心理学上一度非常流行的情境主义（situationism）的理论源头。[2] 与主张个性更重要的个性主义（personism）不同，情境主义认为情境是行为的强大决定因素，也因此行为受个体处境的影响很大，以至于跨情境的属性（如性

---

[1] Paul Roberts & Adrian Zuckerman, *Criminal evidence* (2nd ed.), Oxford University Press, 2010, p.595.

[2] Douglas Walton, *Character Evidence: An Abductive Theory*, Springer, 2006, p.14.

格特征）不能预测未来的行为。[1] 正如雷德梅恩分析指出，当今，个人—情境的争论或多或少尘埃落定了。大体上可预见的共识是，个人与情境都是解释行为的重要因素（"互动主义"，interactionism），行为存在跨情景聚合展现出个体稳定性和个体间差异；相同情境不同个体行为模式不同。境由心造，不同的情境特征本身可能就是人格的产物。此外，人格或者是分散的，或者具有"混合特征"。所有这些对于品格证据的影响是什么？这取决于到底用什么样的证据来证明。情境变量与人们在具体情境下的行为有关，人格特征更好地描述人们普遍的行为方式。[2] 例如，在量刑上以品格评估再犯风险与未来的任何时刻相关，如社会观察报告；在定罪上以前科来证明有罪，即用关于过去行为的信息来确定在特定场合发生了什么值得怀疑，但是将品格纳入宏大图景的一部分，品格证据与其他证据倍增式结合，可能足以将适度说服力的案件变得非常有说服力。这是从品格证据与证明对象之间联系可能性的客观形态出发。

（三）品格证据考验认知能力

另一个更普遍的论点来自对在社会科学上被称为认知错误或逻辑上的谬误推理之认识可能性。[3] 这是从品格判断者具有认识可能性的证明力判断能力出发的。一个论点主要是说人们一般对品格证据的价值有夸大的信仰，因此陪审团倾向于高估它。[4] 相对的观点认为，承认日常辩论中被品格证据强烈影响，但是人们可以被指导识别错误并且纠正错误。第三种论点认为在法律上使用品性进行论证似乎不可避免，证据法是一个折中结果，在某些特殊情况下品性证据具有相关性，如对证人的交叉询问；一般它被禁止用于证明行为。蒂勒斯（Peter Tillers）对无人能够判断品性证据的真正证明力的主张持怀疑态度，他认为常人（ordinary people）通常十分擅长判断品格证据的证明力，而且法官或者陪审团在审判中更有时间反思，并且在提示注意品格证据的证明力时能自我纠正（self-

---

[1] Chris William Sanchirieo, Character evidence and the object of trial, *Columbia Law Review*, 2001, Vol.101, No. 6, p. 1240. 有关个人—情境争论（person-situation debate）及经常性出现在怀疑品格存在的学人作品之中三个经典的社会心理学实验（S. Milgram 的服从权威实验；A. Isen 和 P. Levin 的电话亭捡到硬币的心情影响行为实验；J. Darely and D. Batson 的好心人实验）的介绍，参见 Mike Redmayne, *Character in the Criminal Trial*, Oxford University Press, 2015, pp.10-16.

[2] Funder, *The Personality Puzzle* (5th ed.), Norton, 2010, p.135.

[3] Douglas Walton, *Character Evidence: An Abductive Theory*, Springer, 2006, p.14.

[4] Chris William Sanchirieo, Character evidence and the object of trial, *Columbia Law Review*, 2001, Vol.101, No. 6, p.1244.

correction）。[1] 沃尔顿则提出疑问，如果认为陪审团具有能够参与评估双方争论所需的批判性思维，那么为什么要防止其受到偏见的危险呢？[2] 沃尔顿认为，一是品格引人有兴趣（interesting），不务正业，偏离事实；二是品格无风不起浪，捕风捉影，偏向道德。"人无完人"，职业法官和外行陪审员都有可能犯这种推理错误，排除不良品格证据是摆脱这种认知困境的釜底抽薪的手段，并且不良品格证据基于道德偏见的内在毒性强化了对其进行排除。

七、道德偏见的规则治理

当然，品格的道德含义也不完全是偏见。日常之中品格包含道德因素显而易见，尤其是"性格决定命运"（Character Counts）告诉了我们这样一种理念，性格会影响到一个人做出正确的或者错误的决策，并且"三岁看老"就是说个人作出何种决断的倾向性是从小养成的。品行或者品格、品性在日常语义中都有浓厚的道德因素。

（一）消解品格的道德意蕴

现代科学通过精神和行为倾向的心理学分析去除品格概念的意志因素，消解其中的道德意蕴。品格被表述为一种非道德的倾向性。这种科学上的定义并未横扫法律领域从而带来人们理解上的翻天覆地的变化，反而更要强调一种法律上的道德意蕴了。例如，习惯证据可以用来证明个人或者组织在一个特定情形下的行为与习惯的一致性（规则406）。习惯是一种特别的倾向性证据，但是习惯不是品格；品格是倾向性，品格还有道德性特征。然而，据罗伯茨介绍，一个排除不良品格证据的强烈道德主张认为，在刑事审判中采纳不良品格证据背离了对被告人的个性和道德自主性的尊重，忽视了被告人与其同伙或者其过去决裂的能力，将之视为机械人，而背弃自由主义者政治道德的基本原则，并且背离了违法者有过守法生活的能力和选择之可责性的流行理论。另一个排除不良品格证据的相关意见认为，因同一犯罪惩罚被告人两次而违反了禁止"双重危险"原则，不符合刑法改造或重塑罪犯的愿望，因为对未构成犯罪的不良行为进行刑事制裁造成刑法隐性扩张并且违背罪刑法定原则，甚至包括未被指控犯罪的不当行为并非刑事惩罚的合法目标，因为被告未曾被正式指控这些罪行，剥

---

[1] Peter Tillers, "What is wrong with character evidence?", Home Page of Peter Tillers: http://www.tiac.net/users/tillers/character.html (1998), pp.6-7.

[2] Douglas Walton, *Character Evidence: An Abductive Theory*, Springer, 2006, p.14.

夺了他适当的知情权和对具体指控自我辩解的公正机会。[1] 然而,一种反对道德自主的观点可能冒着滑入对个体品格和个性的激进怀疑主义的危险,即使人们是道德自主的,道德主体还是可能会受制于其过往经历、选择和环境。这是因为人的品格和个性本身就是描述人们的这种具有跨时空的稳定性特征,甚至我们的推论不是推断被告不能做出与过去不同的行为,而是他未从他的过去挣脱出来,陪审员参考案件的其他各种归罪性和无罪性证据,考量不良品格证据并未以任何方式否定被告人选择和改变的道德自主和能力。对双重归罪之质疑论证,回答同此道理,不良品格证据只是预期具有用于帮助陪审团决定被告人对指控的事实是否有罪的纯粹认知功能;外部不良行为虽然可能增加了程序之中的事实争点,但不是预期在被告人使审判处于困境时来扩大指控范围。

(二)排除品格的原则理念

最终一个特征(trait)是否用品格证据规则来规范,就是要分步骤地考察倾向性和道德性这两个方面。品格证据最终如何运用,有采纳、排除和限制(证明的形式和时限)三个方面,尽管证据规则总体上是为了排除偏见的排除规则,但是,也要看具体的情形和时机。为什么要排除呢?重申其答案,就是为了防止陪审团形成偏见。品格就是一种输入偏见和激发陪审员感情的重要方式,因此更要注意防止陪审团把被告人放到道德审判庭而不是事实和法律的审判法庭。排除被告人的不良品格或者不当行为证据体现了包含在英美程序法理的特征之中的两个原则:充分证明原则(其背后还有准确发现事实的原则和保证无辜者免受错误定罪原则的支持)和限制裁决于指控的原则,前者要求达到排除合理怀疑的证明,后者要求陪审团或者治安法官无证据不裁判,两者都与无罪推定原则的精神一致。[2]

(三)法官指示与控辩对质

这里有一个特别需要提出的问题,就是正因为品格证据可能蕴含了偏见,而事实裁决者的决策应该避免受到偏见的影响,所以,对可能蕴含偏见的不良品性证据及可能侵犯受害人隐私的其性经历证据等通过立法的方式设定其排除规则。当然,法定需排除的品格证据没有被把住关或者为特定目的而运用的品格证据得以进入法庭听审程序,为陪审员所接触,对抗其偏见效果的方式,还可以通过法官告诉陪审团这个品格证据可能蕴含了

---

[1] Paul Roberts & Adrian Zuckerman, *Criminal evidence* (2nd ed.), Oxford University Press, 2010, p.596.

[2] Paul Roberts & Adrian Zuckerman, *Criminal evidence* (2nd ed.), Oxford University Press, 2010, pp.598-560.

偏见而指示将其排除或者运用于指定目的。甚至事实裁决者可能自带偏见，例如，缺乏被告人不良品格的明晰证据并不能阻止陪审员认为如果被告人没有被律师提出他是一个具有良好品格的人，则他就一定有前科，理性的办法并不是常规性地给事实认定者提供被告人的犯罪记录以抵制偏见性推论和附随之道德偏见的危险，而是帮助事实认定者理解与无罪推定原则一致地将不良品格证据从刑事审判中排除的原则基础。另外，品格证据不全是偏见，不同诉讼参与主体对品格有不同的利益关系，而法官不能阻止当事人自己或者获取证人来提出对自己有利之良好品格证据或者他人不良品格证据的主张，由此，所谓发现真相的最佳引擎——交叉询问就派上了用场。

八、结语

可以说，品格证据排除规则的制度发展，与英美法系（法源形式）、当事人主义（庭审模式）、陪审团（法庭组织结构）、审判（程序阶段）等这些概念密不可分，其实这些结构概念使得证据经过多重检验（证据能力）才能对特定的证明对象具有证据价值（证明力）。如果说相关性是证据法的逻辑主线，[①] 品格所具有的反映一致行为的倾向性，使得要件事实（实质性）"更可能或更不可能"（证明性）。从证明对象而言，作为实质证据，品格体现了"人"与"事"的稳定联系；作为补助证据，品格体现了"言"与"言者""行者"的统一可能。当然，这种稳定和统一已经为人们所认识，溢出英美法系、审判程序则是必然现象，一味在立法之中否认这种联系是对人们的日常逻辑视而不见，甚至实质上隐秘地、突袭地以品格给人定罪却让人无从提出有效的辩解。在我国，这种品格推论一直绕开审判程序而在审前的侦查、起诉程序或量刑程序之中得到职权考量，在审判之中尤其是没有得到辩护方的实质性检验。从相关性而言，对此进行反驳（rebut）的可能性承认了品格所体现的稳定、一致具有可辩驳性。

更由于品格本身带有的好坏价值判断，如果刑事程序中品格证据和品格推论大行其道，会冲淡审查事实要件的主题，甚至将犯罪行为的法律评价转化为一种针对品性的道德评判。正是为了防止这种道德偏见效应，品格证据规则首先就表现为各种禁止规则，例如，拒绝标签规则，禁止提衬规则，甚至就性侵类特殊案件而言有强奸盾牌规则。在我国刑事诉讼卷宗之中存在着各种证据，甚至包括捕风捉影的品格证据，这些证据悄无声息地

[①] 张保生、阳平：《证据客观性批判》，载《清华法学》2019年第6期。

传递给了阅读卷宗的裁判者，潜移默化地影响着其心证裁决，因此，在强调以审判为中心的诉讼制度改革和完善的背景下，贯彻直接言词原则——让证明倾向与犯罪行为一致性的品格首先经过控辩双方的检验才能对定案产生影响，并且还要引入交叉询问规则，允许以诚实与否的品格证据来质疑任何作证者，要求事实裁决者结合背景信息寻求最佳答案而避免其在二元对立的论点之中任意选择，左右为难，或者左右逢源。

第六章 品格证据的证明对象

日常生活屡屡诉诸品格的推断，在逻辑上被认为是一种诉诸人身攻击的谬误，但是，这种非形式逻辑的推论甚至在诉讼中也有广阔适用领域，并且还不一定错。虽然未必为法律所明确承认，在刑事侦查、强制措施执行、定罪量刑、刑事执行和犯罪预防等方面人们常常凭借好人、坏人的自然区分而使程序得以展开和推进。[1] 或许我们可以说罪犯是某个方面的坏人，但坏人不一定是罪犯，然而，先前定罪对判断被告人当下所面临的有罪无罪之指控或者证人是否可信具有举足轻重的作用。可以说，在庭审实践之中，因为不管是当事人还是证人所说的话，都要进行真假的判断，尤其是各方的证词对客观情势、外在证据等有不一致但是都可能合理的解释之时，谁更可信的问题不能悬而不决，而落脚于他们的品格之上或许能寻得蛛丝马迹，这也属人之常情。虽然不排除存在一个人的特定言词出乎其品格的情形，但是大概率的情形下，某人的言行与其一贯的品格一致，这在某种程度上也是守信或者失信带来的相应后果。品格形式多样，在英美法系一般认为其包括声誉、意见和特定行为，此外，还有不良品格和良好品格，以及非被告人品格和被告人品格等区分，程序规范也相当复杂。正如不被强迫自证其罪的理念或者所谓的口供中心主义的现实都说明了被告人占据着刑事审判的中心位置。在英美法系特有的陪审团审判组织和对抗式程序背景下，[2] 品格证据是庭审交叉询问的重要基石，而被告人获取有利证人出庭、对质不利证人及选择成为证人等构成了观察品格证据规则等重要线索，这恰恰与当今刑事诉讼都强调人权保障理念相通。

在英美法系国家，从被告与证人的权利差异及身份转换出发，品格证据可能用于证明犯罪倾向性的实质争点，属于实质证据，这往往运用于"非证人被告"首先获取证人提供被告人或者被害人的品格证据进而可能要接

---

[1] 参见刘立霞、路海霞、尹璐：《品格证据在刑事案件中的运用》，中国检察出版社2008年版。Mike Redmayne, *Character Evidence in the Criminal Trial*, Oxford University Press, 2015, "1.1 Character in the Criminal Process", pp.2-5.

[2] 美国《联邦证据规则》有关陪审团的典型条文有，第103（c）条关于证据的裁定"陪审团审理"，第104（c）条初步询问"陪审团审理"，第201（g）条关于裁判事实的司法认知"指示陪审团"，以及第1008条法庭和陪审团的职能。另外，由于律师的举证、质证活动多属于程序内容，在以可采性为核心的证据法之中主要戴着被告的面具行使辩护的权利。

受控方反驳的程序机制；品格证据或者用于证明证人可信性的附带争点，属于补助证据，屡见不鲜的是在交叉询问中以品格弹劾"非被告证人"的可信性。在被告人选择作为证人的情况下，被告人的品格可能兼具有实质证据和补助证据的双重功能，品格证据可能被限定于进行可信性的评价，但是其又可能跳过证据、事实根据而直接输入定罪判断。因此，"被告证人"的品格要经过手段因何可采和对定罪有无证明力的双重检验。

本章意图从"被告—证人"的相互关系或者角色转换出发，论述品格用于证明犯罪倾向性的实质争点和证人可信性的附带争点的分野。第一，被告人可以获取证明其良好品格的证人，进而引发控辩双方以被告人品格争点作为实质证据来证明其有罪与否，这里存在两个阶段相互递进的争点，一是品格争点，二是犯罪事实争点；第二，被告人对质诘问证人的权利诉求，使证人必然面临着以品格弹劾其可信性的情形；第三，在被告人选择成为证人的角色转换背景下，被告人的品格兼具有实质证据和补助证据的双重功能，又可能要经过作为手段之可采性和对定罪之证明力的双重检验。

一、引言：倾向性和可信性的分野

这里首先引入一个被告作为有权举证其良好品格的主体视角。我国学者易延友将有关品格证据的运用分为三个层次：(1)纯粹品格证据（被告人/被害人之不良/良好品格，尤其是在性侵犯罪之中），原则上不可采，及其例外；(2)不纯粹品格证据［如"外部行为或脾性证据"（Evidence of Extraneous Acts and Disposition），其中包括相似事实（similar facts），以及其他犯罪、过错或者行为证据以及习性证据（habit evidence）等］，在限定范围内（证明事项如动机、计划、机会、意图等）具有可采性；(3)无论其属于纯粹品格证据还是不纯粹品格证据，原则上均具有可采性的情形主要有：一是作为案件争议事实组成部分的当事人品格，二是用于弹劾证人可信度的证人品格，三是量刑程序中的被告人品格。[①] 依据证明对象的不同，上述三种分类可以分别归属于两类即证明犯罪倾向性的实质证据和证明证人可信性的证据，而基于传统和判例，英美法系的证据法对这两类证据是否可采及其审查机制又分别情形作出规定。

进而言之，无论褒贬，各国也都存在以当事人主要是被告人和被害人的品格作为证据来推论案件事实的情形。这种用以证明案件事实构成

---

① 参见易延友：《证据法的体系与精神：以英美法为特别参照》，北京大学出版社2010年版，第271页。

要件的证据体现了品格作为实质证据的功能。而补助证据是增强或者降低证据证明力的证据，其中弹劾证人通过交叉询问和引入旁证（extrinsic evidence），与之相对的是正誉证据（rehabilitation evidence）和提衬证据（bolstering evidence）。[1] 用以质疑证人可信性或者证言可靠性的证据是弹劾证据。每个证人的可信性都可以被弹劾。[2] 这也就是核心争点和附属争点的分类。英国学者詹妮·麦克埃文（Jenny McEwan）为了限制口头调查范围的需要，将证据区分为与争点有关的证据和仅仅证明证人可信性（可靠性或真实性）的证据，被告人的犯罪记录可能落入两者之间。前者是实质证据，证明主要争点，后者证明次要的（附属的）争点。[3] 英国学者克里斯托弗·艾伦（Christopher Allen）也指出，例如有关被告的良好品性最初仅与罪与非罪有关，它不能与被告作为的可信性有关；只有在被告人被允许作证才与可信性有关。据此可推知，普通法认为，品性证据有与"争点"的相关性和与"可信性"的相关性两个指向。[4] 美国《联邦证据规则》（Federal Rules of Evidence）有关品格证据规则的规定主要集中于第四章"相关性及其限制"和第六章"证人"。第四章是关于证据相关性的规定，其中规则404和405形成了一个以品格证明什么和以什么证明品格的逻辑链条；规则412（强奸盾牌规则）、413、414、415则规定了有关性犯罪一类典型案件中的被害人性行为、性癖性和被告人类似性犯罪行为等品格证据规则。第四章规则404（a）（3）关于品格证据禁止使用原则有一个"对证人的例外"提及了第六章的规则607、608、609，即品格可以作为关于证人可信性争点的弹劾证据使用。

  因此，下文将根据证明对象的争点相关性和可信性相关性，将品格证据分为证明案件实质争点的实质证据和证明可信性争点的补助证据。实质证据包含以品格间接推论案件事实、以品格在限定范围内证明如动机、计划、机会、意图等事项和以品格证明作为犯罪构成的品格要件或者量刑事实三种情形，品格作为实质证据可能由证人或者被告人自己提出，这些证据的提出者在受质疑时可能要以品格保证其证据可信性；而补助证据主

---

[1] Ronald J. Allen, Eleanor Swift, David S. Schwartz, Michael S. Pardo & Alex Stein, *An Analytical Approach To Evidence Text, Problems, And Cases* (6th Ed.), Wolters Kluwer, 2016, pp.389-390.

[2] See Ronald J. Allen, Eleanor Swift, David S. Schwartz, Michael S. Pardo & Alex Stein, *An Analytical Approach To Evidence Text, Problems, And Cases* (6th Ed.), Wolters Kluwer, 2016, pp.387-388.

[3] 参见［英］詹妮·麦克埃文：《现代证据法与对抗式程序》，蔡巍译，法律出版社2006年版，第50页。

[4] 参见［英］克里斯托弗·艾伦：《英国证据法实务指南（第四版）》，王进喜译，中国法制出版社2012年版，第276页。

要包含以品格对证人（并不限于品格证人）进行弹劾和正誉两种情形。在英美法系基于历史传统和判例而不断发展品格是否可采的证据规则。其中，有关被害人品格的证据往往也是被用以证明被告人有罪与否的实质证据，本章不作过多探讨。

二、非证人被告：品格作为实质证据

就当事人品格而言，品格证据与核心争点即案件事实关系的推论路径主要表现为间接推论、限定推论和直接推论三种形式，这三种推论的出发点都是品格证据或者类品格证据。品格作为实质证据的情形下，"非证人之被告"能够获得证人提供其品格证据（主要是良好品格证据）是使庭审攻防得以展开的一个关键因素。

（一）间接推论：纯粹品格证据→品格→案件事实

间接推论是要推论出犯罪行为与品格具有一致性，这往往内涵了对当事人主要是被告人和被害人的道德偏见一般予以排除，但是根据其好恶区分、控辩立场差异和形式差别而例外可采为证据。英国学者艾伦指出，品格作为对被告的指控之实质证据，目的是证明指控之真假，但是，其结果却是一种"可能"的概率而非决定性的。在英国普通法上，民、刑程序中被告不良品性证据被用以支持控诉，典型如类似事实证据。[1] 在刑事程序中被告的良好品性证据能用以反驳控诉，而在民事程序中，当事人良好品性证据因为不相关而不可采，不过，在民事程序中被告发的行为既是犯罪也是侵权的证据则具有相关性。普通法规则在制定法之中得到精细的发展。在美国，品格证据作为实质证据突出的是禁止规则及其例外。

第一，拒绝标签：禁止控诉方首先提出不良品格证据。美国《联邦证据规则》404规定了品格证据禁止使用的一般规则，其中，规则404（a）（1）的推论模式为，纯粹品格证据→品格→案件事实。[2] 这里有双层的争点，而从品格证据到案件事实要经过品格中介，从而是一种间接推论。然而，该款是一种排除规定，即品格证据不得采纳来证明某人在具体场合下的行为与品格具有一致性；而规则404（b）（1）的推论模式为，具体行为实例→品格→案件事实。该款也是排除规定，即犯罪、不法行为或者其他行为不得采纳来证

---

[1] 《2003年刑事司法法》第99条"Abolition of common law rules"，已经废除了刑事审判中关于类似事实证据的普通法。参见［英］克里斯托弗·艾伦：《英国证据法实务指南（第四版）》，王进喜译，中国法制出版社2012年版，第273页。

[2] 箭头指向的对象为待证争点，箭头右向指支持，箭头左向指回应反驳或者在交叉询问中主动提起的攻击，下文同此。

明某人的品格以表明该人在特定场合的行为与该品性具有一致性。可以说，作为中介的品格所指向的行为就是案件的核心争点，即被告人当下被指控的犯罪。这个品格证据禁止使用的基本原则，主要有效率（可能会引入附属问题"审判中的审判"而浪费时间）、公平（要求被告就其过去进行解释而带来辩护负担）、品格证据会导致推理偏见及含有道德偏见等理论基础。

第二，怜悯规则+开门规则（以毒攻毒）：辩方提出纯粹品格证据（直接询问：声誉证言、意见）→品格←控方反驳（交叉询问：声誉、意见，以及用相关具体行为实例反驳品格证人）。

1. 品格作为争点。尽管控辩双方针锋相对地提出不同品格证据，最终指向的还是被告人是否犯下当下被指控的罪行，但是，控辩双方首先就在品格争点上做文章。从一种仁慈的角度而言，法律应当允许被指控犯罪的人不择手段地来摆脱罪责，包括诉诸自己的良好品格、对方的不良品格等，因此，品格证据禁止原则有一些例外。《联邦证据规则》404（a）（2）是关于被告人或者被害人品格证据例外可采：一是被告人可以提出证明自己相关品格特征的证据，如果被采纳，控诉方可以提出证据来反驳它。二是在被告人可以提出所称被害人相关品格特征的证据，如果被采纳，控诉方可以提出证据来反驳它，或者提出用于证明被告人具有相同品格特征的证据。三是在杀人案中，公诉人可以提供所称被害人具有平和品格特性的证据，以反驳所称被害人是首先挑起事端者的证据。这三种情形都可由辩护方首先提出，作为被告人的权利体现了怜悯规则，以及控诉方针锋相对地"反驳"（rebut），这就是开门规则。

2. 证明品格的方法。《联邦证据规则》405（a）在关于某人品性和品性特征的证据可采的情况下，可以用关于该人声誉的证言或者意见形式的证言予以证明，为防止带来大量的时间耗费和分散事实审判者的注意力，不允许使用具体行为实例。但是在对品性证人进行交叉询问时，法院可以允许调查该人的相关具体行为实例。在对这种相关具体行为实例进行调查时，不得引入外部证据，以免带来不当损害、混淆争点和拖延。但是，在宣称不良行为时，必须在事实上有真诚（good faith）基础。[1] 美国《联邦证据规则》405（a）和608（b）都允许在交叉询问中调查具体行为实例，但是因为控方反驳的路径不同而分为关于被告人的具体行为实例（针锋相对）和关于此证人或另一证人可信性的具体行为实例，曲径通幽地支持犯罪事实

---

[1] 参见王进喜：《美国〈联邦证据规则〉（2011年重塑版）条解》，中国法制出版社2012年版，第89页。

成立。英国 R v Rowton[①] 一案中,就被告的良好品性传召证人仅限于提供一般声誉证据,对此证据,检控方有三种挑战方法:一是通过盘问证人来挑战证人的可信度(见下文论述,不一定以品格证据);二是通过盘问来质疑被告人品行良好的主张;三是提出证明被告具有不良品性的反驳证据。基于充分性考量,被告人也可能从控方证人引出 Rowton 的良好品格证据。因此即使控方没有交叉询问的机会,也能提出证明被告具有不良品性的反驳证据。[②] 控方提出不良品性的反驳证据最初必须关切被告人的声誉,其中第三种方法会形成被告人好、坏"声誉"之间的比较。但是《1898年刑事证据法》(Criminal Evidence Act 1898)使得除了声誉证据外,性情证据也可采来证明不良品性。限制被告方提出有关良好品格的具体实例之 Rowton 规则的正当性:(1)特定事实证据缺少证明力,因为即使是最卑劣的罪犯,也会有宽宏大量的行为。(2)检控方未得到通知,无法辩论;(3)拖长审判。[③]

第三,性侵犯被害人隐私保护+被告类似事实可采规则:在性侵犯案件中,美国《联邦证据规则》412—415 的适用优于规则 404 的适用。

1. 强奸盾牌规则:[④] 规则 412(a)规定了被害人(victim)性行为或者性癖性的证据的排除性规则。之所以排除被害人的性名声或者同意与第三人进行性交的证据,因为这些证据不能对当下的案件起到证明作用,还可能披露了被害人的性隐私,抑制被害人报案和庭审作证的积极性。

2. 性侵犯或者性侵扰案件的类似犯罪和类似行为可采规则。1994 年美国议会通过了《暴力犯罪控制和法律执行法》(Violent Crime Control and Law Enforcement Act, 1994)修正了暴力犯罪中有关证据的规则。随后联邦议会通过并颁布实施了《联邦证据规则》413、414 和 415。[⑤] 总体上被告人的类似犯罪行为可以被采纳为当下被指控性侵犯(规则 413)、猥亵儿童犯罪(规则 414)的刑事案件证据。"被告人曾经实施犯罪"并不要求被告人已被定罪,甚至不要求已受到正式指控。依据规则 415 的规定,在声称一方当事人实施了性侵犯或者猥亵儿童而提出救济主张的民事案件中,法院可以采纳关于该当事人实施了其他性侵犯或者猥亵儿童的证据。这三

---

① R v Rowton (1865) Le & Ca 520.
② See Hodge M. Malek Q.C. & Specialist Editors, *Phipson on Evidence* (17th Edition), (Common Law Library), Thomson Reuters, 2010, p.583.
③ 参见[英]克里斯托弗·艾伦:《英国证据法实务指南(第四版)》,王进喜译,中国法制出版社 2012 年版,第 276 页。
④ 参见王禄生:《美国"强奸盾牌条款"评析》,载《比较法研究》2014 年第 3 期。
⑤ 关于该规则引发的批评意见,参见易延友:《英美法上品格证据的运用规则及其基本原理》,载《清华法学》2007 年第 2 期。

条降低了指控的难度，而基于对被告人权利的保障，都明确规定了"对被告进行披露"的程序要求，"如果公诉人意图提供这一证据，则公诉人必须向被告披露该证据，包括证人陈述或者预期证言之概要。公诉人至少应于审判 15 天前或者法院出于正当理由而允许的较迟时间内进行该披露"。此外，本条规则并不限制根据任何其他规则对证据的采纳或者考量。

（二）限定推论：不纯粹品格证据→案件事实

限定推论是以犯罪、不法行为或者其他行为等类品格证据限定于证明动机、机会、准备、计划、知情、身份、无错误或者无意外事件等罪过和主观方面的非品格事实。尽管这里的当事人可能包含被告人和被害人，但是证明的目标指向都是案件犯罪事实。

第一，美国《联邦证据规则》404（b）（2）规定，犯罪、不法行为或者其他行为作为其他目的，例如证明动机、机会、意图、准备、计划、知情、身份、无错误或者无意外事件而采纳。

第二，美国《联邦证据规则》406 从习惯证据、例行做法推论其在具体场合有一致行为（无论有无补强或者目击证人）。

（三）直接推论：品格证据→犯罪事实的品格要件

直接推论是用品格来证明被实体法设定为犯罪构成要件或者量刑事实的品格；美国《联邦证据规则》405（b）规定在声誉证言、意见之外，可以用相关具体行为实例品格证据来证明作为一项指控、起诉或者辩护之要件的当事人品格。[①] 品格作为构成要件的情形本身比较少见。品格对量刑事实方面的证明一般不采用严格证明程序，本书不再赘述。

三、非被告证人：品格作为补助证据

这里突出的是"非被告之证人"视角。以品格作为对证人进行弹劾和正誉之证据是英美法的常见之举。以品格作为弹劾证人可信性的补助证据，争点转移到了证人诚实与否的伦理品质上，暂时撇开了案件真相问题。由于补助证据内含偏见、偏离焦点等原因，这种证据需要附带一定的条件才具有证据能力，并且一般被禁止用于证明案件事实这个核心争点。

（一）保证规则的废除与保留

出于维护同一堡垒内部成员之间相互信任的社会联系，保证规则（voucher rule）是为普通法长期以来所确立的不得弹劾己方证人可信性规

[①] 这种情况并不常见。Graham C. Lilly, Daniel J. Capra & Stephen A. Saltzburg, *Principles of Evidence*, (Concise Hornbooks) (8th edition), West Academic, 2019, p.76.

则。Lord Denman CJ 在 Wright v Beckett[①]案中称"你不能证明你将其作为体面人提交陪审团的人是个声名狼藉的人",其结果是,如果证人在传唤时拒绝作证,法庭或陪审团听不到证人的证词;又如果证人提供证据与证词所说的完全不同,陪审团法院将听取到对另一方有利的证据,而且对证人的证词变更一无所知。因为证人"变换立场",与不利或敌对证人有关的原则对保证规则的保留或者废除有借鉴意义。1865 年《刑事程序法》(*Criminal Procedure Act* 1865)第 3 条对普通法做了补充。[②] 当出庭作证的证人证言出乎意料地变得不利于传唤该证人的一方,而成了敌意证人,[③]他不能通过试图表明该证人的不良品性来进行补救;可以传唤其他证人来反驳该有害证言,在某些情况下可以进行有限地弹劾其可信性,即就该证人的先前陈述与其庭上证言的不一致对其进行交叉询问。英国《2003 年刑事司法法》(*Criminal Justice Act* 2003)第 98 条界定了"不良品格"(bad character)主要是与当下受指控的犯罪事实或者对其调查和起诉无关的先前不端行为和不端性情的证据,而第 100(1)条规定第 98 条范围内的非被告之证人不良品性证据只有在符合以下三个条件之一的情况下才能够提出:(a)它是重要的解释性证据;(b)就程序中的争议事项,它有着重要的证明价值,而从整个案件看,该争议点极其重要;(c)程序的所有当事人都同意该证据应当采纳。英国学者艾伦还特别提及,《刑事司法法》第 100 条并不影响当事人不得以一般不良品性证据来弹劾其自己证人的可信性的规则。[④]《2003 年刑事司法法》第 112(3)(a)明确地保留着上述 1865 年法案第 3 条规定的这种制度,体现了普通法所珍视的传统价值。对此英国对己方证人转换为敌意证人并未束手待毙,只能"绕弯子"寻求其他证人证言反驳其不利证言,或者"兜圈子"回到先前陈述说明其与庭上证言不一致,从而存在事实裁决者对不同证言的比较取舍,而美国则允许当事人釜底抽薪地直接"开杠"敌意证人的可信性。根据《美国联邦证据规则》607 的规定,任何当事人,包括传唤证人的当事人,都可以攻击证人的可信性。可以说,被告人权利保障是程序正义的自身价值所在。

[①] Wright v Beckett, 174 E.R. 143; (1833) 1 Mood. &. R. 414 CCP. (1834) 1 M. &. Rob. 414, Lord Denman 的意见参见[英]克里斯托弗·艾伦:《英国证据法实务指南(第四版)》,王进喜译,中国法制出版社 2012 年版,第 283 页。

[②] See Hodge M. Malek Q.C. & Specialist Editors, *Phipson on Evidence* (17th Edition) (Common Law Library), Thomson Reuters, 2010, p.382.

[③] 参见[英]克里斯托弗·艾伦:《英国证据法实务指南(第四版)》,王进喜译,中国法制出版社 2012 年版,第 119 页。

[④] 参见[英]克里斯托弗·艾伦:《英国证据法实务指南(第四版)》,王进喜译,中国法制出版社 2012 年版,第 283 页。

（二）弹劾、正誉及禁止提供

第一，证人可信（credibility）与否←证人诚实与否（truthfulness or untruthfulness）的品格（声誉证言、意见、先前定罪判决）。此处的争点是证人可信性，而其证据形式为声誉证言、意见，因此在提证手段上就有了以其他品格证人来反对证人的意味。需要注意的是，在法庭调查中攻击对方证人的可信性，虽然是重开了一个附带争点，但总体上还是附属于交叉询问的反询问环节之中。

根据《美国联邦证据规则》608（a），对证人可信性的证明包含了弹劾和正誉两种情形，主要使用声誉证言、意见两种方法。当然，攻击证人可信性也就是弹劾证人，有多种方法：（1）证人具有不诚实品格特征的证据表明该证人在证人席上可能不诚实。（2）揭示证人在本案中有偏见或利害关系表明存在不诚实的动机。（3）攻击证人陈述或感知能力等其他证言品质，也可以损害证人的可信性。这样的攻击可以集中在一般能力上（如色盲），或在与本案有关场合中具体使用这些能力上（如证人在观察有关事件时没戴眼镜）。（4）对证人前后不一致的陈述的证明表明陪审团应该对证人证词的准确性持怀疑态度。（5）从其他途径得到的使该证人陷入矛盾的证言，可以降低该证人的可信性。[①] 其中，以不诚实品格来弹劾证人可信性只是其中的一个重要途径。

一般而言，刑事定罪是一种明示的特殊品格证据。美国《联邦证据规则》609（a）明确规定了使用刑事定罪（criminal conviction）弹劾：（1）在民事案件和被告非证人的刑事案件中：证人诚实品格←以重罪定罪攻击；规则609（a）（1）（A）的规定体现了法不强人所难的精神，因为定罪乃至于定重罪都是容易查明的事实。英国学者艾伦指出："任何犯罪的定罪判决都与证人的可信性有关，因为人们认为这揭示了该人的伦理品质。"所以，在民事和刑事程序中，可以就其先前的有罪判决对证人进行交叉询问，以证明不应当相信他们的誓言。[②]（2）在证人是被告的刑事案件中：诚实品格←以证明价值超过（outweighs）对被告损害效果之重罪定罪攻击。规则609（a）（1）（B）更多地体现了保护被告的价值。（3）诚实品格←以任何有关不诚实行为或者虚假陈述的定罪攻击。也就是说，规则609（a）（2）规定的犯罪具有以欺诈或者不诚实作为定罪要件或者必要手段的性质，并

---

① See Ronald J. Allen, Eleanor Swift, David S. Schwartz, Michael S. Pardo & Alex Stein, *An Analytical Approach To Evidence Text, Problems, And Cases* (6th Ed.), Wolters Kluwer, 2016, pp.387-388.

② 参见［英］克里斯托弗·艾伦：《英国证据法实务指南（第四版）》，王进喜译，中国法制出版社2012年版，第271页。

且不论轻重体现了与附带争点之间的密切相关性,无需权衡自动可采,但是法律要求法院可以"轻易"(readily)确定,防止一头扎进"迷你审判"之中①。此外,规则609(b)规定了使用证人被定罪或者释放逾10年后的定罪证据要进行价值权衡和合理通知及反驳机会的程序限制,规则609(c)规定了赦免、撤销或者改过自新证明书的效力不可采;规则609(d)还规定了未成年判决为公平定案所必需的对刑事案件非被告的证人弹劾可采性,这种情形换作是关于该罪行的成年人定罪判决证据也可采纳用以攻击成年人的可信性,也就是符合规则608或者609其他各条而可以弹劾之情形的规定。规则609(e)规定,符合本规则上诉未决的定罪判决具有可采性。当然其证明价值托付于审判者有作出正确裁决的能力。

第二,禁止提衬规则。提出证人者通常只能在证人的可信性受到攻击后,才可以提出有利于证人可信性的证言来对证人进行正誉。在证人品格不存在争议的情形下首先进行证明是多此一举。美国《联邦证据规则》608(a)禁止提供证人在诚实性方面具有良好品性的声誉或意见证据,除非该证人在诚实性方面的品性受到了攻击。除了上述的禁止提衬规则之外,其证明方式也是声誉或者意见证据,证明对象是证人的诚实品性,而非关于一般品性的证据,结果是突出相关性,减少了突袭、浪费时间和混淆,并且使证人的表现多少有点不那么令人讨厌。②

(三)附属事项终结性规则及其例外

以包含品格因素的行为作为的证据,随着交叉询问的深入,弹劾和支持证人可信性可能会引申出两层步骤:证人诚实性(truthfulness)←["外部证据"(即被交叉询问的证人以外的其他证人的证言、其他书证)]→行为具体实例。其中,第一个层次是以行为具体实例弹劾证人诚实性;第二个层次是以"外部证据"支持行为具体实例,这会引发审判中的审判,导致程序冗长和时间耗费。

第一,英国的附属事项终结性规则。英国关于证人品格良好或不好的证据,不是核心争点,不能成为抗辩的组成部分,但是可以证明证人有不诚实的名声。在Richard and Longman(1966)案③中,上诉法院承认普通法有一条奇怪的规则,即虽然可信性是一个附属争点,不能就该争点提供证据,但可以传唤证人X,证明另一个证人Y有不诚实的名声,不应该相信Y

---

① Federal Rule of Evidence, Rule 608.Committee Notes on Rules - 2006 Amendment.
② See McCormick §44.Federal Rule of Evidence, Rule 608. Notes of Advisory Committee on Proposed Rules.
③ See Richard and Longman[1966]1 QB309.

的宣誓证言。上诉法院注意到，该规则从来没有被使用过。品格问题附属于主要争点，因此属于交叉询问的范围。为了防止法院涉入针对证人品格好坏所进行的长时间的、复杂的辩论中，有这么一条规则，[①] 即规定证人在交叉询问中，针对其可信性所做的回答是最终答案，证人也不能受到与他或她的回答相反的证据的质疑。[②] 英国学者理查德·梅（Richard May）也指出，受到附属事项终结性规则（Collateral-finality rule）的约束，证人在交叉询问中，针对其可信性所做的回答是最终答案，梅还列举了一些案例说明如何区分出争议事项和仅同信用有关的事项。[③] 很难在主要争点和附属争点之间划定界限，英美法系实践中发展出一些可信性上升为核心争点的例外规定，例如证人先前定罪通过交叉询问之外的方式证实；有关偏见的辩解，包括与案件有利害关系的辩解，或者证人同传唤他的当事人之间有特殊关系的辩解；可能影响可信性的身体残疾；以及交叉询问者有意通过证人先前自相矛盾的陈述证明证人不可信。[④] 其中有针对证人的先前的定罪、失实名誉证据等例外。[⑤]

第二，美国的禁止提出外部证据规则。在美国法中，禁止使用外部证据弹劾或者支持证人可信性，也有先前定罪、不诚实名誉等例外。根据美国《联邦证据规则》608（b）询问者弹劾或者支持证人的可信性，受到证人回答的约束，不能引入证明证人的行为具体实例的外部证据再行驳斥证人。所谓"外部证据"（extrinsic evidence）是指并非来自被交叉询问的证人回答的证据，如其他证人的证言、其他书证。当然，犯罪定罪判决有一定的司法认知性，可以作为禁止提出行为具体实例等外部证据的例外。这就是美国《联邦证据规则》609 的相关规定，允许"先前定罪判决"这种特殊的外部证据来攻击和支持证人的诚实性。美国《联邦证据规则》608（b）本身也规定了禁止具体行为实例的例外情形，允许在交叉询问中调查能证明证人本人诚

---

① See Harris v. Tippett (1811) 2 Camp. 637. Palmer v. Trower (1852)8 Exch 247.
② 以上英国的品格证据规则，参见［英］詹妮·麦克埃文：《现代证据法与对抗式程序》，蔡巍译，法律出版社 2006 年版，第 50 页。
③ ［英］理查德·梅：《刑事证据》，王丽、李贵方等译，法律出版社 2007 年版，第 657 页以下。下列案件中争点被认为属于案件争议事项的有，Busby (1982) 75 Cr. App. R. 79, "警察编造陈述"；Marsh (1986)83 Cr. App. R. 165, "证人的威胁"；Funderburk (1990)90 Cr. App. R. 466, 470, 性侵案未成年被害人的信用；Edwards (1991)93 Cr. App. R. 48, 56, "警察编造自认"。
④ 参见［英］詹妮·麦克埃文：《现代证据法与对抗式程序》，蔡巍译，法律出版社 2006 年版，第 52-54 页。
⑤ 有这样五个例外：(1) 偏见或偏袒；(2) 先前的定罪；(3) 失实名誉证据；(4) 影响证人证据可靠性的医学证据；(5) 根据《2003 年刑事司法》第 124 条与根据该法案第 117 条采纳了其陈述的证人有关的可采事项。See Hodge M. Malek Q.C. & Specialist Editors, *Phipson on Evidence*（17th Ed.), (Common Law Library), Thomson Reuters, 2010, pp. 374-375.

实与否，或者证明其品格由正被质询的证人作证的另一个证人诚实与否之具体行为实例。该规则把此证人诚实与否或者他曾对其品格作证的另一个证人诚实与否的特定行为实例融入对证人的反询问之中，意图迫使证人承认品性不端的"具体行为实例"，当面打脸证人，让其证词陷入不实、自相矛盾的尴尬境地。然而，证人出于本能否认对其品行不端的具体实例指控，另外，仅仅就诚实与否的调查，如果证人包括被告选择作为证人被问及的先前不端行为是未被指控的犯罪，不作为被告或证人放弃反对自我归罪的特免权来操作。[1] 因此，可以说，对可信性争点的这种证明是一种未完成形态。

第三，证人可信性之争点归属检验标准。麦克埃文引述朱克曼的观点指出"证人的可信性总是与案件的争点有关，因此区别附属问题和证明争点的问题是错误的"，某些例外规定都承认证人的可信性在某些案件中属于重要争点；但这些规定的范围太受限制了。[2] 因此，证据可信性作为主要争点而非附属争点的检验标准，在英国以证人的回答是当事人被允许用证据加以证明的事项来判断，[3] 而澳大利亚《1995年证据法》规定能证明证人对其所提供证据相关的事实是无知的，就允许提供反驳证据，乃至1997年新西兰法律委员会建议取消关于附属争点的规则，采用"实质性帮助"这一检验标准，只要真的有用，任何情况下都允许提供反驳证据。[4] 其实这些标准也就是说证人（尤其是警察，被害人）可信性问题和案件的实体争议事实之间存在"竞合"，不能因为可信性作为附属争点而阻碍案件真相的查明，而允许再传唤证人出庭。

四、作证被告人：倾向性和可靠性之间的融合

可以说，在英国，因普通法、判例法与制定法的交替更迭，刑事民事程序运行和责任评价差异，主询问与交叉询问的前后衔接，以及被告人与证人关系（被告人获得证人，被告人对质证人，被告人作为证人）的相互纠

---

[1] 《美国联邦刑事诉讼规则和证据规则》，卞建林译，中国政法大学出版社1996年版，美国刑事诉讼简介，第21页。

[2] 参见[英]詹妮·麦克埃文：《现代证据法与对抗式程序》，蔡巍译，法律出版社2006年版，第54页。

[3] "If the answer of a witness is a matter which you would be allowed on your own part to prove in evidence-if it had such a connection with the issues that you would be allowed to give it in evidence-then it is a matter on which you may contradict him." Per Pollock C.B. in Attorney General v Hitchcock (1847) 1 Exch. 91 at 99. See Hodge M. Malek Q.C. & Specialist Editors, *Phipson on Evidence* (17th Ed.), (Common Law Library), Thomson Reuters, 2010, p.373.

[4] 这些标准，分别参见[英]詹妮·麦克埃文：《现代证据法与对抗式程序》，蔡巍译，法律出版社2006年版，第51、54、56页。

缠，控方与辩方的权责分配、平等对抗，被告人与同案被告卸责甩锅，故品格证据的倾向性和可信性这两个层面的争点问题并不是绝对分开的，并且在程序运行之中再次展现和确认了很多证据法上的权利原则。如果说区分非被告证人的可信性和案件争议事实的核心争点是追求效率和防止偏离事实焦点，那么对于被告证人则更突出的是其可信性争点被用于证明案件事实争点而蕴含了对被告人的偏见，因此根据具体情况要将特定证据限定于证明特定对象。

（一）倾向性和可信性的双重功能

第一，被告作为良好品格的人为自己辩护。在英国，刑事审判被告选择作为证人可以提出其良好品性的证据。《1898年刑事证据法》之前，良好品格证据的提出只能在交叉询问证人的过程中获得其他证人以一般声誉证据的形式得以实现，并且仅仅与被告人是否有罪相关；因为在严重犯罪刑事审判中禁止被告作证为自己辩护，一是防止考验被告让其被迫自证其罪；二是防止陪审团从对行为的判断转向是否相信对被告的评价。《1898年刑事证据法》第1条赋予被告人有资格作为证人为自己辩护，现在，被告人可以主动提出，而且有多种形式，不仅仅局限于一般的声誉证据，个人意见证据、先前具体的善良行为证据及清白的警察记录等形式均被容许。[①] 一旦被告被允许作证，良好品性会具有双重功能：它不仅使得被告更不可能犯下检控方指控的罪行，而且还意味着他比不具有良好品性的证人更可信。[②]

第二，被告面临包括以不良品格质问的交叉询问。根据《1898年刑事证据法》第1条，在明确刑事被告作为辩方证人的适格性后，有先前定罪的被告作为证人其可信性受弹劾，可能会阻却其作证。第1(2)条取消了作证的被告享有的反对被迫自我归罪的特免权，也就是说被告选择作为证人即放弃了此权利，面临交叉询问要回答涉及直接询问事项的事项。美国法也是如此，作证被告人必须回答有关他被审判的罪行的所有质询。[③] 如果被告在证人席上被允许运用该特免权，则检控方就不可能实现交叉询问

---

① 参见刘宇平：《论英国刑事诉讼中的品格证据规则》，载《贵州大学学报（社会科学版）》2006年第3期，第49页。
② 参见[英]克里斯托弗·艾伦：《英国证据法实务指南（第四版）》，王进喜译，中国法制出版社2012年版，第276页。此规定为《2003年刑事司法》第11部分第1章废除和取代。
③ 参见[美]罗纳尔多·V.戴尔卡门：《美国刑事诉讼：法律和实践（第六版）》，张鸿巍等译，武汉大学出版社2006年版，第524页。

的目标。① 当然庭审还是要遵循交叉询问的基本原则,符合实质性和效率性等要求,被告作证的刑事案件之中,一般禁止向其询问被指控罪名以外的关于其他罪行、有罪裁判或品格败坏的问题。不过,控方可以提出被告人不良品格证据的例外情境是:(a)该法第1(3)(ⅰ)条,"其他罪行或有罪判决可以作为证据,证明其犯有正被指控的犯罪",笔者以为这有普通法上相似事实之意味,自己的过往就泄漏了犯罪手法或者犯意的底牌。(b)"出来混迟早是要还的",该法第1(3)(ⅱ)条仅与可信性有关,即首先置自己的品性于争议之中,或者辩护的性质或者行为将责任归咎于控方证人的品格。这是开门规则,也是来自证人的反制,品格作为情况证据受制于司法自由裁量,这与美国法限于可信性上的交叉询问是相同的。(c)第1(3)(ⅲ)条则是针对被告在自己的辩护中作证支持了控方对共同被告的指控或者破坏共同被告的辩护情形下,而被甩锅的同案犯可以就被告证人的不良品性接受交叉询问,包括任何先前定罪判决。这是来自同案犯对被告人的反制,这种牵涉到责任的绝地反击属于同案犯的绝对权利。

(二)被告不良品格证据的证明价值和不利影响之间的权衡

英国《2003年刑事司法法》第101(1)条规定了可以采纳被告的不良品性证据的7个"门路":

(a)程序的所有当事人都同意证据具有可采性;

(b)该证据是被告自己提出的,或者是在回答由他在盘问中所询问的旨在引出该证据的问题时提出的;

(c)它是重要的(important)解释性证据;

(d)它与被告与检控方之间重要的(important)争议事项有关;

(e)它就被告与共同被告之间重要的(important)争议事项,有着重要的(substantial)证明价值;

(f)它是用来纠正被告造成的虚假印象的证据;

或者(g)被告对其他人的品性进行了攻击。

跟随其后的第102条至第106条对上述7个门路的相关词语和适用进行了解释。一般而言,刑事诉讼由控方承担举证责任,被告的不良品格证据通常要被排除,但是却可能出于辩护策略由被告人主动或者借证人之口提出[101(1)(a)(b)],或者由于控诉方或者其他相对方的回应[101(1)(f)(g)]而提出,其证明对象主要是与被告人可信性有关的附属争点。被

---

① 参见[英]克里斯托弗·艾伦:《英国证据法实务指南(第四版)》,王进喜译,中国法制出版社2012年版,第274页。

告人提出良好品性（美化自己）作为独立证据而否认指控，则会受到交叉询问；仅仅否认指控也可以间接推论出其良好品性，又不得对他进行交叉询问。[1]而《2003年刑事司法法》101（1）（c）（d）（e）修饰词重要的（important）争议事实和重要的（substantial）证明价值则有两个层面权衡的含义：

其一，证明指向："重要"主要是指有关犯罪事实要件的实质性争点。例如，门路（c）作为背景证据（background evidence）[2]可采，其理由是：第一，它与所指控的犯罪事实有着不可分割的联系，属于犯罪事实的一部分；第二，它不属于犯罪事实的一部分，它使与之联系在一起的犯罪事实得以理解。这可能以被告先前定罪或者其他不法行为证据能解释当下被指控犯罪中的令人费解的本案其他证据或者情境，因此这些证据指向的是核心争点。门路（d）涉及的是仅由检控方提出的被告的不良品性证据，包含了《2003年刑事司法法》103（1）规定的（a）犯罪倾向和（b）不诚实倾向两种，[3]一方面，根据《2003年刑事司法法》103（2）之规定，在适用该（1）（a）款证明被告有被指控的此种犯罪之倾向上，通过被告曾就与被指控的相同或者同类犯罪被定罪的证据来证明不影响这么做的其他方式（without prejudice to any other way of doing so）[4]，控辩双方为各自目的使用的事实依据可并行不悖；另一方面，与门路（g）被告攻击他人的可信性时的开门规则带来以毒攻毒不同，门路（d）控方以被告的不诚实倾向之证据主动出击，该不良品格证据根据《2003年刑事司法法》103（1）（b）的解释限于有限范围，例如关于伪证罪或者其他涉及欺骗的犯罪（例如，以欺骗方式取

---

[1] 参见[英]克里斯托弗·艾伦：《英国证据法实务指南第四版》，王进喜译，中国法制出版社2012年版，第274页。

[2] 根据法律委员会的说法，背景证据可以以四种方式加以采纳：（1）证据在时间、地点或者环境方面接近所指控的犯罪的事实或者环境。（2）证据对于完整描述所指控犯罪的环境是必要的，以便使得陪审团能够理解。（3）被告与所指控犯罪的被害人有关系，证据能够证明被告对被害人的先前行为。（4）证据有助于证明动机。Law Commission No 273, 2001, para 10.1. 参见[英]克里斯托弗·艾伦：《英国证据法实务指南（第四版）》，王进喜译，中国法制出版社2012年版，第285页。

[3] 参见[英]克里斯托弗·艾伦：《英国证据法实务指南（第四版）》，王进喜译，中国法制出版社2012年版，第286页。就第101（1）（d）条而言，被告与控方之间的事项包括：

（a）被告人是否有犯该类被控罪行的倾向的问题，除非他有这种倾向使他不再犯该罪行；

（b）被告人是否有不真实（untruthful）倾向的问题，除非没有表明被告的案件在任何方面不真实（untruthful）的情况。

[4] 笔者结合相关法条和前后语境，认为这一用语可能蕴含着三种权衡：第一是证明犯罪还有其他方法，这种被告先前定罪的不良品格证据是一种补充手段；第二，这种被告先前定罪的不良品格证据其实还被辩方拿来或者由辩方主动提出[《2003年刑事司法法》101（1）（a）、（b）]作出有利于己的解释；第三，或者被告先前定罪随时间流逝而失效而被排除，或者还存在与被告先前定罪类似的替代品，如曾被同罪名或者同类罪名起诉，得到适当证明的外国定罪的不良品格证据，见《2003年刑事司法法》103（3）、（4）。

得财产）的定罪判决。[1]

其二，权衡基准：证明价值重大与否及对被告人偏见程度是否影响正义利益的权衡。门路（c）根据《2003年刑事司法法》第102条的解释是，"没有它，法院或陪审团将发现不可能或难以正确理解案件中的其他证据，并且它对于理解整个案件的价值是巨大的（substantial）"，不过，这并没有要求检方证明，其具有超越偏见的正义利益才采纳该证据，当然法官可以自由裁量是否排除那些偏见超过证据价值的证据。门路（d）不要求证明价值重大，同种或者同类先前定罪判决[2]相似性程度、被告持有归罪性物品用来识别罪犯或者反驳辩护对当下被指控犯罪是否可采也由法官自由裁量；根据第101（3）条，依据被告排除证据的申请，法院认为采纳证据会对法律程序的公平性产生这种不利影响以至于不应当采纳它，则法院不得根据第（1）（d）或（g）款采纳证据，即可以适用《1984年警察与刑事证据法》之78（1）权衡排除检控方所依赖的证据。门路（e）明示被告和共同被告之间利益的权衡，仅具有边际或者轻微价值的证据是不可采的，正如上述提及的《1898年刑事证据法》第1（3）（ⅲ）条以破坏共同被告辩护和支持对共同被告的控诉而使得作证之被告的不良品格证据可采。

综合来看，关于品格证据证明的争点，一方面，可能从犯罪倾向向可信性方面延展，例如门路（d），虽然有案例在早先案件中被告作无罪答辩并且陪审团不相信被告作证的所述而被定（无论是否有关不诚实的）罪从而能够证明其不真实倾向，[3]但是也有案例认为"不真实的倾向本身并不能扯得太远而证明被告有罪"[4]。另一方面，其指向也可能从可信性向犯罪倾向性攀升，例如门路（g）。

（三）作为手段之可采性和对于定罪之证明力的二阶指示

如前所述，品格证据用于证明案件事实争点和事实之品格要件争点，属于实质证据；用于攻击或者恢复可信性事实，属于补助证据。

第一，被告人的前科兼具证明实质性和可信性的功能。（1）在主询问中。基于先前定罪裁判的公开和权威属性，关于被告人定罪事实的证据，

---

[1] Explanatory Note, para 374. 参见［英］克里斯托弗·艾伦：《英国证据法实务指南（第四版）》，王进喜译，中国法制出版社2012年版，第288页。

[2] 关于反对采纳类似事实证据的指导原则，由法官自由裁量权衡由 R v Sang［1980］AC 402确立，DPP v P［1991］2 AC 447案件而最终形成。

[3] R v Hanson,［2005］EWCA Crim 824,［2005］1 W.LR. 3169, para 13.

[4] R v Campbell［2007］EWCA Crim 1472,［2007］1 WLR 2798, paras 29-31. 参见［英］克里斯托弗·艾伦：《英国证据法实务指南（第四版）》，王进喜译，中国法制出版社2012年版，第289页。

在主询问中是可以采信的,可以依据英国《1984年警察与刑事证据法》第73条按照一般方式予以证明。(2)在交叉询问中。1865年《刑事程序法》(经2003年法修订)第6条规定了在盘问中被告人被合法地询问关于被宣称的定罪然后予以否认的情况,现在部分地这样规定:"如果证人被合法询问他是否被判犯有任何[罪行]。他否认或不承认事实,或拒绝回答,交叉询问方证明这种定罪是合法的……"显然,所提出问题的合法性可能来自2003年法案本身,现在看来很清楚,控方将能够依靠第6条进行反驳。[①]"该定罪判决可以被证明对其不利。"[②]当被告为证人时,对他的定罪事实不受附属事项终结性原则约束,这里的"不利"就是推论其有犯下被指控罪行的倾向。(3)在关联案件中。需要注意的是,在普通法上将与被告案件有关的其他人的被定罪判决视为非专家意见而要求遵循这个权利保障原则,即,被告只有经过严格的听证程序才能被定罪,此后,为了避免指控方的重复劳动,根据《1984年警察与刑事证据法》第74条,被告可能因为其他程序(如对向犯、上下游犯或者共犯等的审理中)的定罪判决被作为司法认知,因为其与"争议点相关"(该词后被2003年法案替代)而非证明其有实施被指控的犯罪的倾向,来证明其在本案中犯下了该罪,在其中他曾犯此罪的证据有可采性。

第二,法官对被告人良好品格向陪审团的双阶指示。英美两国面对的一个共同的问题就是,品格证据不论是作为补助证据还是实质证据,都难以阻止其可能对事实认定带来偏见性的影响。尤其是品格证据作为实质证据的情形,必然可能含有一种从"品格证据—品格—案件事实"的证明传递关系,由此分别形成了品格作为针对当事人或者证人可信性的弹劾或者正誉证据和作为针对案件事实的实质证据。换句话来说,品格之内容捉摸不透,既是一种证据手段(品格证据)又是一种证明对象(案件事实),因此品格推论有一种循环论证的意味。品格证据如此重要,被告人未提及其品格良好,陪审员可能会默认其有先前定罪等不良品性,尽管判例不支持这种做法。在英国对于已经提出的没有先前定罪或者品格证人就名声作证所提出之良好品性证据,还需要向陪审团解释其意义,这对我们防止冤错案有一定的启示。英国1993年上诉法院在R v Vye案件中认为,在任何关于良好品性的指示中要包括两个部分:第一部分涉及良好品性与可信性之间的相关性,第二部分涉及良好品性与被告是否有可能按照检控方所

---

① See Hodge M. Malek Q.C. & Specialist Editors, *Phipson on Evidence* (17th Ed.), (Common Law Library), Thomson Reuters, 2010, p.583.

② 参见[英]理查德·梅:《刑事证据》,王丽、李贵方等译,法律出版社2007年版,第660页。

称的方式那样行事的问题之间的相关性。①具体而言,(1)对于不作证的被告,其对警察的审判前陈述作为"呈堂证供",其中归罪性陈述和出罪性陈述分别作为叙述案件事实的自白、作为被告对归罪性事实作出反应的证据可采,而对于混合性陈述,可以作为所述所有事项的真实性证据而可采,因此,它是产生可信性问题的证据;在其可信性存在争议的情况下,法官应当指示陪审团考虑有关被告的良好品格。(2)不论被告是否作证,良好品性作为实质证据必须得到法官的强制指示,但是指示方式由法官自由裁量。(3)同案犯中有良好品格的被告有权得到全面指示,而对有不良品格的同案被告,法官既可以迎难而上指示没有听到任何信息,防止陪审团主观推测或者根据信息的阙如而推定有不良品格,当然也可以避而不谈。(4)良好品格存疑的情形。无先前定罪被推定为有良好品格,虽然被告人在辩护中可能会承认一些未被指控的罪错,仍需法官做 Vye 指示,但是,一些适当的案件,向陪审团展示一个公平和平衡的图景。例如,当被告被证明有未被定罪的相似犯罪事实则为避免侮辱陪审团的常识而省去 Vye 指示。②还有,被告承认多项指控中的一项或者几项罪名,而质疑其余指控,其先前认罪与其质疑相互矛盾被认为不具有良好品格,如何对品格作指示由法官自由裁量。最后,必须要承认犯下有关罪行的被告虽被警察正式警告但未被起诉,没有先前定罪也可以获得法官就有关他的可信性之指示,但是法官可以拒绝就其倾向性作出指示。先前定罪判决失效或者不具有相关性,法官应当作出其具有良好品性的指示。

英国《2003年刑事司法法》107规定,如果由法官和陪审团对被告进行审判,法院在检控方检控终结后的任何时候确信根据101(1)(c)到(g)采纳的不良品性证据遭到了"污染",以至于考虑到它对反对被告的案件的重要性,对他的定罪判决将不可靠,则法院必须指示陪审团对被告无罪开释,或者命令由另一陪审团重新审判。③

此外,还有一种有限可采性的品格证据,其证明对象却是品格证据所透露出的其他问题,例如,证人说话的口音、证人所拥有的特定的技能。这有助于识别那种被告证人的身份。但是这些内容混杂在品格证据之中,品格证据还是会逸出其证明的有限目的,而呈现出对案件事实的影响。这种

---

① 参见[英]克里斯托弗·艾伦:《英国证据法实务指南(第四版)》,王进喜译,中国法制出版社2012年版,第277页。
② 参见[英]克里斯托弗·艾伦:《英国证据法实务指南(第四版)》,王进喜译,中国法制出版社2012年版,第278页。
③ 参见[英]克里斯托弗·艾伦:《英国证据法实务指南(第四版)》,王进喜译,中国法制出版社2012年版,第309页。

影响体现为事实裁决者自由心证的方式。

进而言之,品格作为人与案件事实的中介,其证明也要符合法定的证据形式,内容指向品格的证据载体还是要归结为人证、物证或者书证等表现方式,品格证据并不存在独特的证据形式。品格证据作为实质证据影响了案件事实的认定自不必说,但是它的偏见效应是显而易见的。品格证据作为补助证据虽然与定罪之间有一些间隔,并且可能要受其他证据的影响,但是,一方面,所谓的证人不可信进而证据不可靠,很显然影响了定罪的事实基础;另一方面,在被告人选择作为证人的情况下,品格证据直接输入了对被告人的评价,甚至跳过证据、事实根据而直接传输其定罪功能。可以说,由于人证(当事人或者证人的证言)一般作为全面陈述案件事实的直接证据,在弹劾或者保证证人陈述可靠性之时就已经攻击或者维护了最终的案件事实。当然,这其中有一些告知、交叉询问和自由裁量等程序规则甚至左右了案件事实。

五、结语

我国当前认罪认罚从宽制度的实践突飞猛进,但是我们至少在理论上还是坚持以审判为中心的刑事诉讼制度改革,突出强调的是证人出庭和直接言词原则,然而我们提倡的直接言词因为控辩双方都有卷在手,照本宣科在所难免;控辩双方各自爬梳出对方的漏洞,在庭审之中各唱各调形成拉锯,当然我国刑事诉讼庭审还可以调取新证据或者法庭补充调查,这些都与英美法系控辩主导的交叉询问相去甚远。虽然当下经常看到律师界不断进行质证发问的庭审技巧训练,但是因为我国缺乏有关庭审的品格证据规则,所以往往空有屠龙之术而无用武之地。司法实践中间或有个别激进的学者律师试图在我国的庭审之中抓住细枝末节对质询问证人的品格,意图搞成"审判之中的审判"可能会导致庭审拖延。

正如前文所述,品格证据是庭审交叉询问的基石。离开了诉讼主体的真诚,任何庭审程序设计都是空谈,仅仅做了表面文章。随着2018年《人民陪审员法》的落地实行,确立了七人陪审制的事实审和法律审的有限分离制度,因为没有所谓的庭前过滤和阻隔机制,品格证据能否提出及如何提出既依赖于陪审员的常识和良知,又要对此保持警惕,在适度对抗的前提下侧重于对被告人的权利保障。在认罪认罚从宽制度设计之中,诸多学者不厌其烦地讨论了犯罪嫌疑人、被告人认罪的明知、明智和自愿,这带有一定的政治正确的意味,正因为如此,我们可以推断相对简易的程序都要尊重被告人的主体地位,在不认罪的正式庭审中控辩对抗更是要在交叉询问的背景中尊重被告人的主体地位。

要言之,品格证据规则对我国的借鉴意义,首先要一定程度上改变一上来就调查被告人的前科的实践,更需要赋予被告人作证与否的选择权而不是直接成为控方证人——自己控告自己,还要赋予其质询证人可信性的程序权利。其次,对名声、意见乃至先前定罪和特定具体行为等品格证据的审查,要结合其分别作为倾向性证据还是可信性证据,引进英美法系一些成熟可行的规则,防止浪费时间,混淆主要争点,而兼顾效率的追求。最后,在律师作为必需品而非奢侈品的背景下,英美证据法中享有沉默权的被告权利的行使其实就操纵于律师之手,尽管其可能带来财富效应和敌对效应,[①] 但是,辩护律师对刑事审判活动的有效参与是品格证据规则可能发挥作用的基本前提,我国自 2017 年 9 月开始在 8 个省市至 2018 年底在全国推广进行的刑事辩护全覆盖试点工作,为此提供了一定的制度土壤。可以说,通过一种分身术,律师作为被告人的权利代言人,是避免被告人赤膊上阵被指为无理狡辩的首要设计。

[①] 参见[美]兰博约:《对抗式刑事审判的起源》,王志强译,复旦大学出版社 2010 年版,第 94-97 页。

第七章　品格推论的证明逻辑

　　就证明对象的核心争点而言，品格证据作为犯罪构成要件的一部分是直接证据，也可能作为情况证据与间接证据从相似事实或者历史背景推论出被指控的犯罪事实之有无，当然还可能品格针对证人可信性是直接证据并进而否认或者确认证言的可靠性从而对案件事实是间接证据。有学者指出，律师使用两种基本的推理方法：分析的（也称为垂直的）和类推的（也称为水平的）。分析推理有两种形式：演绎的和归纳的。演绎推理从一般的、普遍的事实陈述开始，演绎出特别的结论，而归纳推理是从若干特别的事实陈述开始，据此得出一个普遍结论。这两种推理之中都有普遍性陈述，普遍性是演绎推理的前提，是归纳推理的结论。[①] 而类推推理，有些哲学将之归入归纳推理，但是它区别于演绎推理与归纳推理，无需普通的或一般的陈述，也无需推导出一般的可适用的结论。事实上，类推推理使用从一个（或几个）个案中得出的结论，推导出另一个个案——不必关心结论是否适用于其他相似的个案。[②] 麦克埃文（Jenny Mcewan）认为，"两种诉讼制度都采用归纳法处理证据。"[③] 从发展的眼光来看，英国采取由双方当事人控制争议的辩证的证据制度，审判的输赢仰仗律师的能力；为了突出发现事实的有效性，对抗要向审前延伸，要做更多的证据展示。[④] 而在法国，被告人有权参与审前调查。虽然各国证据制度都是依靠传统的、科学的方法建立起来的，但是，存在两种迥然相异的制度模式，法国是证据累积——经验判断式，法国大革命后，预审治安官权力加强，他们可以收集任何能够收集到的证据，并依靠经验对这些证据进行审查。而英美是证据排除——交叉询问式，诉讼双方当事人控制着要决定的事实范围，控制着信息的披露。证据排除规则有时符合科学原则，有时背离科学原则，虽然传闻证据规则排除了那些可能没有验证过真实性的证据，但别的规则则承

[①] ［美］特蕾西·E. 乔治、［美］苏珊娜·雪莉：《到法学院学什么：美国法入门读本》，屠振宇、何帆译，北京大学出版社2014年版，第88页。

[②] ［美］特蕾西·E. 乔治、［美］苏珊娜·雪莉：《到法学院学什么：美国法入门读本》，屠振宇、何帆译，北京大学出版社2014年版，第94页。

[③] ［英］詹妮·麦克埃文：《现代证据法与对抗式程序》，蔡巍译，法律出版社2006年版，第12页。

[④] J. Jackson, Two Methods of Proof in Criminal Procedure, *MLR*, 1988, Vol.51, No. 5, p. 249.

认阻止采纳那些具有相关性但过于偏见的证据,限制法庭获得大量有价值的信息,背离了完整性原则。麦克埃文还介绍了贝内特和费尔德曼的研究指出,陪审员自己要将控辩双方提供给陪审团的大量的、前后不一致的、没有经过科学组织的材料组织成他们能够理解的故事。两位作者发现律师最常用的技巧就是提问,要求针对提问做出精确、具体的回答;这样,证人的陈述就会最大限度地符合律师的要求。他们在华盛顿法院做的调研,描述了律师的一些无法解释的行为:利用异议使陪审团怀疑证据的可信性;以交叉询问为诱饵,诱导证人讲出其如何获得证据;期望证人在叙述中出现纰漏,以此质疑证人证言的可信性。两位作者描述了那些愚弄陪审团的技巧,举例说明了律师们对"斗士型"律师的仰慕。[1] 律师呈递给法庭的案件,都是对案件事实选择后的版本,这已经是共识。[2] 纵使如此,两大法系在搜集证据上都可以说是归纳推理,而在对证据的审查判断上不论证据是充分还是不充分,大都是以不完全证据为前提进行的演绎推理。就品格证据的推论而言,则存在多种形式。达马斯卡介绍,大陆法系也有对品格证据、附带恶行的证据或者以某人以往生活中相似信息的证据进行排除的规则。大陆法系同样意识到采纳品格证据的危险性,"人们普遍认为:不应当仅仅因为被告人有犯罪前科或实施了附带恶行就认定被告人实施了当前所指控的犯罪行为;或者在民事案件中,仅仅因为某人在过去曾经疏忽大意就在当前的审判中认定其有可能再犯相同的过错。但是,大陆法系的证据理论只注重某人在过去的信息是否具有证明价值:如果有证明价值,那么其可以也应该被采纳。大陆法系的主流思想中所缺少的是这样的考虑,即某些有关个人习性的信息纵然具有一些证明价值,但是其可能会被赋予超出其本身价值的证明价值,或者其会导致对一方诉讼当事人的不公正的偏见。"[3] 因为品格证据往往有一定的证明价值,英美法系的可采性规则将可能含有偏见的品格证据证明力归零,而大陆法系虽然表面上声称从一开始就断然认定某些品格证据不具有相关性而不被事实裁决者所考虑。但是,并未建立事实裁决者接触品格证据的机制,并且可能因为品格证据有一些相关性,没有交叉询问机制,反而可能让真正的偏见输入到心证裁决之中。

---

[1] W. Lance Bennett and Martha S. Feldman, *Reconstructing Reality in the Courtroom*, Rutgers University Press & Tavistock, 1981. 转引自[英]詹妮·麦克埃文:《现代证据法与对抗式程序》,蔡巍译,法律出版社2006年版,第13-14页。

[2] M. J. Saks & R. Hastie. *Social Psychology in Court*, Van Nostrand Reinhold, 1978.

[3] [美]米尔建·R. 达马斯卡:《漂移的证据法》,李学军等译,中国政法大学出版社2003年版,第22页。

一、从普遍到具体之演绎推理：非充分前提品格的识别

　　为了超越归纳推理仅仅获得一些自信的理念，通过演绎推理的正确运用来从逻辑上证明结论，[1] 斯蒂芬（J. F. Stephen）试图构建一个逻辑上的三段论，即通过一个具体前提结合一个普遍前提就可以必然得出某个结论，以解释发现事实的途径。[2] 这个努力失败了。法律领域中到处充满着这种在日常生活中的前提假定："有杀人动机的人比没有杀人动机的人更有可能杀人"；"男人有一个气质优雅、聪明智慧的妻子，就不可能去找性服务，或者将大笔钱给一个从未见过面的妓女"。这里有两层意思：一是法律无法避免这个假定前提；二是对假定有不同的看法无可避免。从作为品格证据的名声和意见推导出当下的犯罪就是采取了这种演绎形式，当然，品格证据还需要其他证据的配合才能真正完成演绎推理。因为品格证据总是对案件事实有一定的相关性，因此，从品格到案件事实的证明力即使细若游丝，也不能否认这种倾向性可能存在。但是这个演绎推理并不能得到一个确切的演绎前提，而这个有关品格的前提本身是一种不完全归纳的产物，因为其他的证据不可多得，或者不知道还需要多少其他证据，这在质和量上都难以把握，加之在有的国家，有犯罪嫌疑人、被告人的沉默权制度，即使被控告人选择作证，还是可能进一步卷入到可信性争议之中。因此，如果作为推论的品格前提是原则还可能存在例外，不同人的可能归纳出不同的甚至是对立的原则。

　　品格对于个体的归纳而言往往与谎言密不可分；对于群体的归纳而言则与谣言密不可分。当然，一个俗语说谣言是"遥遥领先的预言"，这个说法在两个方面与品格有关联，第一，这里的谣言是针对未来的判断，而品格是对过去行为习性的概括；第二，被断定为谣言的推断往往建立在品格上形成了态度决定命运从而可能为真的预言。当然，谣言还可能是扭曲了对过去的事实的判断，我们基于错误的事实而首先归纳出错误的品格。在西方语境下，谣言更主要的是在人群中传播的未经证实的说法，因此在这个宽泛的意义上与所谓的品性的判断方式和传播途径具有相似的机理，并且在结论上也或真或假，可以期待更多的信息来解谜。卡斯·桑斯坦（Cass R. Sunstein）在其《谣言》一书中指出，信谣、传谣与真理不明确时的认知

---

[1] ［美］特蕾西·E. 乔治.［美］苏珊娜·雪莉:《到法学院学什么：美国法入门读本》，屠振宇、何帆译，北京大学出版社2014年版，第93页。

[2] 参见［英］詹妮·麦克埃文:《现代证据法与对抗式程序》，蔡巍译，法律出版社2006年版，第43页。

环境、情感不稳定时的心理状态和碰巧相合的偏见立场有关,并且指出了谣言传播有三大机制:信息流瀑、群体极化和偏颇吸收。

(一)信息流瀑

桑斯坦论述:"谣言通常通过信息流瀑传播。"① 这自然带有裹挟不明真相群众的传递效果,"人们对于多数谣言所涉及的话题都缺乏直接经验或个人认知,所以大多数人会听从并遵从大众的看法。"② 这是群体作为一种全新存在使群体成员拥有一个共同心理——集体心理,"当个体集结到一起的时候,群体的谎言行为就成为了自然而然的事情",它经过谎言的制造、谎言的被肯定阶段和全幅度的谎言扩散这样一整套生成机制。③ 其从众效应导致人们下意识地相信多数人的观点,"多数人都相信就不会错";④ "在从众流瀑中的人们会强烈地相信某些共同意见,这通常会导致谣言的传播";⑤ 或者有意识地压制个人的怀疑观点,"人们会在大众信念面前伪化自己的既有知识,或压制他们自己的怀疑。"⑥ "人们通常会怀疑一则谣言,或者相信它不是真的,但是为了避免群体制裁,他们不会反对群体的判断"。⑦ 因此,从众效应有意无意地扩大了谣言的传播。这对于品格证据的运用在证据种类的选择上有借鉴意义,当名声和意见一类的品格本身成为争点时,适当地允许调查具体行为实例,从而确立其根基。或许更恰当的品格证据形式就是先前定罪,正是取其确定和公开之意。

(二)群体极化

勒庞指出,陪审团作为有名称的异质性群体,群体特征一应俱全,如易受暗示,缺乏推理能力,处于意见领袖支配下会受无意识情绪的支配。⑧ 桑斯坦认为,"当群体成员带着对一则谣言的最初意见开始讨论时,群体意见会强化个人对这则谣言的看法。"⑨ 这可以说明设立品格证据的一般排除规则的理论基础,因为陪审团的一致决机制正是群体极化的典型例证,因

---

① [美]卡斯·R. 桑斯坦:《谣言》,张楠迪杨译,中信出版社2010年版,第35页。
② [美]卡斯·R. 桑斯坦:《谣言》,张楠迪杨译,中信出版社2010年版,第35页。
③ [法]古斯塔夫·勒庞:《乌合之众:大众心理研究》,戴光年译,新世界出版社2010年版,第36-38页。
④ [美]卡斯·R. 桑斯坦:《谣言》,张楠迪杨译,中信出版社2010年版,第39页。
⑤ [美]卡斯·R. 桑斯坦:《谣言》,张楠迪杨译,中信出版社2010年版,第50页。
⑥ [美]卡斯·R. 桑斯坦:《谣言》,张楠迪杨译,中信出版社2010年版,第49页。
⑦ [美]卡斯·R. 桑斯坦:《谣言》,张楠迪杨译,中信出版社2010年版,第51页。
⑧ [法]古斯塔夫·勒庞:《乌合之众:大众心理研究》,戴光年译,新世界出版社2010年版,第132、144页。
⑨ [美]卡斯·R. 桑斯坦:《谣言》,张楠迪杨译,中信出版社2010年版,第57页。

此，在讨论之中能坚持己见，从而逆转多数决的情形比较少见，[①] 除非决策者拥有自己的利益，或者代表了多元立场，[②] 因此，强调基于个人经验的讨论更容易达成共识，而强调基于立场的代言达成共识更为艰难。因此在陪审团讨论的暗箱入口处输入有证据资格的信息更为重要。

（三）偏颇吸收

勒庞总结了一个好律师掌控陪审团的秘诀，就是要对陪审团成员的情感施加影响，与面对所有的群体时一样，少用逻辑推理，或者只使用最基本的逻辑推理手段，并介绍了一位在刑事法庭总是成功胜诉的著名英国律师对这一方法的分析："他一边辩护，一边仔细观察陪审团。这是他最擅长的时刻。凭他的感觉和习惯，他可以在他们的脸上看到自己每一句话，每一个词的效果，然后得出自己的结论。首先要能区分出，哪些是肯定可以站在自己一边的人。辩护人从一开始，用几句话，就把他们抓在了手里。然后，他开始对付那些看上去会反对的人，他会努力去猜测，他们为什么对被告反感。这是工作中最微妙的部分，因为在想要判决一个人的愿望中，会有无穷的理由，它们与正义感并没有关系。"辩护人无须改变所有陪审团成员的意见，仅需争取那些能够决定普遍意见的领头人。就像在所有群体中一样，少数个体引领其他人。需要做的，就是要用最微妙的暗示，去说服这两三个人。在这个过程之中，最简便也最实用的诀窍就是取悦于那一两个关键人物。[③] 桑斯坦认为，"对于大多数谣言来说，大多数人都不会有强烈的既有观点，而且不会只信任一方而不信任另一方。在这种情况下，思想市场可能会运行良好，不同观点最终会趋向真理。人们会听取不同意见并根据听到的意见决定自己的立场。"[④] 这些说法对品格证据的运用而言有两个方面的借鉴意义，一是交叉询问，避免单向的信息输入，让法庭兼听双方的意见。桑斯坦引用了美国大法官奥利弗·温德尔·霍姆斯的话："我们所期望的终极之善，来自思想的自由交换。思想市场的自由竞争是检验真理的最佳标准。"[⑤] 二是法官指示，给恣意的陪审团附加上法律的限制，防止陪审员被新奇或者恶心的道德主题或者情绪好恶所吸引而偏离事实真相的主题。要求事实裁决者处于中立地位，"毁誉不动"。然而，毁和誉基本

[①] 勒庞指出，群体从一个极端走到另一个极端往往用不了多少时间。[法] 古斯塔夫·勒庞：《乌合之众：大众心理研究》，戴光年译，新世界出版社 2010 年版，第 22 页。

[②] 参加影视作品《十二怒汉》《失控的陪审团》等。

[③] 参见 [法] 古斯塔夫·勒庞：《乌合之众：群体心理学》，董强译，浙江文艺出版社 2018 年版，第 206 页。

[④] [美] 卡斯·R. 桑斯坦：《谣言》，张楠迪杨译，中信出版社 2010 年版，第 87-88 页。

[⑤] [美] 卡斯·R. 桑斯坦：《谣言》，张楠迪杨译，中信出版社 2010 年版，第 10 页。

上都是谣言。正如沃顿所言,"溢美之词和品性中伤的存在表明,品性判断往往是被放在带有修辞色彩的论证框架内。在这种情况下,论证的感情方面是很突出的。用于支持所主张的观点的证据是有选择性的。这些现象可能表明,品性判断并不是建立在客观证据基础上的,而是容易受到带有修辞色彩的说服。另一方面,它们也可能表明理解隐藏在这种论证背后的逻辑推理程序的价值。如果我们能够把握这种推理的结构,当面临赞美和品性中伤时,我们将会采取一种批判性思维。对于这种使用修辞的论证可能给予更严格的评判,让推理的薄弱环节更加显现,这样我们将少受这种情感修辞中可能发生的各种谬误和欺骗的伤害。"① 虽然存在着完全不顾事实的中伤和歌颂,这就是一种诉诸感情的修辞,但是诉讼中的品格推论,不管是真相或者谣言一般而言是需要建立在一定的事实之上的。

二、从特殊到特殊之类推推理:不完全归纳推理

我国有学者认为,证据立法就是一个不断从经验法则到证据规则的过程。② 英国学者麦克埃文介绍,法院主要采用归纳法、经验法进行推理。塞耶认为:"法律没有提供相关性的检验标准。作为一种策略,要靠逻辑和经验去判断相关性。"③ 这里指的是有关归纳式逻辑的知识或科学。④ 宾德和伯格曼认为要靠人、物日常如何行为这样的常识去裁决事实。我们所有人都是靠个人经验,靠听取他人的经验及靠从书本、电影、报纸和电视中获得知识,了解人和物在社会中一般是如何表现自己的,并将这些知识积累成宝库。人们又从这些知识宝库中归纳出典型行为,并将其固定下来。归纳出来的东西又依判决成为前提,将特定证据与准备证明的要素联系起来。⑤ 推定的产生过程说明了法律自身是如何通过采纳这些常识性的假定,并将其加工成方便、简明的公式,以节省时间、避免争论的。间接证据也要依靠这样的推理判断。

具体到品格证据对定罪的影响而言,英国学者雷德梅恩在其《刑事审判中的品格》一书中对倾向推理就是把将不良品格证据与罪行联系起来的

---

① [加]道格拉斯·沃尔顿:《品性证据:一种设证法理论》,张中译,中国人民大学出版社 2012 年版,第 26 页。

② 张友好:《经验与规则之间:为法定证据辩护》,载《中国刑事法杂志》2005 年第 6 期。

③ J. B. Thayer, *Preliminary Treatise on Evidence at Common Law*, Sweet and Maxwell, 1893, p. 265。

④ J. B. Thayer, Law and Logic, *Harv L Rev*., 1900, Vol.14, No. 2, p.139。

⑤ 转引自[英]詹妮·麦克埃文:《现代证据法与对抗式程序》,蔡巍译,法律出版社 2006 年版,第 44 页。

推理过程模式和结构进行了介绍。大体上分为这几种倾向证据的模式：

（1）从前科（PC）到当前犯罪（CC）的基本倾向推理；

（2）涉及归罪物品（IA）的情境下从前科（PC）到当前犯罪（CC）的倾向推理；

（3）来自不同证人（W1;W2）的两个指控（CC1;CC2）的情境下的品性推论；

（4）涉及不同证人（W1;W2;W3）的三项指控（CC1;CC2;CC3）的情境下的品性推论同时审判。

（5）同样的控告人（W）不同指控（CC1;CC2）倾向推论；

（6）嫌疑模式案例（CC1;CC2;CC3）。[1]

这其中包含了多种推理，其中有两种证据推理：（1）从物证到前科的间接推理；（2）从单个证人到当前单个或者多个犯罪的直接推理。本瑟姆从经验的角度谈及为消除提供伪造书证的非实质性危险的规则，使大量绝对真实的书证得不到使用、为防止有意伪造证据而设置传闻规则，这样因为偶然发生的伪造或捏造行为与失掉那么多有价值的证据相比，与倒洗澡水时把孩子也一起倒掉一样。[2] 换句话来说，尽管作为一种经验总结，人证和物证在未受质疑时常常被认为是有效的。

雷德梅恩的六种模式中含有多种形式的倾向推理：前科→倾向→当前犯罪；物证→倾向→当前犯罪；两个或者三个当前犯罪以倾向为衔接的相互之间的倾向推论，可以说是一种类推推理。但是这种类推推理首先不完全归纳出一种倾向性，而在多个当前犯罪之间的倾向推理则互为前提且结论相互强化。其中仅仅从前科到当前犯罪的推论是基本模式；没有证据支持的当前犯罪之间的相互推论被称为可疑模式。正如类推推理的结构一样，虽然是一种从特殊到特殊的平行推理，其实，这中间恰恰经过了先向倾向归纳，再从归纳的结论演绎的过程。因此类推的成立既依赖于先前定罪和当前犯罪或者当前犯罪之间犯罪手段本身所体现的具体特征的相似性或者奇异性等，还依赖于外在的证据对证明的补强。为追溯和解析这些推理模式的内在根据，雷德梅恩介绍了巧合原则（否定相似事实巧合的可能得出犯罪倾向推定先前行为和当下行为都是犯罪）、倾向推理的结构[证明力三个来源：奇异性（singularity）、联系性和其他证据，以品格为中介两相

---

[1] Mike Redmayne, *Character in the Criminal Trial*, Oxford University Press, 2015, pp.111-116.

[2] ［英］詹妮·麦克埃文:《现代证据法与对抗式程序》，蔡巍译，法律出版社 2006 年版，第 44 页。

比较，内在联系，三方补强]、指认案件和序列推理（相似事实至少能确定一个案件的犯罪人是被告）、类别（如倾向证据用来反驳意外或非自愿行为的辩护，反驳被告的不知情或事实错误答辩；反驳对某一特定行为或占有有罪材料的无辜解释；证明身份；以及反驳无辜交往的辩护）、惊人的相似性（其基础是一个人有倾向于使用相同作案手段的原因）、禁止倾向推理（作其他解释则被允许）、证明价值和偏见效应权衡原则等。① 这些原则有些意在提高倾向推理的强度，有些意在避开倾向推理的陷阱。

尽管归纳式推理存在逻辑缺陷，但法律的力量在于它反映了普遍的经验，吸收了外行对常识的理解。虽然前后两种行为之间的联系是偶然的，而不是必然的，但是作为一种类比的推理方式，有一定的合理性。有关相似事实的案件对"标准"的犯罪行为处处提及日常经验和一般人看法。从生活经验而言，品格推论可以概括为相关性规则，侧重于证明力大小和不同联系的性质。类推推理有这样两个特点，一是前提信息占有量的丰富欲求。类推推理是一个持续的动态过程，要求不断提炼和调整，当你得出更多的信息或更多的结论时。② 二是推理结论开放性。你可能会基于不同的类推，得出多个可能的论证。③ 从证据规则而言，英美法系品格证据规则规制的重点在可采性方面，同样依靠人们作为普通人的生活经验，"当事人或者证人的一般证据品格，几乎总有一定的证明价值，但是，在许多情况下，其证明价值很小，而潜在的偏见危险很大。"④ 在汲取生活经验上，立法者、司法者、职业法官、陪审员甚至律师、被告人、被告人都被还原为普通人。但是，"司法造法是英美法系的重要特点，判例中抽象出来的规则也有约束其后法院裁判的效力。而且也不乏涉及事物之间经验联系的判例，例如英国普通法上的'浴室里的新娘案'和英国诉斯特拉芬案等，而且学者或者法官、律师也根据这样的判例总结出了许多不具有相关性的情况。"⑤ 总体而言，品格推论依赖于个案，而并无定论，因而对品格的提出、提出方式和审查范围进行限制是防止偏见的重要手段。因此，在采纳和排除品格证据之间，归纳式推理的逻辑规则与裁判要避免道德偏见风险或者降低不

---

① Mike Redmayne, *Character in the Criminal Trial*, Oxford University Press, 2015, "chapter 6 Understanding Propensity Evidence".
② ［美］特蕾西·E. 乔治、［美］苏珊娜·雪莉：《到法学院学什么：美国法入门读本》，屠振宇、何帆译，北京大学出版社2014年版，第96页。
③ ［美］特蕾西·E. 乔治、［美］苏珊娜·雪莉：《到法学院学什么：美国法入门读本》，屠振宇、何帆译，北京大学出版社2014年版，第96页。
④ ［美］约翰·W. 斯特龙主编：《麦考密克论证据（第五版）》，汤维建等译，中国政法大学出版社2004年版，第365页。
⑤ 赵信会：《英美证据评价制度的定位》，载《法律科学（西北政法大学学报）》2010年第2期。

可靠证据带来的认知偏见风险之间存在的目标上的张力,反映在品格证据运用上需要权衡这些问题:(1)逻辑相关与法律可采;(2)必然性与偶然性;(3)推理性偏见和伦理性偏见;(4)自由衡量与司法审查;(5)利益衡量与效率衡量。因此,为实现司法公正,主持庭审的法官被赋予了相当广泛的裁量权。[①] 由此也对类推推理的审查判断者提出了一些经验要求,把已知案例与待决案例的相关或者不相关的因素相比较,以决定新的案例与之前情况是否相符合还是有区别。证据的证明价值,"通常情况下,答案必须依赖于法官个人的经验、常识及对人的行为和动机的不同理解。"[②] 也如学者何家弘所言,"但是在司法实践中,法官对证据关联性的检验往往要以个人的认识经验为基础"[③],英国《2003年刑事审判法》对品格证据规则的修改,放松了对品格证据的排除。

[①] 参见[英]詹妮·麦克埃文:《现代证据法与对抗式程序》,蔡巍译,法律出版社2006年版,第44-45页。

[②] [美]约翰·W. 斯特龙主编:《麦考密克论证据(第五版)》,汤维建等译,中国政法大学出版社2004年版,第363页。

[③] 何家弘主编:《外国证据法》,法律出版社2003年,第49-50页。

第八章 结语:向品格比拼行进

英美法系刑事诉讼中的品格证据规则针对不良品格和良好品格及针对控方和辩方采用了不同的制度进路。首先是禁止控诉方提出规则。因为被告人犯了罪即为坏人,一种反向的"似真推理"认为,被告人是坏人,所以犯了罪。前面概要述及,品格作为定罪事实,要求品格与犯罪事实之间具有相关性,前后行为手段实质上的相似性或者其中蕴含的一致性至为重要,可能成为审判中的攻防争点。除品格本身作为犯罪、起诉或者辩护的要件外,品性还可能作为"情况"证据使用,由此来推论一个人在有关场合下的行为与其品格一致。从先前的一致行为来推论品性未必能"盖棺定论",但是其间也有道理;然而从品性再行推论当下的特定行为如果不是一种"纯属偶然"的巧合,则更多的是一种或此或彼的概率问题。由于存在着一种偏见的危险,这个逆向的似真推理既可能是真实的,也可能是错误的,更主要的是因为一旦发生了错误定罪则可能会带来不当之惩罚后果。

一、品格证据规则的权衡比较

英美尤其是美国联邦证据规则中有关被告人品格证据的规则内涵有:第一,为避免不良品格的强化作用,禁止控诉方首先提出品格,防止陪审团将关注焦点从犯罪行为的成立转移到不良品格。第二,为消除被怀疑犯罪就不是好人的偏向心理影响,被告人可以针对犯罪指控而提出良好品格辩论。[1]可以这样说,一方面,有罪推定的思维定式可能并不会为无罪推定的立法预设所约束;另一方面,诉讼程序的阶段推进已经存在一个有罪假定,起诉人本身就认为其针对的是犯罪行为,这种观点可能会对裁决者造成顺水推舟的影响;再一方面,被告人辩解的负担有时并不仅仅局限于当下的指控,甚至还要解释先前的行为。当然,在刑事案件中,允许刑事被告首先提出主要是良好品性证据,除了消除偏见外,还有利于被告人为自己进行全面辩护,以及体现了被告人有权决定呈现什么证据给陪审团的个人

---

[1] Josephine Ross, "He Looks Guilty": Reforming Good Character Evidence to Undercut the Presumption of Guilt, *U. Pitt. L. Rev.*, 2004, Vol. 65, No.2, pp.229-256. 转引自易延友:《证据法的体系与精神:以英美法为特别参照》,北京大学出版社 2010 年版,第 258 页。

主义哲学。① 第三，"在刑事被告提出了其品性良好的证据后，检控方的反制措施有两个，一个是对辩护方证人进行交叉询问；另一个是提出反驳证据。辩护方的反驳要针对同一品性。"② 有学者介绍这是英美的证据法理论之中的"以毒攻毒"（fight fire with fire），由此而担心被告人将面临控诉方更猛烈的反击，并可能以一个平等的幌子，让被告人处于更加不利的境地。这主要有三种情形：（1）被告人自证其罪出尔反尔，亡羊补牢。（2）被告人自证清白、陷阱辩护而"引火烧身"。③ 自我辩护容易成为自证其罪，宣誓作证要接受交叉询问，担心被告人"对于公诉方证人的品格进行质疑，会带来新的危险——如果被告人作证可能会遭到报复"④。当然，赋予被告人沉默权和选择不作证的权利，目的就是防止控诉方和法官进行不利推论。这就是"开门原则"，被告人提出了其良好品格证据，将其品格引入争议之中，为控方提出被告人不良品格证据来质疑其可信性开了方便之门：其一，质询其良好品性证据的可信性，不良品格证据只能与被告人的可信性相关，这是逻辑上的向前递推；其二，直接提出其不良品格证据，由此形成了被告人良好品格证据和不良品格证据之间的比拼，这里提供了一个选言推理。（3）攻击被害人品格而"丢失盾牌"。本来控辩双方都是既攻又防，然而，允许刑事被告提供证据攻击所称犯罪被害人相关品性特点，公诉人可以乘机攻击，其一可以提供证据来加以反驳，被害人并非如此，被告人胡说八道；其二可以提供与被告具有相同品性特点的证据，你也一样，半斤八两。

无论在英国还是美国，先前定罪是一种典型的品格证据，美国联邦证据规则 609 条规定了"使用定罪证据对证人进行弹劾"。就是因为定罪是确定判决，审查上较为容易；并且犯罪较不端行为更为严重，更是自带说谎品性的流量。但是，定罪证据使用还可能因为证人是不是刑事被告、所涉犯罪的类型、证明价值与损害效果之间的权衡、定罪证据已过时限等的

---

① 王进喜：《美国〈联邦证据规则〉（2011年重塑版）条解》，中国法制出版社 2012 年版，第 82 页。

② 王进喜：《美国〈联邦证据规则〉（2011年重塑版）条解》，中国法制出版社 2012 年版，第 82 页。

③ 关于英国 1898 年《刑事证据法》废除"被告人无作证能力"的规则的争议，允许被告人在法庭开口辩护，承认被告人作证资格，宣誓作证，接受交叉询问的双刃剑效应，参见［瑞士］萨拉·J.萨默斯：《公正审判：欧洲刑事诉讼传统与欧洲人权法院》，朱奎彬、谢进杰译，中国政法大学出版社 2012 年版，第 89-95 页。

④ D Bentley, *English Criminal Justice in the Nineteenth Century*, Hambledon Press, 1998, p. 204. 转引自［瑞士］萨拉·J.萨默斯：《公正审判：欧洲刑事诉讼传统与欧洲人权法院》，朱奎彬、谢进杰译，中国政法大学出版社 2012 年版，第 95 页。

不同而不同。Best 教授通过比较列表（见表 8-1）说明了在定罪证据的证明价值和损害效果的权衡问题上的四种不同的标准：[1]

表 8-1　关于证人过去定罪的证据是否可采

定罪类型与证人类型	证明价值严重超过损害后果	证明价值超过损害后果	损害后果超过证明价值	损害后果严重超过证明价值
涉及诚实性的犯罪(any sentence)；任何证人［自动］609(a)(2)	是	是	是	是（no R403）
不涉及诚实性的严重犯罪；刑事被告之外的任何证人 609(a)(1)(A)	是	是	是［实体从宽，控方举证从严］under R403	否
不涉及诚实性的犯罪；作为刑事被告的证人 609(a)(1)(B)	是	是［控方举证；保护被告］against R403	否	否
10年以上的任何犯罪；任何证人 609(b)	是(substantially)	否	否	否

　　被害人、证人虽然并没有置身犯罪事件外，但是其品格证据的使用，在大多数情况下只是为了佐证证言的真实与否，一般不会造成诸如生命权或者自由权被限制或者剥夺的结果。运用证人的品格证据是作为证人证言是否符合证据真实性的最后保证。尽管证言的真实性可能在感知、记忆和表达的每一个环节都可能受到影响，而表达阶段相当于一个兜底的阶段。通过证人品格来考察证言表达的真诚性是法庭审理的一个重要方面。在英美法系国家，法官作为证据可采性的守门员，陪审团对通过可采性大门的证言作可靠性判断。当法官没有外在资源来判断证人是否如实作证时，其证人诚实、可信与否成了一个检验证言真实性的"最后手段"。证人的诚实、可信与否和证言可信度密切相关，尽管并不能将两者之间画等号。另

---

[1] Arthur Best, *Evidence : examples and explanations* (7th ed), (The examples & explanations series), Aspen Law & Business, 2009, p.158. 转引自王进喜：《美国〈联邦证据规则〉（2011年重塑版）条解》，中国法制出版社 2012 年版，第 181-182 页。

外，考察证人诚实与否也并不能解决审查证言所谓的问题：第一，品格证据针对的证人是否诚实的品性，并不能校正和识别证人认知能力、记忆能力上的客观偏差；第二，围绕证人的品格的争议可能会模糊案件事实的争议焦点导致诉讼拖延，还可能导致以证人品格的判断取代对案件事实的判断。在美国，任何当事人均可在《联邦证据规则》607、608和609允许的范围内，为弹劾与正誉目的提出品性证据[《联邦证据规则》404（a）（3）]。然而，品格证据凭着人云亦云的推断或者个别行为特例有一定的思维定式和偏见成分，品格证据一般被用于解决证言的可靠性的争议，并且不可能无限制地提出外在证据，因此在交叉询问之中的攻防就可能形成一个人良好和不良品格的比较，被告人与被害人、证人与其他证人等之间的比较。

证人资格已经对证人做了甄别，而证人到庭宣誓作证是对证人的进一步甄别和心理约束，从而为提出证据并且接受对证据的检查提供前提。经验感知、记忆、了解和表达案件事实是证人的必要前提，但是，证人可因下述情形而失作证之资格：（1）与法院有相当之关系；（2）精神错乱；（3）无宣誓之能力；（4）幼稚；（5）证人能力之剥夺；（6）利害关系；（7）与当事人有婚姻关系。[①] 这其中既有生理机能的因素，又有回避、特权等社会因素，既有真相探寻的因素，更有人格尊严的意义。英国普通法对证人的严格资格限制从早期证人陪审团对陪审员的严格限制延续而来。[②] 十七世纪时，凡犯叛乱罪、重罪或伪造罪（Crimen falsi）者，即非适格之证人，在当时已成为定则。所谓伪造罪中，则似明显包括诈欺或不法妨害司法权之行使。此理由是"犯罪行为足以表现道德之堕落致使犯罪人完全不堪信任，以及有罪之裁判成为被告人有罪决定性之证据，而剥夺其作证之资格，不过为惩罚之一而已"[③]。有关先前定罪的证据是最典型的一种品格证据，这类证人如果作证的话可能要面临着对先前定罪的交叉询问。（见表8-2）

---

① ［美］Edmund M. Morgan：《证据法之基本问题》，李学灯译，世界书局1970年版，第102页。

② （1）缺少提供可靠证言的智力或精神能力的人，主要是指儿童与精神不健全者。（2）缺乏宗教宣誓约束力的人，包括非基督徒和无神论者。（3）与诉讼的结果有利害关系因而可能产生偏见者，包括罪犯、当事人及其配偶等。参见，齐树洁：《英国证据法新论》，厦门大学出版社2011年版，第117页。

③ ［美］Edmund M. Morgan：《证据法之基本问题》，李学灯译，世界书局1970年版，第108页。

表 8-2　英国现代证据法关于刑事被告人证人资格与作证义务的规定[①]

	刑事被告人		刑事被告人的配偶
为公诉方作证	无资格,无义务	为公诉方作证	原则无资格,对该配偶人身家暴/未成年人性犯罪及家暴有义务
为自己作证	有资格,无义务	为刑事被告人作证	有资格,不得强迫
为共同被告人作证	有资格,无义务	为共同被告人作证	配偶同意下有资格,单独指控能强制

我国虽然大力提倡以审判为中心的诉讼制度改革,但是证人不出庭仍为常态,这有文化传统、心理机制甚至制度因素。[②] 对于传闻规则例外,美国《联邦证据规则》分为"可信性的情况保证"(《联邦证据规则》第803条列举了无论陈述人是否能够作为证人到庭情形下的23种传闻)和第804条陈述人不能作为证人到庭"必要性"(4种传闻)两类,[③] 而第807条传闻兜底的"其他情形"[④] 要满足:(1)该陈述在可靠性上具有同等的情况保证;(2)该陈述被提供作为重要事实的证据;(3)与证据提出者通过合理努力所能获得的任何其他证据相比,该陈述在其所要证明问题上更具有证明力;(4)把该陈述采纳为证据,将使本证据规则的总体目的和正义利益得到最大满足。当然,在确定这种陈述的可靠性保证时,要考虑能够减少传闻危险的因素和情况,包括事件发生与陈述发生之间的时间间隔、陈述人的精神状态、陈述人的动机、发现陈述错误的可能性、有无陈述记录等因素。[⑤]

在我国,刑事审判的直接言词原则往往落空,案卷成为决定案件的最终根据。休谟评论苏格兰刑事案件程序所描述的一个规则:只有在公开的法庭上当着当事人与裁判者的面举证的证据才具有合法性。该规则有充分的依据,最符合正义。这不仅仅是因为,双方都可以私下向法庭提交证

[①] 齐树洁:《英国证据法新论》,厦门大学出版社2011年版,第125页。笔者补充了另一半"刑事被告人的配偶"表格。

[②] 陆而启:《叶公好龙:刑事证人出庭的一个寓言》,载《证据科学》2008年第1期。

[③] 陈瑞华:《刑事诉讼的前沿问题》,中国人民大学出版社2000年版,第248页。其实,陈对审前司法裁判的证据保全功能没有提及,这是直接言词原则下证人出庭的例外,并且审前的法官(林钰雄称为"侦查法官")的审查对后诉有一定的约束力。林钰雄:《刑事法理论与实践》,台湾学林文化事业有限公司2001年版,第50-62页。

[④] 本条规则是1997年4月11日增加的,1997年12月1日生效。

[⑤] 王进喜:《美国〈联邦证据规则〉(2011年重塑版)条解》,中国法制出版社2012年版,第305页。

据信息是不公正的,而是因为法庭要恰当判断证人的可靠性,只能通过察言观色来进行。更不用说,判决案件的人可以通过亲口向被告人提问来查明真相。① 由此,对立双方的交叉询问制度被赋予了戳穿谎言的功能,然而交叉询问更受询问者主动或者被动的立场及问话的方式等影响。案件理论(the theory of the case)也将试图描绘代理人的行动以展示其好品格的方式,而其对手的行动则展示了不良品格。最可以审理的案件依赖证人的可靠性,并且当事人常常就是证人。

二、诉讼内外的品格比拼:前科用以证明犯罪的比较倾向

对帕克(R.C.Park)提出的比较倾向(comparative propensity)概念,雷德梅恩用统计数据将之具象化了。他认为,品格证据可以用不同的方式证明有罪。它可以作为具有犯罪倾向的证据或缺乏可信性的证据。例如,如果D正在由于盗窃而受审判,并且有盗窃的犯罪前科,该项定罪可能会被采纳为他有盗窃的倾向;也可能被用来证明他不诚实因此容易撒谎,而他的辩护因此在法庭上应该得到较少的信用。笔者把前一种情境称为关涉倾向的证据,后者称为关涉可信性的证据。显然,可信性证据也涉及倾向:推定D有说谎的倾向。但是,区分品格证据的两种用法是很重要的,倾向/可信性(propensity/credibility)术语能达成此目的。

这里笔者将简单介绍一下雷德梅恩通过实证数据分析所指出的前科与被告的罪行的相关性。② 品格证据可以采取多种形式,但在刑事审判中,最常见的是使用以前犯罪的证据(通常是前科)来证明被告犯下了他的正在审判中的罪行,或者他可能会在将来再犯。有人指出,作为有罪的证据,前科是比较有效的。通过包含不同类型的证据的例子可能更容易理解这一点。假设D因谋杀而被审判,并且有一些证据将他与犯罪联系起来:例如,他被认为是接近犯罪现场,并且与他的一件毛衣上相似的纤维在被害人处被发现。这种证据确定了一定的有罪可能性。如果这时揭示D有动机杀死V(例如,V与D的妻子有染),那么D犯有罪行的概率就会增加。尽管现实是绝大多数有杀人动机的人不会真的进行谋杀。动机证据有助于指控D的案件,因为有动机的人比没有动机的人更有可能杀人:正

---

① D Hume, *Commentaries on the Law of Scotland, Respecting Crimes, Vol.2*, Bell & Bradfute, 1844, p. 404. 转引自[瑞士]萨拉·J. 萨默斯:《公正审判:欧洲刑事诉讼传统与欧洲人权法院》,朱奎彬、谢进杰译,中国政法大学出版社 2012 年版,第 72 页。

② 该段主要参见 Mike Redmayne, *Character in the Criminal Trial*, Oxford University Press, 2015, pp.16-30. "Section 2.2 Recidivism and the Relevance of Previous Convictions"。

是这个比较元素产生了证据价值。① 作为有罪的证据，前科与动机证据类似。前科有证明力，因为有前科的人比没有前科的人更有可能犯罪。如果在上面的例子中，所揭示的并不是 D 有动机，而是先前被认定为严重暴力，那么 D 犯有罪行的概率仍然会增加。但是，有什么基础认为有犯罪记录的人更有可能犯罪？人们，尤其是男性，有前科并不罕见。1953 年出生的男性人口到 53 岁时 33% 曾被定罪。其中大多数为 52%——只被定罪一次。这表明许多人有前科（33%），而且再犯是例外而不是定则（33%×48%）。然而，与动机一样，这并不意味着前科对有罪没有证明力。相关的问题是，有前科是否比那些没有前科的人更有可能犯罪。纵观所有这些在 2009 年至 2010 年被定罪的人，26.5% 的人一年里被再定罪。更重要的是，这一时期的再犯可能性与犯罪前科的数量是有联系的，列表如下。

表 8-3　2009 年至 2010 年被定罪者，按前科的次数计算的犯罪率②

先前犯罪的次数	在一年内犯罪的罪犯的比例%
0	11.4
1-2	21.2
3-9	28.4
10-24	33.6
>25	47.9
所有罪犯	26.5

作者还进行了一些更为细节的调查，表 8-3 标明了对一系列具体罪行而言具有前科的犯罪者实施的各种犯罪的次数。总的来说，56616 名罪犯实行了近 8 万个罪行，所以有些人犯了一个以上的罪行，60% 的大多数人在一年的后续（follow-up）期间没有犯罪。由此可见再犯罪在最近被判犯下的不同罪行的那些人之间如何变化的情况。同样罪行的再犯率对证据法的目的有特别的利益——因为以前的罪行和现行罪名之间的相似性是前科的可采性的重大触发因素。罪犯犯下 X 的罪行对新犯罪 X 的比率，变化从严重暴力事件的 168 ∶ 1 到盗窃的 0.6 ∶ 1 不等。

---

① See R. D. Friedman & R. C. Park, Sometimes What Everybody Thinks They Know Is True, *Law & Human Behavior*, 2003, Vol. 27, No.6.

② Mike Redmayne, *Character in the Criminal Trial*, Oxford University Press, 2015, p.17. "Table 2.1 Reoffending rates by number of previous convictions".

表 8-4　罪犯：一年随访的犯罪率，2009 年同期组群[1]

	严重暴力	抢劫	性	入室盗窃	盗窃	所有罪行
严重暴力	168∶1	122∶1	1,343∶1	192∶1	16∶1	2∶1
抢劫	164∶1	27∶1	1,147∶1	21∶1	5∶1	0.9∶1
性	189∶1	568∶1	5∶1	95∶1	7∶1	1.3∶1
入室盗窃	157∶1	32∶1	227∶1	4∶1	3∶1	0.6∶1
盗窃	192∶1	83∶1	178∶1	25∶1	0.6∶1	0.3∶1

由表 8-4 得出结论：

（1）因为盗窃比严重的暴力行为更常见，在所有群组中盗窃再犯都很频繁，而严重的暴力行为则并不频繁。

（2）忽略盗窃再犯，相同罪行的累犯与再犯任何其他具体罪行相比有更频繁的倾向。

鉴于更严重罪行的累犯通常不常见，一些论者认为，对这些罪行的前科材料，如果用来证明同一罪犯的行为是毫无价值的。举例而言，在谋杀案审判中一个人有谋杀的前科，这种前科对于他是否犯有现在的罪行一点也不重要。雷德梅恩认为，这个论点没有把握住那些真正重要的比较判断：一个有谋杀前科的人是否比别人更有可能犯谋杀罪。用 Park 的术语，问题是这个人是否有犯罪的比较倾向。[2] 我们需要做的是比较那些有定罪的人和那些没有定罪的人的犯罪率。然而这并不容易，因为很难找到可比较的数据集，任何评估都必然有些草率。10 岁（最低刑事责任年龄）以上的英格兰和威尔士人口约为 4800 万。雷德梅恩知难而上，他以 1 年内普通人犯某罪的数据统计比例和他自己统计的 2009 年同期群组罪犯犯同一罪行的比例的比率差，得出一个比较倾向。例如 2009 年一般人口中暴力（严重和不严重）犯罪比例为 433∶1，2009 年罪犯案加犯罪累犯同罪比例为 4.4∶1，暴力犯罪累犯与一般人暴力犯罪的比较倾向为 98 倍，对于所有犯罪而言一般人口犯罪比率、所有犯罪累犯比率、累犯对一般人犯罪的倍数这三个数字为 34∶1、0.7∶1、49。雷德梅恩指出这个数据不准备作为法庭证据，但是它提供了信息表明最近有对特定罪行的前科的人比没有此前科的人更可能犯这种罪行：前科作为有罪的证据因此具有相当的证据价值。当然，这里的数据可能有不全面、不充分或者夸大其词等问题，

---

[1] Mike Redmayne, *Character in the Criminal Trial*, Oxford University Press, 2015, p. 20. "Table 2.3 Offender: offence ratios for one-year follow-up, 2009 cohort".

[2] R. C. Park, Character at the Crossroads, *Hastings L J*, 1998, Vol. 49, No.3, p.758.

并且这些数据并不确切，但是，这些数字仍然代表着显著的差异。作者还特别提及了从比较倾向可见前科作为犯罪的危险因素具有重要性，要正确地解读它还要将之放到为人所知的有关犯罪轨迹的其他语境中。一个重要背景是年龄与犯罪的关系，青少年时代犯罪最为普遍，并且年龄犯罪曲线有一个高峰，犯罪在15岁期间急剧增长，17、18岁达到顶峰，然后跟上升幅度相比下降幅度较缓。根据一两年随访统计数据生成的比较倾向放入年龄—犯罪曲线之中来看，最近定罪可能具有相当的证明价值，但是这个价值在当前指控与前科之间的间隔越长就会越弱。在十几岁之后再犯的概率下降最快。当然比较倾向还可能面临道德的质疑等，但作者还是认为其具有重要的推论意义。

前科的相关性模型基本思想是，如果D最近有一个前科的话，那么可以说他有实行类似罪行的比较倾向：他比以前没有任何前科的人更有可能犯罪。这当然不能一定证明他对他所受指控的具体罪行有罪，但是这里的比较就将特定的嫌疑人和普通公众联系在了一起，并且作者参照将一项证据纳入罪行评估的标准贝叶斯模型，建立了一个使用前科证明有罪的模型。① 随着特定案件犯罪行为的细节展开及其他证据的累加，强化了比较倾向的证明价值。所以笔者以为这种比较倾向是品格比拼的一个典型例证。

三、各诉讼参与主体之间的品格比拼

卡多佐在论述遵据先例的原则及其变通时举了一个证据法例子：一个男子被指控强奸，他的辩解是这位女子曾表示同意。他可以证明该女子在贞节问题上名誉不佳，而不可以证明她与其他某个男子或一些男子之间的具体的，尽管是反复多次的、不贞节行为。② 在估定这位男子的辩解是否

---

① 标准贝叶斯模型：[P(G)/P(I)]先前有罪率 × [P(E｜G)/P(E｜I)]证据的似然比=P(G｜E)/P(I｜E)后来的有罪率；有关前科的模型，似然比:P(O｜E)/P(O｜Ē)。举例说明：假设D因盗窃受审判，在犯罪现场发现了一个符合D所拥有的一双教练鞋的模型的鞋印。专家证明，相关人口中约有5%的人穿相同鞋底的教练鞋。如果在考虑鞋印证据之前，陪审团认为D有罪的概率是0.4，那么在考虑了鞋子之后，它应该把这种概率更新为0.93。假设D的鞋子必然符合如果他确实犯了罪，那么鞋子证据的似然比是1/0.05；证据使罪行的可能性高于之前的20倍。有罪的先前比率是0.4：0.6；似然比为1/0.05；因此罪行的可能性为0.4：0.03，相当于0.93的有罪率（0.4/(0.4+0.03)）。对于前科证据，陪审团最初认为D有罪的概率是0.4。检方就提供证据显示，在过去一年内，D被判入狱后被释放，根据统计数字，陪审团现在应该考虑D更有可能实行他现在被起诉的盗窃罪行773倍。有罪概率从0.4变为0.99。这表明最近的犯罪行为的证据可能是有力的证据。参见Mike Redmayne, *Character in the Criminal Trial*, Oxford University Press, 2015, pp.36-41. "Section3.1 Integrating Comparative Propensity."

② People v. Carey. 223 N.Y.519.

真实时，对任何有头脑的事实审理者来说，这都是最想知道的事。但一条不可动摇的规则认定必须将之排除在陪审团的考虑因素之外。即使这位女子自己赞同，对这位被告也无太多帮助，因为尽管他此后可以就其他事实对她进行反诘，但最终决定他的命运的是这位女子的回答。毫无疑问，一位法官在认可这类证据时应当行使一定的裁量权，如果证据太间接，就应当排除，并且应当迅速果断（允许继续进行，或者，减轻因突然袭击造成的任何难题）。目前的规则的结果却不是这样。证据被完全排除并且总是被排除。事实上，某些法院已经采取了一种不同观点，但是不幸的是，其数量很少。在这里，就如同在许多证据法的分支中，我们看到的是过分夸张地依赖一般名誉作为确定诉讼人或证人品性的标准。这种确信也是先前较为简单的时代的残迹。当年，人们生活在很小的社区内，这种确信是有道理的。也许，今天在一些乡村地区，它也还有某些道理。但在一些大城市的生活中，这种品性证据就成了一种笑话。在这里，就如同在有关程序法的其他许多分支中一样，一种现实主义精神应当在目前的规则和目前的需要之间带来一种和谐。① 尽管卡多佐指出规则变迁的可能性，然而，这牵涉到法官的自由裁量及陪审团自由心证，或许我们要把法官和陪审团还原到一个普通人地位并且持有常识视角。英美法系的一般庭审程序将证据的可采性（如相关性）和相关程度问题分别交给法官和陪审团，而大陆法系的一元制审判组织一体审查证据能力和证明力问题。英美法系为了防止陪审团对赋予品格证据过高的证明力而设置了以法官为守门员的排除规则，大陆法系的国家和地区相关性概念包括证据与待证事实之间是否存在逻辑上的联系（有无相关性）及这种逻辑联系的程度（相关程度大小），并统一为职业法官评价。

2014年6月，中央深改组会议通过《关于司法体制改革试点若干问题的框架意见》，标志着中国新一轮司法改革的正式启动。员额制列为这轮司改四大任务之首，强调司法人员分类管理，独立办案，即一部分法官、检察官变成员额，另外一部分人为法院辅助人员。员额制设置的最初的目的在于让法官队伍更加专业化、职业化，同时加强法官的职业尊荣感。为了形成一个有质量的司法判决，前提是选择有经验的优秀法官审判。尽管这牵涉员额法官的公开遴选机制及员额法官与辅助人员的工作分工、去留决定等，但这更主要的是内练素质，外树公信。随着法律逐渐成为人们所遵循的共同行为准则，人民群众对法律信服或者凭着一套法律话语能进行有

---

① 以上案例叙述引自［美］本杰明·卡多佐：《司法过程的性质》，苏力译，商务印书馆1998年版，第98-99页。

效的沟通。在现实之中所表现出来的对法官的信服和认同，其实是因为法官作为法律的执行者、解释者，而对其专业素质和专门的法律技能的折服。实行法官员额制度，是实现法官精英化、专业化不可缺少的前提条件。可以说，员额制改革首先是要找到能镇得住场（法庭）的人，让诉讼当事人信服的人。

证据可信性问题一直是留给陪审团自由裁量的，这就不免还是可能要用到各种常识、经验。虽不同于陪审团的秘密评议和集体决策，但我国人民陪审员在参与审查案件的过程中会考虑到证人的品格问题，证人的品质优劣对人民陪审员和法官的判断或多或少有些影响。正如2001年12月出台、2019年10月修正的《最高人民法院关于民事证据的若干规定》第96条（原第78条）规定："人民法院认定证人证言，可通过对证人的智力状况、品德、知识、经验、法律意识和专业技能的综合分析作出判断。"由此可见，法官和陪审员认定事实，可能是一种经验比拼，甚至转化为了陪审员与被告人、证人之间的人格比拼。

2015年4月24日，全国人大常委会授权最高人民法院在北京、河北等10个省（区、市）各选5个法院开展为期2年的人民陪审员制度改革试点工作。最高人民法院会同司法部印发《人民陪审员制度改革试点方案》（以下简称《方案》），5月20日两家又印发了《人民陪审员制度改革试点工作实施办法》（以下简称《办法》）和《中华人民共和国人民陪审员宣誓规定（试行）》。《方案》要求"探索重大案件由3名以上人民陪审员参加合议庭机制"，《办法》第15条提出人民陪审员在合议庭中的人数原则上应当在2人以上，因此可以构成"3名人民陪审员+2名法官""2名人民陪审员+3名法官""4名人民陪审员+3名法官""6名人民陪审员+3名法官"几种模式。这种多人决策可能恰恰是让不同的参审人员的个体经验相互冲击，形成较客观全面的意见。最高人民法院和司法部还明确"涉及群体利益、社会公共利益、人民群众广泛关注或者其他社会影响较大的刑事、行政、民事案件"和"可能判处十年以上有期徒刑、无期徒刑的刑事案件"，原则上实行人民陪审制审理。之所以在重大案件之中采用陪审制度审理，不是遵循专业理性的要求，而是将疑难案件交给一个无需说理的表决机制来决定。这种案件范围上的界定，不论是对不特定多数人还是对特定的当事人，意图让具有选任的广泛性和随机性及开庭前通过随机抽选的方式确定（《办法》第16条）的人民陪审员提供决策建议，分享决策权力，充分发扬司法民主，提高司法公信力。

《方案》对人民陪审员的参审机制和职权要求作出了规定，逐步探索实行人民陪审员只参与审理事实认定问题,在案件评议过程中独立就案件事实认定问题发表意见,不再审理法律适用问题,不再对法律适用问题发表意见。审判长应将案件事实争议焦点告知人民陪审员,引导人民陪审员围绕案件事实认定问题发表意见,并对与事实认定有关的证据资格、证据证明力、诉讼程序等问题及注意事项进行必要的说明,但不得妨碍人民陪审员对案件事实的独立判断。人民陪审员和法官共同对案件事实认定负责,如果意见有分歧,应当按多数人意见对案件事实作出认定,但是少数人意见应当写入笔录。如果法官与人民陪审员多数意见存在重大分歧,而且认为人民陪审员多数意见对事实的认定违反了证据规则,可能导致适用法律错误或者造成错案的,可以将案件提交院长决定是否由审判委员会讨论。此外,《方案》还要求建立人民陪审员宣誓制度。这种誓词本身更侧重于一种道德上的约束力,在"忠于宪法和法律"之前是"忠于国家,忠于人民",其理在于宪法和法律并不是天衣无缝的,而宪法和法律又起源于国家和产生于人民。进而言之,"廉洁诚信,秉公判断"之中的诚信和秉公,更是明确的道德要求。①

  人民陪审制改革成果最终被吸纳到了2018年《人民陪审员法》和2018年《刑事诉讼法》之中,主要采3人(2法官+1陪审员,1法官+2陪审员)和7人(3法官+4陪审员,"对事实认定,独立发表意见,并与法官共同表决;对法律适用,可以发表意见,但不参加表决"②)的合议庭形式。③司法组织机构要求精英化与民主化相结合,既要以专业素养来以理服人,又要以同侪情感来以情感人。

  可以说,刑罚具有塑造公民精神的作用,对应的是,品格也可能成为惩罚的原因。正是因为审判本身就是一个确定坏人和惩罚坏人的过程,控辩平等和律师参与诉讼都有一个艰难的发展历程。历史上有些制度如纠问式审判不允许这样的坏人获得辩护人的辩护。有一个古老但却非常正确的法律格言,"对当事人来说自己辩护是愚蠢的"。④如果说不让辩护律师参与的审判更多地带有一种自证其罪的品格推论色彩,可见裁判的主观意

---

① 《中华人民共和国人民陪审员宣誓规定(试行)》第4条规定。
② 《中华人民共和国人民陪审员法》第22条规定。
③ 2020年9月24日吉林省高级人民法院下发了(2019)吉刑终256号刑事裁定书,吉林省高级人民法院认为:原审合议庭组成违反了人民陪审员参审的法律规定。依照《中华人民共和国刑事诉讼法》第二百三十八条第一款第(四)项和《中华人民共和国人民陪审员法》第十四条、第十六条之规定,裁定如下:"一、撤销吉林省通化市中级人民法院(2019)吉05刑初193号刑事附带民事判决;二、发回吉林省通化市中级人民法院重新审判。本裁定为终审裁定。"
④ [美]弗洛伊德·菲尼、[德]约阿希姆·赫尔曼、岳礼玲:《一个案例 两种制度:美德刑事司法比较》,郭志媛译(英文部分),中国法制出版社2006年版,第35页。

见性；那么，即使辩护律师参与到刑事审判之中也可能提供的往往只是为煽动情绪的"一己之见"而非案件真相，让晓之以理让位于动之以情。不同的历史时期，由于证据分别掌握于控诉者、陪审团，以及律师、警探、科学专家等不同的诉讼参与人手中，因此，各个时期的刑事审判的焦点问题就成了被指控者分别与上述各诉讼参与人的人格比拼，这种人格比拼既是一种法庭审判内的证据活动，又体现了特定社会的公共面向。在律师参与诉讼受到限制时，一种来自于当事者或者外行的陪审员可能朴素的感情而决断案件，在法律人参与诉讼受到重视和肯定之后，法庭成了参与诉讼的各方将感情用法律包装起来而尽情展现的舞台，"刑事辩护律师可能有最好的表演，但是，法官才是最重要的演员"。[①]诉讼"三方组合"的理想形态是要求形成审判居中、控辩平等的平衡状态，表面上只有法官是那个说话算话的人。但是被告人决定自己命运逐渐决定了程序的合法性。一个被怀疑和被束缚的人如何能够对抗站在"正义面"的国家呢？他要有武器，法律武器——辩护人的帮助，事实武器——作为证人（被告人最了解自己是否涉案犯罪）、对质证人（攻击不利于己的证人的可信性或者其提供的证词）、获得证人（申请或者强制有利于己的证人出庭作证）。被告人"获得证人"和"对质证人"自古以来就带有品格的基因，"获得证人"因为有良好品格的支撑才可能有友好证人帮助洗刷罪名，而"对质证人"除了指出证言的矛盾之处外，诉诸人身攻击是一个迫不得已的路径。最后，如果被告没有帮手，亲自披挂上阵"作为证人"只有建立在他享有沉默权和律师帮助权的情形下才具有决策的自主性。当然，在我国现实之中，被告人保持沉默一般被认为是认罪态度不好，法律可能允许其对量刑有影响（坦白从宽、抗拒从严）。但是，这种沉默还是可能上升到推定默认罪状的层面，被告人的辩解也常常被归为"纯属狡辩"。忏悔一直是对罪犯要不要惩罚或者采取何种惩罚的一个前提。可见，被告人的品格在刑事诉讼中一直是举足轻重的。

让被告自行辩护使得辩护律师"觉得自己就好像被勒令站在一旁观看自己的委托人迎头撞向开过来的公共汽车一样"[②]，因此，将辩护权分化出

[①] ［英］萨达卡特·卡德里：《审判的历史：从苏格拉底到辛普森》，杨雄译，当代中国出版社2009年版，第253页。

[②] See Erica J. Hashimoto, "Defending the Right of Self-Representation: An Empirical Look at the Pro Se Felony Defendant", 85 *N. C. L. Rev.* 423, 434 n.46 (2007). 参见［美］约书亚·德雷斯勒、［美］艾伦·C.迈克尔斯：《美国刑事诉讼法精解（第二卷刑事审判）》，魏晓娜译，北京大学出版社2009年版，第72-73页。

去由"是必需品，而非奢侈品"①的辩护律师行使。在法律方面，便于被告人获得专业性的服务；在事实方面，通过辩护律师的直接询问而引出被告人无罪的证据和事实，在心理上让律师挺身而出以专业知识的加持让被告人敢于辩护或者冲淡或者遮蔽对被告人的舆论指责。刑事诉讼的典型特征是其强制性，让被控告人直接面对代表国家专门机关本身有着仗势欺人的色彩，并且代表正义一方的国家专门机关对涉嫌犯罪已经一定程度上被怀疑为"坏人"的被告人自感可能无须心慈手软，甚至要求除恶务尽。律师代理人尤其是在场和见证等制度一定程度上隔离了公权力与被告人之间的短兵相接，另外，律师的专业辩护比起可能被认为"无理搅三分"的被告人更能平息被害人、社会公众的不满和愤怒。由此，作为一种最终的司法化理想，其最终形成可能主要不仅仅在于自说自话的司法机关的中立、自娱自乐的司法机关的分权，而在于异质的律师参与这样的一个真正的"第三者插足"。当然，律师戴着荆棘的桂冠而来，或许可见律师奋不顾身的勇气，但律师也不是一个完美的天使，律师"为权利而斗争"的法庭辩论可能是激化对立的火上浇油，也可能是化解冲突的涓涓细流，既可能操控证据，蒙蔽真相，例如英美法系的律师控制向证人发问的方式和节奏及控制提交证据的内容和顺序等；也可以抽丝剥茧，揭露真相，例如，指出对方证人的言词漏洞，证据链条薄弱及举证证人有说谎的品格缺陷等。

审判前讯问笔录占据了"非法证据"的主体成分，非法证据排除规则意图通过倒逼的方式来遏制警察不法，我们的案件往往就是通过这"挤牙膏"式的重重讯问，从而达到一种固定证据的效果，并且从前前后后、反反复复的叙述之中去寻找一致性，最终产生了一种让被告人认输和认命的效果，也达到了对侦查人员心理安慰的效果。在错误的传递过程中，诉、审机关接过了侦查机关的接力棒。因此，为了能够给审判提供合格的证据资料，需要一定程度的侦查诉讼化。一是强化律师的参与和引入第三方（最好是法官）的裁判，让侦查讯问有保全证据的功用；二是把警察的权力分别置于律师权利和法官权利的双重制约之下，意图将违法行为消除在萌芽状态。

---

① Gideon v. Wainwright, 372 U. S. 335, 344 (1963). 这个概念被多次提及，参见［美］约书亚·德雷斯勒、［美］艾伦·C.迈克尔斯：《美国刑事诉讼法精解》（第二卷刑事审判）》，魏晓娜译，北京大学出版社 2009 年版，第 49、55、70 页。

后 记

刑事诉讼之中的品格推论作为一个课题，笔者对之展开了坚持不懈的研究和思考。这里随机摘要记录研究此课题过程之中的相关煎熬和活动，算是对并不勤奋的过往及并不突出的点滴进步之阶段小结。

第一，研读了相关的证据理论。例如，重温了达马斯卡《漂移的证据法》，其中品格证据规则作为一种内在排除规则可以从相应的二元法庭结构、集中审理制和对抗制诉讼等程序支柱解释其运行规律，还如，仔细研读了道格拉斯·沃尔顿的《品性证据：一种设证法理论》等，了解到品格证据的双刃剑的作用，以及品格推论作为设证推理的合理性和可谬性。

第二，2015年12月19日参加在日本北海道大学举行的中国法院实证研究研讨会，发表了题为"公正审判的意见解构"的学术报告，延续了笔者所运用的组织法和程序法双焦镜头分析法。

第三，2016年3月27日在法学院举行了一个学术午餐会，主题报告了《跳脱概率论的陷阱：无证据的个案展开》，其中介绍了有关美国刑事司法之中"静默的蓝墙"之潜规则，表明了在司法从业人员与诉讼当事人之间可能就存在品格比拼。

第四，指导2016届诉讼法学硕士研究生黄河缘完成相关主题硕士学位论文《运用品格证据鉴真言词证据的方法研究》，该论文被评审专家评价优秀和良好。

第五，2016年1月24—25日，参加由厦门大学、福州市司法局共同主办，福州市法律援助协会、厦门大学经济犯罪研究中心、厦门思明法律援助中心协办的"刑事法律援助应对新挑战暨司法改革与刑事法律援助制度"研讨会，发表《刑事法律援助创新的可能性》一文。这其中朦胧的想法尚未形成有价值的成果，但是笔者更愿意认为刑事诉讼之中必然存在多种价值的并存和博弈，在会议发言之中笔者特意提及了一个比喻，刑事诉讼多元价值并存正如吃饭不能因为吃了肉就不准再喝汤一样。

第六，指导2015年本科生5人申报2016年初至2018年中厦门大学"大学生创新创业训练计划"有关品格证据的创新训练项目，激发学生的自主创新精神，也希冀学生能多关注品格证据的司法实践，这也迫使自己在这个课题上继续深耕。

第七，2017年春季学期和2018年春季学期诉讼法学研究生的案例研析课程，笔者在课堂上与学生讨论了《辛普森之双尸命案》《聂树斌之一案双凶》《罗生门之丛林真相》《东快案之真善两难》《狄仁杰之双钉奇案》《窦娥冤之六月飞雪》，及李某某强奸陪酒女案、杭州保姆纵火案等分析了品格、证据和案件事实等证明关系。笔者自认为这种集中火力的专题式讲解，包含古今中外、真假虚实的案例，呈现了刑事诉讼之中的品格推论无处不在。但是，笔者又心怀疑虑，因为这种思维锻炼和观念灌输并不解决实际问题，有凌空蹈虚之感；甚至疑虑我是否有折磨到课堂的学生们。

第八，指导2017届诉讼法学硕士研究生黄吉英翻译了《行为品格证据：法庭之上的幻觉、荒诞和不公》[①] 和《我们应该如何通过品格证据来证明行为？》[②]。笔者想通过翻译也让学生对品格证据问题打起精神，以期教学相长。

第九，在2019—2020年第三学期本科生的"司法心理学"课程中研读了英国学者Mike Redmayne所著 Character in the Criminal Trial（Oxford University Press 2015）的相关内容，以及对英国品格证据规则和美国品格证据规则进行了深入的研读。当时由于新冠肺炎疫情肆虐，为了积极推进网课线上教学，笔者翻检书堆和网络资源，从基本的法律法规、司法判例层面去深入了解英美的品格证据规则，而不再简单涉猎学者的评论。

第十，2021年初至2022年中，在西藏民族大学法学院援藏工作期间，笔者没好意思再拿品格证据的问题"折磨"西藏民族大学的学生，但是有时间静下心来"折磨"自己，从相关的课题成果之中，积极修改和撰写了"品格证据的偏见命题"和"品格证据的证明对象"等章的内容，把之前课堂教学之中对英美品格证据规则的单纯介绍再度消化吸收，脱胎换骨，从而形成了自成一体的逻辑体系。

此外，本书第四章"品格推论的制度递演"由厦门大学法学院博士研究生魏佳轩撰写。笔者在本书之中提出了很多带有个人印记的观点，这当然是有根有据的。尽管论述的相关素材可能还是来自法律法规，来自常识惯例，但是，在文章之中提出的观点，大都能让人耳目一新但非惊世

[①] H. Richard Uviller, Evidence of Character to Prove Conduct: Illusion, Illogic, and Injustice in the Courtroom, U. Pa. L. Rev., 1982, Vol.130, No.4.

[②] David Crump, How Should We Treat Character Evidence Offered to Prove Conduct? U. Colo. L. Rev., 1987, Vol.58, No.2.

后 记

骇俗。在本书之中，笔者赞同在刑事诉讼之中搞人身攻击，表面上脱离常规，却是深思熟虑的结果。除了刑事审判本质是对人的道德品格断定之外，还因为证据的真实性也必然要靠提供证据之人的品格进行保证。当然，笔者并不认为可以在刑事诉讼之中进行无原则、无条件地诉诸品格的人身攻击。其实，品格在刑事诉讼之中有其限定的功能，即实质证据功能和辅助（弹劾或者正誉等）证据功能。由此对品格问题视而不见是违反常识的，并且掩盖了事实裁决者在诉讼之中暗自进行品格推论的现实情况，使得控辩双方的攻防无的放矢。由于多元主体参与到刑事诉讼之中，参与其中的国家专门机关工作人员，也不得不亲身下海，如果从定罪的实质要件来看，审判可能会转化为被告人个体的良好品格和不良品格的对比，被告人与普通人或者被害人的品格比拼，甚至从程序正义而言，国家专门机关工作人员的道德素养和职业良知也落入到不同诉讼主体之间的人格比拼之中。

有些论断简洁有力，紧扣品质证据之相关性和偏见性的核心问题，以实质证据和弹劾证据为经，以诉讼程序和审判组织的双焦镜头为纬，深刻描述了品格与诉讼制度的内在关联，为了摆脱品格证据的证明价值上偏见难题，在实质功能上，将品格难题转化为不同诉讼主体之间的品格比拼；而在弹劾功能上，迎难而上，视角从言之可信转到人之可信上，将作证者和取证者的品格作为言词证据鉴真的最后保障，通过控辩双方的交叉询问达到品格弹劾和正誉之目的。例如，笔者认为，不仅仅将"品格"看作是一种证据，更将"品格"看作是左右刑事诉讼的核心要素，一方面，在程序法上，基于一种人格尊严的要求，坚持无罪推定原则，"把人当人看"，更突出控辩对等的普遍原则及强调人人平等的具体制度；另一方面，在组织法上，又基于一种职业伦理的要求，还原为无知之幕的"不要论断人"，要求司法从业人员爱人如己，推己及人。本书处处可见一些独到见解和理论创新，例如，通过对刑事审判模式演进的比较考察提出了一个"品格比拼"的概念，又如，结合聂树斌案提出了一个"无证据"的概念问题，再如，就律师参与刑事诉讼，提出了律师在控辩之间设置一个缓冲带来抵御强权暴力，律师又在被告人与被害人、社会公众之间设置隔离带来阻隔激烈复仇。

我们有时并不因为内心喜欢而是迫不得已地标榜自己采用了功能分析法、结构分析法、历史分析法、规范分析法的研究方法，正因为基本上没有不建立在文献之上的研究，所以，当学生说自己采用了"文献研究法"被斥为在研究方法上凑字数的胡编乱造。然而，笔者的研究的确是建立在对法律法规、相关论著文献的仔细研读之上，但是，这里所呈现的并非剪刀加糨糊的摘录、拼盘，而是有内在逻辑的理论体系。尽管这种理论还只具有初创的性质，但是其中的新概念、新思路和新方法还是非常丰富的，指出品格证据分为实质证据和辅助证据功能；采用程序法和组织法的双焦镜头透视刑事诉讼程序；提炼出"品格比拼"的概念。

其实回首一路走来的研究足迹，有些半成品也颇具理论吸引力，例如，"法官是正义的化身""律师是坏人的帮凶"，这些断语都蕴含有值得分析的对法律职业的道德品格评价因素；刑事诉讼辩护方的自证其罪或者保持沉默，律师起到隔离强权暴力与缓冲公众愤怒的作用，刑事诉讼之中的国家专门机关工作人员的权力暗箱和静默蓝墙等预示着不同主体的品格预设对程序参与者的行为表现起着终极支撑的作用。笔者还指出品格作为实质证据相当于特洛伊木马，输送定罪信息又夹杂着偏见；品格作为弹劾证据已处于死马当作活马医的境地，意图通过弹劾证人让其骑虎难下被逼墙角。笔者还拟写过刑事诉讼有关品格的具体主题，如品格、宣誓与刑事诉讼中的保证制度必要性，这可以通过口头语"以党性担保""以人格担保"得到解释。所谓保证制度的基本精神实质是设定了辩护人、保证人、见证人在诉讼之中必备的身份条件；品格推论还是辨识谎言的利器，从而和测谎工作异曲同工；此外，豁免制度也有品格要素上的考虑；品格证据适用于羁押制度，适用于量刑制度；忏悔和赔礼道歉也是以回归向善的品格作为考察要点。这些品格证据制度相关问题都应当展开而未及展开，期待着能有下一次的研究。

如果不完全地统计，笔者围绕品格证据的研究获得过2011年"青年骨干教师出国研修项目"（留金发〔2011〕3022号）、福建省法学会2015年度重点课题〔FLS（2015）405〕及2017年度福建省社科规划一般项目（FJ2017B005）等资助。笔者对这个问题的专注也随着各层次的资助而加深，或者不是因为船大难掉头，而是因为对刑事诉讼中品格问题的敏感让笔者时时挂牵。

上述提及的研究过程，已经牵涉到很多需要感谢之老师、学生、朋友，这里还要再次感谢那些被笔者以本课题相关主题来讨教、沟通甚至滋扰的师友。本书任何考虑不周甚至错讹之处仍承不弃继续指教。笔者常常能够认识到自己的寡言少语会被支持和帮助过笔者的人认为笔者感情淡薄。并且最遗憾的是，笔者能够认识问题却不能改正问题。当读者捧起

后记

本书时，所认识的笔者就是笔者所说的——品性难移。

最后也是最重要的是，本书的最终规划和大体定稿是笔者在西藏民族大学工作期间。西藏民族大学法学院让我时刻感受到家的温暖，院党委书记李琼、院长侯明、副书记刘长亮、副院长张林等领导给了笔者无微不至的关怀，他们的恪尽职守、以身作则深深激励着笔者，与李红、倪娜、陈烨、张伟、雷朝霞、刘芬霞、申军玲、姚俊开、黄军峰、来帅、童晓敏、李森、王玉青、王丹妮、李文峰、刘红旭等各位老师在理论学习、教育教学、实习培训、组织团建等活动中的交流谈话都使笔者心中洋溢着一股温暖和喜悦之感。行政办张震，教学办何蓉、胡海青，团学办曾楠、廖雪娇、陈雁鹏、益西卓玛等老师的专业高效、周到服务给我留下了深刻的印象，由笔者带去的麻烦都能迎刃而解。与范连玉老师短暂交集，他的细心多礼、热情诚恳让笔者感动。法学院组织教学流程的细致严谨、循序递进以及研究生和本科生的勤学好问、积极进取也让笔者印象深刻。张树庭（中国传媒大学援藏干部，西藏民族大学副校长）、张继红（北京外国语大学援藏干部，西藏民族大学校长助理、研究生院院长）、曾丙健（中国人民大学援藏干部，西藏民族大学科研处处长）、陶国山（华东师范大学援藏干部，西藏民族大学文学院副院长）、李迁（南京大学援藏干部，西藏民族大学管理学院副院长）、李伟（东南大学援藏干部，西藏民族大学信息学院副院长）、曹阳（东南大学援藏干部，西藏民族大学信息学院教师）、田国宝（中山大学援藏干部，西藏民族大学医学部副主任、医学院院长）、徐景勃（中山大学附属第五医院援藏干部，西藏民族大学附属医院主任医师）、郭学峰（中山大学附属第六医院援藏干部，西藏民族大学医学部副主任、附属医院副院长）等来自国内其他数所重点高校的中央单位第九批援藏干部均为各自领域的翘楚，他们为西藏民族大学的发展献计献策，倾心尽力，在各自岗位无私奉献。在第九批援藏干部人才西藏民族大学自我管理小组的各次集中学习会和小组交流活动中，他们都对笔者勉励有加，也促动笔者要刻苦学习、敬业奉献。西藏民族大学党委前任欧珠书记，现任刘凯书记、罗旺次仁校长、焦忠武副校长、卞利强副校长等学校领导和校办张宏伟主任、组织部宁鹏部长和办公室刘斌、田波、邓睿、刘云等同志对我们在西藏民族大学的学习、工作和生活关怀备至，无私帮助，积极支持和保障我们了解西藏、热爱西藏、使我们能专注教学科研、发挥桥梁作用，主动投身于西藏民族大学中国特色、西藏特点、区域一流的现代化大学建设和西藏高质量发展建设之中。当初被遴选去援藏，时任厦门大学法学院党委书记许和山和院长宋方青等领导希望笔者能搭起两院交流合作和学科共同发展的桥梁，诉讼法学教研室的同事也承担了笔者本该做的分内工作，令笔者感动。笔者怀着一腔热血参与到援藏工作之中，希望能在西藏民族大学的教学科研、学术交流工作上做出更好的成果，然而时光匆匆，虽然在西藏民族大学期间这段宝贵的经历使笔者得到了锻炼，但是与自己预期以及民大和厦大各领导、同事的期望还有差距。虽然个人援藏派驻期满，但是由进藏、知藏，到爱藏、兴藏的激情永不磨灭。这本小书是对自己研究刑事诉讼法学科相关主题的阶段性总结，更多问题有待后续深入研究。此书虽然单薄但背后承载着笔者太多的感动，再次致谢在援藏期间，西藏民族大学和厦门大学笔者提到和没有提到的关心帮助我的人，也感谢家人对我的鼎力支持。记得张树庭校长谦逊地提到他自己是"以德服人"，这本是做人的最高境界，也正好契合了本书的主旨。